U0960778

资源税费制度研究

崔景华 著

中国财政经济出版社

图书在版编目（CIP）数据

资源税费制度研究／崔景华著．—北京：中国财政经济出版社，2014.12
ISBN 978－7－5095－5886－7

Ⅰ.①资…　Ⅱ.①崔…　Ⅲ.①资源税－税收制度－研究－中国　Ⅳ.①F812.424

中国版本图书馆CIP数据核字（2014）第285904号

责任编辑：赵　力　李筱文　　　　责任校对：王　英
封面设计：楠竹文化　　　　　　　版式设计：兰　波

中国财政经济出版社出版
URL：http：//www.cfeph.cn
E－mail：cfeph@cfeph.cn

社址：北京市海淀区阜成路甲28号　邮政编码：100142
发行处电话：88190406　财经书店电话：64033436
北京富生印刷厂印刷　各地新华书店经销
787×1092毫米　16开　16.75印张　271 000字
2014年12月第1版　2014年12月北京第1次印刷
定价：38.00元
ISBN 978－7－5095－5886－7/F·4750
（图书出现印装问题，本社负责调换）
打击盗版举报热线：010－88190492、QQ：634579818

本书获得了国家自然科学基金青年科学基金项目（项目批准号：71403050）、教育部人文社会科学规划基金项目（13YJA790008）、北京市哲学社会科学青年基金项目（13JGC064）、对外经济贸易大学学术创新团队资助项目（CXTD4－09）的资助。

序

《资源税费制度研究》一书，是崔景华同志在中央财经大学博士毕业论文基础上重新进行修改和完善后的重要研究成果。

作为13亿多人口的大国，我国正在积极探寻经济和资源环境协调发展的新路，因此资源税改革的理论和实践意义尤为重大。资源税作为经济调控的政策手段体现的功能主要有：一是促进国有资源合理开发，节约使用，有效配置；二是发挥税收杠杆的整体功能，促进分税制财政体制的建立与完善；三是合理调节资源级差收入，促使开采企业公平竞争；四是正确处理国家与企业、个人之间的分配关系。

在资源税改革问题上，有些学者认为应该遵循清费立税的改革思路，对于资源相关的收费制度进行调整，增强税收的功能；另外一些学者则认为税和费各自都具有存在的理论根据和现实基础，在一定层面上二者的协调共存能够更好地促进资源的有效利用和经济的稳定、可持续发展，基于此，应理顺资源税和各类资源收费项目之间的关系，构建两者相互兼容的制度体系。

崔景华同志的专著立足于税费并存及功能互补的角度，对我国资源税及资源收费制度进行了全面而深入的分析，通过面板数据模型等实证分析手段，对当前我国的资源税与资源能源消耗量之间、资源税与能源使用效率之间的关系进行了定量分析，形象地刻画了资源税的作用机理，为进一步深入研究资源税费的制度改革模式提供了重要的实证分析结果，打破了原先财税学术界受制于数据而难以深入研究的瓶颈，开展了较深入而富有价值的研究。此外，对于国外的资源税费制度进行了较为系统的介绍和经验总结，在此基础上提出了完善我国资源税和资源收费制度之间协调模式的政策建议。整个研究逻辑严谨、内容丰富、框架清晰，体现了作者扎实的理论和实证分析功底。

作为崔景华的导师，我非常高兴能够看到付出了作者诸多汗水和辛劳的著作问世。今后希望崔景华同志在学术科研的道路上迈出更加坚实的步伐，创造和收获更多、更有价值的学术研究成果。

王国华

2014 年 11 月

目　录

导 论

一、研究背景及意义

（一）研究背景

自然资源，也称作天然资源，指天然存在的自然物（不包括人类加工制造的原材料），且具有利用价值，如土地、矿藏、水利、生物、气候、海洋等资源，是生产的原料来源和布局场所。① 自然资源是人类社会赖以生存和发展不可或缺的物质基础。纵观人类社会发展的全部历史，实际上就是一部开发利用自然资源的历史。如表1所示，从远古的石器时代开始，历经铜器时代、铁器时代，直到蒸汽机时代和当今的电子、核能时代，人类开发利用资源的水平不断上升、内涵不断扩大。②

表1　　人类社会发展与资源的关系

人类社会发展时期		时　间	主要利用资源	对自然的态度
采猎文明	旧石器时代	距今约250万年至1万年前	可制作石器的各类岩石	依赖自然
	新石器时代	距今约1万年至5000年前	岩石、陶土、玉石	
农业文明	青铜和铁器时代	距今约4500年前至18世纪前叶	铜、锡、铅、铁、金、银	改造自然

① 自然资源的定义来自于辞海中的相关解释整理。

② 冯凌云："矿山企业税费结构优化研究"，中南大学，2004年。

续表

人类社会发展时期		时　间	主要利用资源	对自然的态度
工业文明	产业革命时期	18 世纪晚期至 19 世纪末	煤、铁	征服自然
	电子技术时期	20 世纪 30 年代至 20 世纪 60 年代	石油、稀土、放射性元素	
后工业文明	信息技术时期	20 世纪 70 年代至今	节能、环保的可替代资源	善待自然

资料来源：林爱文所著的《资源环境与可持续发展》（2005 年）以及百度网站相关资料整理而得。

与人类生存与发展息息相关的各种自然资源中，矿产资源是最基本的生产资源和劳动对象，在现代工业生产和国民经济发展中起到越来越重要的作用。到了电子科技和知识经济时代的今天，70% 的农业生产资料与 80% 以上的工业用原料来自矿产资源。20 世纪 70 年代以来，全世界 GDP 增长与矿产资源需求增长基本同步，这反映出人类物质财富与国家经济发展对矿产资源的依赖程度甚高。从发达国家和发展中国家的矿产资源消耗情况来看，在过去的 50 多年里，约占世界人口 20% 的发达国家和地区（西欧、北美、日本和俄罗斯）消耗了世界 80% 的矿产资源（Linden，2006）；最近 20 年中，世界矿产资源需求增长量的 2/3 来自发展中国家，发展中国家经济发展带来的矿产资源需求增长是世界矿产品市场的主体组成部分。

就我国的情况而言，作为世界资源大国，我国矿产资源品种多、总量大，已发现的有 172 种矿产资源，查明资源储量的有 159 种；已查明的矿产资源总量约占世界的总量 12%，仅次于美国和俄罗斯，居世界第三位。《中国矿产资源报告（2013）》披露，我国煤炭、石油、天然气、铁、铜、钨、钼、金等矿产勘查取得重要进展：煤炭勘查新增查明资源储量 616 亿吨、铁矿 40 亿吨、铜矿 431 万吨、金矿 917 吨、钾盐 1461 万吨。截至 2012 年底，石油剩余技术可采储量 33.3 亿吨，天然气 4.4 万亿立方米；查明资源储量煤炭 1.4 万亿吨、铁矿 775 亿吨、铜矿 9037 万吨、铝土矿 38 亿吨、金矿 8196 吨。煤炭、粗钢、水泥等矿产品产量稳居世界首位，国内供应能力不断增强。但是，人均占有量仅为世界平均水平的 58%，居世界第 53 位；资源区域分布不均，能源矿产主要分布在北方，铁矿主要分布在东北和西南，磷矿主要在南方；用量较少的矿产资源相对丰富，而石油、天然气、富铁矿、钾盐、铜、铝等大宗矿产，储量远不能满足经济社会发展的需求，比如这几年，我国的石油和铁矿石的对外依存程度都超过了 50%。我国煤炭资源、石油天然气资源的分布结构见图 1 和图 2。①

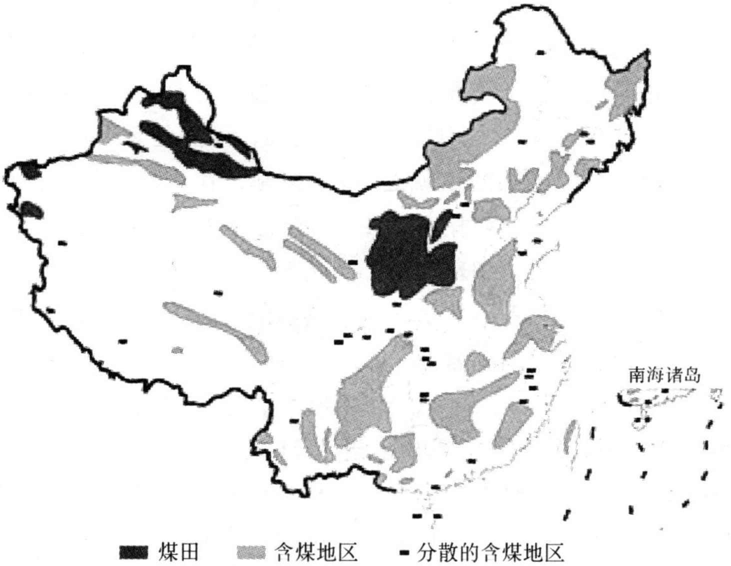

图 1　我国煤炭资源分布示意图

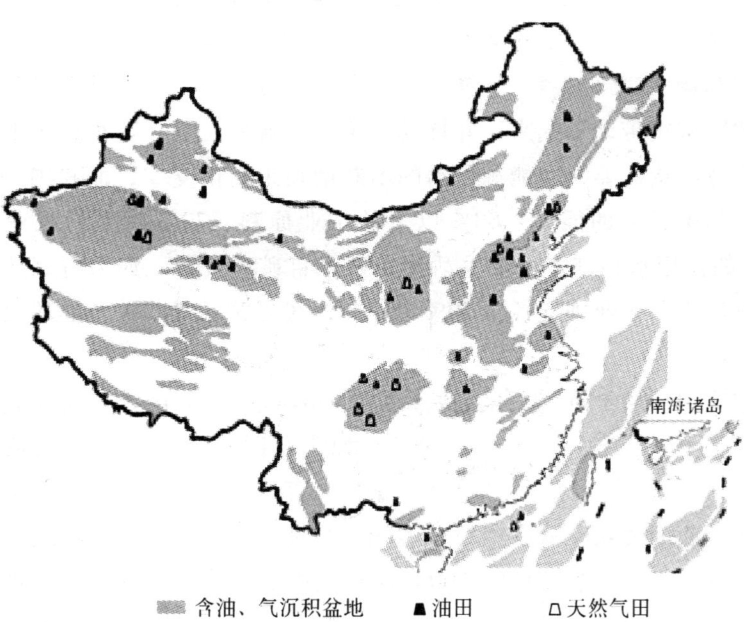

图 2　我国石油、天然气分布示意图

① 资料来源于中国网关于《中国自然资源概况》的文献资料。

改革开放30多年来，我国在经济、社会各个方面都取得了举世瞩目的成就。世界银行报告《2020年的中国》中曾这样高度赞赏中国的发展："中国只用了一代人的时间，便取得了其他国家用了几个世纪才能取得的成就，在一个人口超过非洲和拉丁美洲总和的国家中发生这样的事，这是我们这个时代最令人注目的发展。……中国经济的成功，可能是20世纪后半叶以来世界最重要的事件和最伟大的成就之一。"但是，在肯定成绩的同时，我们不得不清醒地认识到，我国依托高能耗的经济增长模式存在诸多问题，如能源资源消耗过多、资源浪费和环境污染问题严重等。

我国的高能耗经济增长模式始于20世纪50年代末的"大跃进"时期。重工业的发展在很长一段时间都是国民经济的一个重要驱动因素。1985年，重工业占到全国工业GDP的55%，到1990年，这一比例下降到50%，但到了2000年，该比例又回升到了60%。进入21世纪，我国经济增长明显地具有重化工业为主导的特征。电力、钢铁、机械设备、汽车、造船、化工、电子、建材等工业成为国民经济增长的主要动力。究其内在原因是因为，在我国长期存在着能源、交通、通信等产业"瓶颈"对国民经济产生制约的这一最突出的矛盾，而经过十几年的迅速发展，到了20世纪末期，我国具备了解决上述矛盾的实力。随着能源、交通、通信基础设施建设的快速发展，电力、运输车辆、建筑材料、钢铁、有色金属、石油化工和机械电子等产品和建筑业的需求被带动了起来，并推动了第二产业的发展。这种以工业发展为核心的产业结构需要一次能源供给的不断增长来提供支撑，而我国经济社会发展中，95%以上的能源、80%以上的工业原料、70%以上的农业生产资料、1/3的饮用水和许多城乡生活用品都来自矿产资源，如果将制造业等下游产业算进去，矿业则支撑了70%以上的国民经济及其相关产业的运转（彭齐鸣，2012）。

目前我国加快推进工业化、城镇化和农业现代化的经济发展模式使得矿产资源需求不断膨胀。图3是自1985年以来我国GDP增长总量指数（每个指标都以上年数值为100）和能源（煤炭、石油、天然气、电力）消耗增长总量指标之间的关系。从图中可以看出，1998年至2004年我国能源消费速度直线上升，尤其是在2002～2004年间超过GDP的增长速度，其他年份则低于GDP的增长速度。

高能耗导致我国资源供给紧张局面，使得我国矿产品贸易依存度越发显著，大宗矿产品进口持续增长。2012年，矿产品进出口贸易额为9919亿美

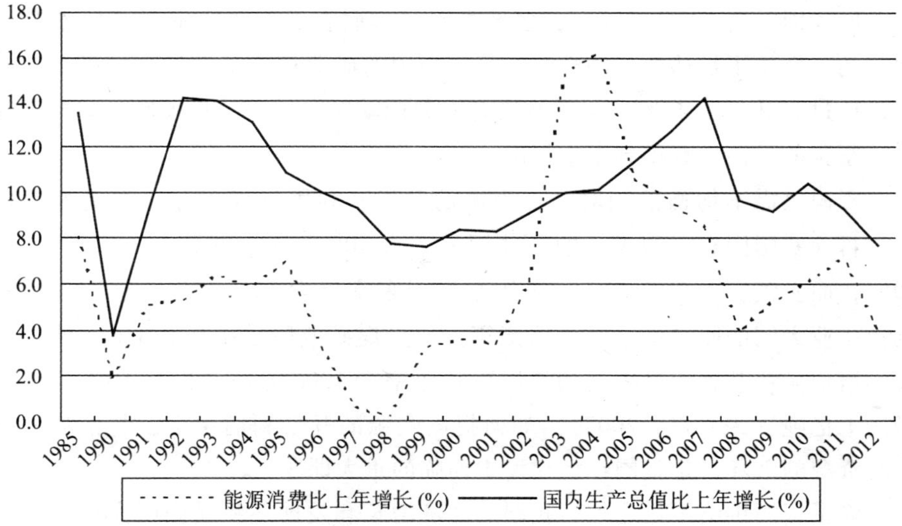

图 3　能源消费与国内生产总值的增长速度

元，同比增长 3.4%。进口煤炭 2.89 亿吨，同比增长 29.8%；石油 3.11 亿吨，同比增长 5.6%，对外依存度为 57.8%；铁矿石 7.44 亿吨，同比增长 8.4%，对外依存度为 58.7%。来自国土部的最新数据显示，我国石油、铁、铜、铝、钾盐等五大矿产的对外依存度都超过了 50% 的安全警戒线，其中石油和铁矿石对外依存度甚至高达 56% 以上。矿产品产量持续增长，但对外依存度却不断攀升的主要原因在于我国矿产资源增长的速度滞后，即矿产资源供给与我国经济发展对矿产资源的需求量是不匹配的，从长期来看，我国矿产资源是短缺的。

矿产资源消费快于生产，生产快于勘查，这是我国近年来长期存在的现状。“十一五”时期，我国已成为矿产品生产和消费大国，煤炭、钢、10 种有色金属、水泥等产量和消费量均居世界第一。2012 年 4 月，国土资源部部长徐绍史曾表示，未来 10 ~ 20 年，我国经济社会发展对矿产资源的刚性需求与供给刚性制约矛盾将日益严峻。据预测，到 2020 年，我国将有 25 种矿产出现不同程度的短缺，其中 11 种为国民经济支柱性矿产。

为了有效增加矿产资源开发数量、鼓励和引导民资积极参与矿产勘查开发，2012 年 6 月，国土资源部和全国工商联联合出台了一系列政策措施。但迄今为止，更多的民资尚在观望。除了顾忌投资风险大、资金门槛高、回报周期长等因素外，矿产资源领域存在的体制机制问题也是阻碍民资跨向这一行业的主因。自2005年以来，多部委曾多次联合展开矿产资源开发整合专项行动，经历了长达7年的整治，目前全国的矿业权数量已经减少了2.6万个，比过去减少了44%。但仍然没有充分调动民资进入的积极性，矿产资源供需紧张的局面没有得到根本解决。

资源供需不均衡的同时，在资源的开发、利用过程中存在大量浪费现象。目前我国国有大型煤矿的矿井回采率为50%左右，地方煤矿为30%~40%，而乡镇煤矿低于20%，全国平均回采率仅为32%左右，这远远低于其他矿业大国的回采率水平。据测算，如果煤矿业回采率提高1%，就可以在不增加矿业基础建设投资的情况下每年增产1000万吨；提高10%就可以增产1亿吨（朱永峰，2007）。如何提高资源的开采利用水平、制止乱采滥挖对资源的破坏，是我国经济建设中面临的重大课题。

除了资源供给不足之外，我国的经济增长和发展还将受到因大量本地化使用化石燃料所造成的环境影响因素的制约。目前我国每天大约消耗570万吨煤、640万桶石油。造成了严重的污染的包括固体废弃物、水资源污染和跨地区乃至全球层面的大气污染。我国每年需要处理大约3亿吨废煤。自1949年以来，我国已经开采了380亿吨煤炭，其中有35亿吨堆积成了2600个废煤堆，大多位于五个产煤大省，即山西、辽宁、山东、河南和河北（占废煤总量的70%）。类似的，热电厂燃煤生产的煤灰也不可能完全被处理掉。煤炭在存储过程中以及燃烧产物会使得数种微量元素（比如汞）流入水体，造成含水层被污染。炼焦厂排出的废弃物污染了地表水体。但最为严重的环境影响还是大气污染。二氧化碳和氮氧化物能够在离源头很远的地方导致酸雨，造成土壤污染，扰乱当地生态。微粒物质，特别是粒径较小的微粒污染物，能够导致呼吸系统疾病。而燃烧产生的二氧化碳则增强了温室效应，导致全球气候变暖。当前，我国2/3的城市缺水，资源枯竭型城市占比已经接近60%，单位GDP的能耗是世界平均水平的2.2倍，碳排放总量世界第一。

中国社科院发布首部《全球环境竞争力报告（2013）》揭示了我国环境污染的严重程度，《报告》对2012年133个国家的环境竞争力进行了排名，中国名列第87位，而三甲分别为瑞士、德国、挪威。目前我国500多个大型城市当中环境空气质量能达到世界卫生组织空气质量标准的城市很少。如果单独看生态环境竞争力，中国在全球133个国家中排名倒数第九，为第124位。其中，中国的空气质量在133个国家中排名全球倒数第二。从反映空气污染程度的三项关键指标来看，细颗粒物（PM2.5）、氮氧化物和二氧化硫排放量，中国的位置分别为全球第四差、第二差、第三差。

此外，2007年世界银行发布的《世界发展指标2006》中显示，在被调查的110个超过百万人口的各国城市中，如果按照空气中悬浮微粒多寡来排名，空气污染最严重的前20个城市，中国就占了13个（前十位排名依次为印度新德里、埃及开罗、印度加尔各答、中国天津、中国重庆、印度勒克瑙、印度坎普尔、印度尼西亚雅加达、中国沈阳、中国郑州）。[①]可见我国的经济发展付出了非常高昂的环境代价，作为人均地区生产总值（GDP）排名年年攀升的全球第二大经济体，中国的成绩令人汗颜。为发展而支付环境代价的发展方式实际上得不偿失，如果在GDP中扣除生态退化与环境污染造成的经济损失，我国的真实经济增长速度仅有5%左右（李扬，2013）。（我国矿产资源开采加工过程中废水、废气及固体废弃物的排放、处理及超标情况参见附录1，2，3）。

总体上来说，我国自然资源的状况可以概括为以下几点：（1）自然资源禀赋丰富，但人均占有量低，且分布很不均匀；（2）自然资源消耗量增长迅速，资源的供求矛盾日益突出；（3）资源利用率低、浪费严重，但资源节约潜力较大；（4）自然资源开发利用中的环境污染和生态破坏现象严重。而造成这一系列严峻局面的一个很重要的原因就是自然资源管理中各种利益主体之间的经济关系不明确，各种管理手段的功能定位不合理，制度设计存在漏洞。

我国政府意识到了资源及其管理中存在的诸多问题，在党的十六届三中全会提出了以人为本，树立全面、协调、可持续的科学发展观，把统筹人与自然和谐发展作为一个重要的内容。2013年11月召开的党的十八届三中全会中进一步指出：建设生态文明，必须建立系统完整的生态文明制度体制，用制度保护生态环境；要健全自然资源资产产权制度和用途管制制度，划定生态保护红线，实行资源有偿使用制度和生态补偿制度，改革生态环境保护管理体制的政策理念[②]。

生态文明建设关系人民生活，关乎民族未来。2014年“两会”期间，政府工作报告中再一次重申了我国政府治理环境的明确立场，要出重拳强化污染防治。推动能源生产和消费方式变革。加大节能减排力度，控制能源消

---

① 资料来源于世界银行的《世界发展指标2006》。

② 资料来源于2013年11月12日中国共产党第十八届中央委员会第三次全体会议公报。

费总量，2014 年能源消耗强度要降低 3.9% 以上，二氧化硫、化学需氧量排放量都要减少 2%。以雾霾频发的特大城市和区域为重点，以细颗粒物（PM2.5）和可吸入颗粒物（PM10）治理为突破口，抓住产业结构、能源效率、尾气排放和扬尘等关键环节，健全政府、企业、公众共同参与新机制，实行区域联防联控，深入实施大气污染防治行动计划。制定 2014 年整治污染源的指标，提出要淘汰燃煤小锅炉 5 万台，推进燃煤电厂脱硫改造 1500 万千瓦、脱硝改造 1.3 亿千瓦、除尘改造 1.8 亿千瓦，淘汰黄标车和老旧车 600 万辆，在全国供应国四标准车用柴油等等。

在此背景下，如何有效利用各种政策调节手段来解决发展经济和节能降耗目标之间的矛盾，是我国经济增长过程中的严峻的挑战，也是一个转折点。解决资源管理中存在的问题，一个重要的环节就是规范各个利益主体之间的经济关系，明确各种资源管理手段的立法依据，规范税费等制度运行机制，提高资源使用效率，降低资源消耗增长速度，改善我国长期资源供给安全，实现资源永续利用。而这也是转变经济增长方式，使经济增长方式契合我国的资源禀赋和环境承载力的一个重要途径。鉴于此，本书认为有必要对资源课税制度进行研究，以便为政府相关职能部门提供资源和环境税收政策建议，促进我国资源和环境保护工作。

（二）研究意义

本书是在深入、系统地分析前人研究成果的基础上进行的一次尝试。突破对资源税费的现有理论解释，首先剖析了资源管理中各个利益主体之间的经济关系，并不完全市场理论、外部性理论、产权理论扩展资源税费的理论依据，从而丰富了资源税费的理论基础，完善了税费理论体系。同时，本书还从资源的价值构成、资源税费与资源价格之间的关系以及征收税费对资源消耗、再利用的政策效应等角度去分析我国现行资源税费制度中存在的问题并提出了完善建议，这有利于我国尽早实现“资源节约型、环境友好型”的经济社会发展目标。本书的理论意义与现实意义体现在以下几个方面：

1. 理论意义

第一，对资源税费理论基础的探讨可以完善政府收入理论的研究内容，进一步开阔政府收入理论的研究视野。尽管国内很多学者从不同层面对资源税费理论基础问题进行了研究，但大多数研究局限在我国传统的资源税费框架之内，就税论税、就费论费，没有对资源税费的经济理论基础进行深层剖析。本书通过不完全市场、外部性理论、产权理论、租金理论，深入分析了资源税与费的理论依据，夯实了以资源为对象征税和收费的理论基础，体现了资源税费协调并重的基本理念。

第二，对资源课税费问题的研究可以进一步完善税收制度体系。以资源税制度设置来看，目前，我国的资源税虽然是与商品课税、所得课税、财产课税、行为课税相互并列的一个税系，但资源税收入较少，在我国历年总体税收收入中所占比重较低。2013 年资源税预算数为 52 亿元，比 2012 年执行数增加 3.39 亿元，增长 7%，资源税占全部国内税收收入的比重仅为 0.052%，而在 2008 年时，资源税完成 301.76 亿元，同比增长 15.6%，增速比 2007 年回落约 11 个百分点，资源税占税收总收入的比重仅为 0.56%。[①]表明在我国资源税的规模呈现逐年缩小趋势。本书通过分析资源税收规模和结构，探讨了资源税对资源使用量、经济增长、能源消耗之间的内在关系，从而提出了完善资源税制度框架的理论分析体系。

第三，从现行的资源税费运行模式而言，在税和费的协调治理机制中，更多的是注重调节资源级差收入，没有充分体现税收和收费制度对保护资源和环境中应起到的作用。本书在充分分析我国资源税费运行机制的前提下，重新勾画出了符合我国国情的税费制度框架，明确了资源税费应有的功能，从而提出了如何进一步完善现行税收和收费制度在有效发挥节能减排功能方面的政策建议。

第四，通过研究资源税费与资源定价之间的关系，推动了资源定价理论的进一步完善。针对资源定价过程中的问题，分析自然资源的价值构成理论和合理的定价方法，并利用税费手段规范资源价值形成过程，使资源的价格能够充分体现资源的内在价值和外部成本，彻底改变原先资源无价、原料低价、产品高价的逆反价格体系，减少资源供求矛盾，杜绝资源的浪费，从而引导各经济主体合理开发、利用资源。

2. 实践价值

第一，本书的研究可以为进一步完善我国的税费制度建设。通过我国资源税费制度设计的一般分析和其他国家资源税费制度实践的评述，为处于经济转轨时期的我国资源税费制度建设提供了若干指导建议。与此同时，本书的研究也可以为补充和完善可持续发展及循环经济中的税收政策起到积极的

---

① 数据来源于财政部和国家税务总局网站。

促进作用。

第二，有利于确保地方政府收入增长来源，稳定民生。资源税费政策关系到国计民生问题，对于我国经济社会的发展产生深远影响，资源税会增加地方政府的财政收入，是我国财税改革的重要部分，并且资源税的缴纳与居民的生活息息相关，影响到居民消费及收入水平，对于社会福利产生较大作用。

第三，有利于开发新的保护资源及环境的政策工具，促进资源和环境保护工作。近年来，西方国家生态保护的政策工具已经由传统的命令——控制型工具转向市场经济工具，而税收这一经济工具，可以通过资源价格影响资源开采、使用以及与之相伴的环境污染问题。因此，通过探讨税收在资源和环境保护中的积极作用，可以为贯彻我国“十一五”规划中提出的“落实节约资源和保护环境基本国策，建设低投入、高产出，低消耗、少排放，能循环、可持续的国民经济体系和资源节约型、环境友好型社会”的目标，建立有中国特色的资源课税体系等方面具有一定的现实意义。

第四，本书的研究为进一步深化国家对资源以及能源产业政策改革、转变我国的经济增长方式以及自然资源可持续利用等方面提供了若干对策建议。对于主要的能源及原材料来源——不可再生的矿产资源来说，试图通过利用税收政策工具来寻求其最适耗竭速度，保证矿产资源能够满足经济社会日益增长的需要，以实现经济和社会和谐发展的战略目标。

二、文献回顾

（一）国外学者的研究成果

1. 资源税费的功能定位问题

阿兰·兰德尔通过可耗尽资源最优动态配置问题研究得出，资源税费在调节资源有序开采及可持续发展中发挥重要作用，并指出在社会认为市场决定的资源开采率不是最优的情况下，政治制度可以有效治理资源开采最优配置问题，即政府通过税收政策——开征地产税或开采税来影响单位矿区使用费（矿产资源价格和开采成本之差），从而影响开采率，同时让资源所有者根据受政府影响的价格自己去确定最优开采策略（兰德尔，1989）。

托马斯·思德纳强调资源税费在改善资源开发利用中产生的外部性的作

用，并指出在管理自然资源时，应征收采矿权使用费、立木费（stumpage fees）、使用费及土地税等费用。之所以收取这些费用是因为外部效应（包括存量的外部性），或者是因为产权缺损，因此支付 Hotelling 法则中的稀缺租 λ。政策制定包括纠正外部性、其他市场失灵以及当没有有效的所有者可以认领这样一个租金时施加一个稀缺租 λ（托马斯·思德纳，2005[①②]）。

税费手段可以在提高资源使用效率和采用可再生资源两个方面起到重要的作用，这一观点是由亚洲开发银行东亚局能源处处长安尼尔·特维（Anil Terway）提出的。他认为，除了资本性投资补贴、消费者津贴和软贷款或者担保等直接投资激励手段以外，还可以同时采取相应的税收措施，比如投资税、财产税、增值税或消费税以及进口税减免。建议我国应考虑征收环境税和“碳税”，以部分反映传统化石燃料生产和使用所导致的外部成本。同时指出，加征这些税时应确保税收中立，并将其用于向可再生资源项目提供投资激励（安尼尔·特维，2006[③]）。

2. 资源税费征收依据

矫正资源开发和利用过程中产生的社会成本和负外部性是收取资源税的重要理论依据。这种外部性导致资源的滥用、破毁甚至枯竭，因此，必须利用某些政策手段来加以调节。

资源开发利用过程中产生的外部性内部化的主要途径为：庇古路径、科斯路径。

英国经济学家阿瑟·塞西尔·庇古（Arthur Cecil Pigou）最早提出了政府可将税收用于调节污染行为来消除资源利用中的外部性的思想，他在发展了其老师马歇尔的外部性（Externalities）理论的基础上，进一步完善了外部性理论。他指出，环境问题是负外部性的结果，而外部性无法完全依靠市场

---

① 托马斯·思德纳：《环境与自然资源管理的政策工具》，上海人民出版社 2005 年版。

② 提高价格是经济学上对付资源稀缺的一种典型方法，只要产品具有可替代性，并拥有充足的消费量，这个方法在原则上就能解决稀缺问题。经济学上对付稀缺及随时间配置稀缺资源的方法，很大程度上归功于 Hotelling（1931）。Hotelling 论点的精髓是：稀缺是价值的来源，随着某物品稀缺性的上升，该物品的价值必定以与其他金融工具一样的利率上升，否则物品持有人将出售物品而不是继续持有，从而降低价格。这种观点有时候被称作套利规则（arbitrage rule），具体用公式表示为 $\lambda = \frac{P_t - c}{(1+r)^{t-1}}$。

③ 安尼尔·特维：“中国的能源与环境——经济发展的两大制约因素”，《世界环境》2006 年第 4 期。

机制加以消除，因此必须借助于政府的作用。由此，庇古建议，政府和立法机构出面调解这一矛盾，即应当根据污染所造成的危害对排污者征税，用税收来弥补私人成本和社会成本之间的差距。根据私人边际收益等于边际社会成本，企业会自动把产品产量调整到最佳水平，此时的税收为最优水平，它等于最佳产量时的边际外部成本，后人将这种税称为“庇古税”（Pigouvian taxes）（补贴）。①但从另一角度看，“庇古税”方案存在着局限性。这不仅是因为增加税收本身在某种程度上损害了经济活动当事人的权利，即这里存在一个税收的“度”的问题，而且实施“庇古税”，政府必须确切地知道某厂商施加的外部性的成本，这一点实施起来并不容易。

科斯则通过建立一整套适当的激励机制引导污染者或被污染者的行为，使之向社会最优的方向转化。科斯在 1960 年指出，通过私人谈判就能将外部效应内在化，同时指出，出于资源配置的改善，应考虑对污染的受害者征税。②科斯得出的通过契约来解决外部性问题的作用范围极其有限，由于有零交易成本和不存在策略行为的假定，这种方法遭到了理论上和实践上的批评。

庇古手段和科斯手段在治理资源使用过程中出现的外部性问题时，都将目标定在了资源环境问题的外部效应内部化上，它们都允许当事人为了实现保护资源和环境目标通过成本收益的比较选择一种最佳方案。但这两种手段的实施途径和效果有诸多差异，手段各有利弊。因此，选择什么样的手段来治理资源使用过程中的各种问题取决于每种手段的边际管理成本和边际交易费用的大小。

此后，许多经济学家从不同角度对资源开发利用中产生的外部性问题进行了深入探讨，提出了一些治理外部性的对策。美国著名的资源经济学家——阿兰·兰德尔（Randall Alan）从福利经济学的角度利用效用函数建立了帕累托外部效应模型，对自然资源和环境问题相关的经济分析，并认为自然资源消费的不可分割性以及非专有性造成了许多污染问题，阐明了污染与价格之间的关系，评价通过交易解决冲突的可能性，同时还比较了规章制度、征税和收费在有效利用资源过程中的效力。③

---

① Pigou. Welfare Economics. London, Mac Millan, 4th Edition, 1946.

② R. h. Coase. The Problem of Social Cost. The Journal of Law and Economics, October, 1960.

③ 阿兰·兰德尔著，施以正译：《资源经济学》，商务印书馆 1989 年版。

新制度学派认为，外部性存在的原因在于缺乏对产权归属的明确确认，或者是由于私有产权界定的不可分割性，也可能是产权没有经过明确分配或产权无法得到分配的原因。因此，除了利用税收来调节以外，还可以用产权制度安排来加以完善，其原因在于，很多自然资源和环境都因产权不明晰而导致了外部性。本和克尼斯（P. Bohm and A. V. Kneece）也认为，外部性的发生是因为公共财产出于制度或技术上的原因，其价值属性无法有效地私有化的结果。因此，克服外部性最有效的方法是公共资源产权的明晰或重新界定。①

美国环境经济学家威廉·鲍莫尔和华莱士·奥茨在《环境经济理论与政策设计》中对环境外部性问题进行了研究，他们通过建立一般分析模型以寻求污染控制的最优途径，研究结果表明：要使企业排污的外部成本内部化，需要对企业的污染物排放征税，以实现帕累托最优状态。②

汤姆·泰坦伯格（Tom Tietenberg）对产权、自然资源的配置规律进行研究后认为，某些自然资源和环境资源具有消费上的非竞争性和非排他性的特征，因此是典型的公共物品，例如清新的空气、广袤的公共草场、清洁的水以及物种的多样性。生物的丰富多样性提供了新的食物、能源、工业原料和药品来源，因此每一个特定的物种都有一个远远超过其自身价值的公共价值。资源的公共物品特征导致资源使用的搭便车现象发生，从而使市场资源配置无效。同时，自然资源在开采过程中会增加社会的环境成本，即负的外部性，这导致了产权结构不明确，使得生产者不承担这些费用。例如可耗竭资源的开采会对环境造成危害，但它并不能完全反映在开采企业所花费的成本上，而且社会本身缺乏外部措施使这项费用公共化。若用政府手段（征税或收费）将环境成本加进去以后，提高了资源的价格，这一方面减少资源需求量，降低资源的消费率，另一方面，较高的边际成本会使可耗竭资源的累计开采数量减少。政府对资源配置不应干涉过多，但如果市场不能对资源进行有效配置，政府以某种形式进行干涉也是十分必要的（汤姆·泰坦伯格，

---

① Dahmen. Z. Environmental Controland Economics Systems ［A］. P. Bohm and A. V. Kneece (ed). The Economics of Environ 2ment ［C］. Lon don: Macmillan press Ltd, 1974.

② 威廉·J. 鲍莫尔、华莱士·E. 奥茨，严旭阳等译：《环境经济理论与政策设计（第二版）》，经济科学出版社 2003 年版。

2003[①])。

帕特里克（Patrick Sderholm，2006）研究了矿产品征税后的经济效应和环境效应，并界定了资源税的三个重要功能：其一是增加国家财政收入；其二是收入再分配；其三是遏制资源浪费实现可持续发展。在此基础上，分析了瑞典和丹麦两个国家1984年到2001年间的相关征税和资源消费数据，从而得出矿产资源税的征收有利于环境保护的结论。米奇·孔斯（Mitch Kunce，2001）等人的研究也从一定层面上表明资源税的功能定位问题，他们从美国石油产业的税收、开采和产量之间的关系分析入手，认为在较短的时间内税率的提高并不会对开采量产生较大的影响，但能够较大幅度增加税收收入。由此得出，当未来石油开采带来的风险较小的时候，政府可以将提高资源税等税率作为政府提高财政收入的一种政治手段。

3. 资源税费结构

在国外，对自然资源的开采、使用，除按照正常征收一般的直接税（如所得税）和间接税（如增值税）外，不少国家还对其征收一些特别税费。顺便指出，税和费在理论上有区别，但在实践中不少政府收费项目实际上具有税收的性质，有时很难分清政府收取的款项是税收还是收费，因此，在这里将两者纳入相同的分析框架之内来研究，不做严格地区分。

萨马，G. 纳雷西主要分析了世界15个主要矿产国的实例，探讨了目前国际矿产课税和收费的趋势与问题（萨马、G. 纳雷西，2001），并指出合理的税费结构有利于促进资源的高校开发利用。

美国科罗拉多矿业学院全球资源政策和管理研究院院长詹姆斯·奥托博士等人对全球30多家矿业大国税费制度进行了研究。他认为，各国的矿业税费结构中权利金占有相当大的比重，此外各国通过企业所得税、资源进出口环节的税收政策来调节资源行业的超额利润。在奥拓博士的研究中没有将权利金等政府收费制度与各项税收制度分开讨论，而是将两者合并起来，即将权利金也纳入了矿业税收的制度框架研究范围之内，并探讨了最有效的资源税费制度体系判定标准。

---

① 汤姆·泰坦伯格著，严旭阳译：《环境与自然资源经济学（第五版）》，经济科学出版社2003年版。

（二）国内学者的研究成果

1. 资源税费的征收目的与功能定位问题

王国华、马衍伟从资源永续利用和循环经济理念的角度，对资源税费功能重新作出了定位，认为资源税费要立足于建设资源节约型社会的客观要求，构建以市场为基础的发展循环经济的税费政策新体系。具体包括：用循环经济的理念重新构造中国的税收制度，逐步形成有利于循环经济发展的税收制度；制定鼓励节约能源的税收激励政策，制定清洁生产的税收激励政策；制定环境 R&D（研究与开发）和技术创新的税收激励政策；重构环境贸易的税收激励政策；对国家环保科技产业园、工业生态园和环保产业基地实施更加刺激的税收优惠政策；完善现行保护环境的税收支出政策；完善税收分配体制，进一步明确中央和地方政府在发展循环经济中的责任；重新制定有利于再生资源行业发展和扶持政策（王国华、马衍伟，2005①）。

王金南等人从构建环境税制度框架的角度对我国资源税功能作出了定位。他们认为应将资源税和消费税中与资源消耗相关的税目纳入新的环境税制构筑范围之内，并强调我国资源税的功能应主要体现保护资源、促进资源的合理开发利用方面。②

杨斌认为，资源税是国家凭借政治权力取得的收入，这是资源税的性质，即在国家的两种权力——资源的所有权与政治权力中资源税体现的是国家政治权力，而国家凭借资源的财产所有权取得的收入应为租。国家在管理资源时应遵循租税分流的原则，正确认识资源税的流转税这一性质，并体现国家政治权力主体对国有资源经营权利主体的征税关系（杨斌，1999③）。

计金标认为资源税费政策目标定位应与可持续发展目标相一致，其最终目标应使资源的利用可持续。同时还提出了短期的四个中介目标：（1）通过资源税费参与资源价格的形成过程，使资源的绝对地租部分能充分归国家所有，彻底改变无偿开采和使用资源的现象；（2）资源税应能够调节资源开采企业的级差收入，要将级差地租 I 的部分归国有，这也是保护不同类型的资

---

① 王国华、马衍伟：《中国：发展循环经济的税收政策选择》，《中国可持续发展研究会．2005中国可持续发展论坛学术年会论文集（上册）》，中国财政经济出版社 2005 年版。

② 王金南：“打造中国绿色税收——中国环境税收政策框架设计与实施战略”，《环境经济杂志》2006 年第 9 期。

③ 杨斌：“论面向 21 世纪的中国税制（下）”，《涉外税务》1999 年第 2 期。

源同等开采的一个重要前提；（3）资源税要体现由于资源开采产生的外部性成本，这既是社会效率最大化的要求，也是实现可持续发展的要求；四是资源税应逐步体现可持续价值，应通过资源税取得保证后代人资源基础完整所需的部分资金（计金标，1999①）。

郑琳认为我国现行资源税收制度是对在中华人民共和国境内从事资源开发，因资源条件差异形成的级差收入征收的一种税。级差型资源税的目的在于调整资源开采企业之间的收入水平，将开采优质资源和具有良好资源开采条件的企业获取的级差收入收归国有，使各资源开采企业在同等条件下公平竞争。通过资源税调整资源开发企业之间的级差收入固然很重要，但单纯的级差性质极大地局限了资源税制应有的作用。首先，它没有表达政府对资源的所有权和管理权，因而政府无法通过征收资源税表达保护资源和限制资源开采的意图，当然也无法发挥保护资源的作用。其次，单纯级差性质的资源税没有给出资源价格，不但不能体现资源本身的内在价值和不同资源在经济中的不同作用，而且不能将资源开采的社会成本内在化，因而无法起到遏制资源被掠夺和浪费的作用；单纯级差性质的资源税根本无助于企业改变经济增长方式，因为它不能激起资源开采企业和资源使用企业减少资源消耗和改善生产设备和工艺流程的内在热情（郑琳，1999②）。由此可见，郑琳虽然认识到了税收对矫正负外部效应中的作用，但将资源所有权和管理权的实现方式都归于“税”这一形式中，混淆了资源税与费存在的理论依据。

龚辉文研究自然资源的循环、再生与使用路径以后，分析了自然资源的价值构成各个因素，并提出在促进资源的永续利用方面，税收发挥着举足轻重的作用。例如在资源的开采环节征收资源税从而使资源的价值充分反映成本、利润、外部负经济等因素，这样可以正确引导资源供给和需求；在资源的使用（消费）、废弃物排放、废弃物回收利用、资源替代和再生环节利用各项税收优惠措施可以提高资源使用效率，同时也可以提高资源再生技术的使用等（龚辉文，2005③）。

综上所述，对于资源税费在制度设计中的税费功能定位问题上，主要有以下几种观点：（1）利用资源税将外部成本内部化，提高资源价格，达到有

① 计金标：“论生态税收的理论基础问题”，《税务研究》2000 年第 9 期。
② 郑琳：“坚持可持续发展战略与我国资源税制的完善”，《税务研究》1999 年第 4 期。
③ 龚辉文：《促进可持续发展的税收政策研究》，中国税务出版社 2005 年版。

效配置资源供给和需求的目的；（2）资源课税可以调节资源开采速度，从而起到资源可持续利用的目标，使有限的资源在代内和代际之间合理分布。

2. 资源税费结构问题

张新安比较分析了40多个实行市场经济的重要矿产国的矿业税费制度，对市场经济国家矿业税费制度的主要目标、演变过程、税制模式、税费种类、税收优惠以及近些年来一些重要矿业国对矿业税费制度的调整等内容进行了充分的比较研究。研究发现，虽然世界各国矿业税费制度各不相同，但市场经济国家经过长期的市场实践都逐渐形成了一套通行的行之有效的针对矿业项目专门的税费制度。其核心内容是：在矿山生产阶段，服从的是以权利金制度（绝对地租）为核心的财政制度，其中耗竭补贴可以理解为是一种"负"权利金，而资源租金税（或超额利润税、资源租金权利金等）可以理解为是一种"超"权利金（级差地租），国家参股中的自由股本（国家无成本股）可以理解为是权利金的一种变种，国家成本股有的时候是权利金的变种，有的时候可以理解为正常的（或优惠条件的）股本投资。同时还有与取得矿业权有关的收费，其中最主要的是申请费和租费（死租费），有时还包括了红利、许可费等。此外，为保持矿业权还需缴纳保证金及履行最低工作投入承诺等。这套做法对保证主权国权益和区域经济发展以及对鼓励矿业投资，提高投资者的积极性，促进矿业发展起到了积极的作用（张新安，2004①）。

中国国土资源经济研究院研究员范振林、马茁卉（2012）分析了我国现行的资源税费制度，认为资源税存在性质界定模糊、功能定位不明确的缺陷，资源税与补偿费逐渐趋同，没有充分体现税收应具有的公平与效率原则。而目前实施的资源税改，以生产销售矿产品为计税依据，普遍征收，没有将企业的盈亏因素考虑到制度中来，从而丧失了税收的基本职能，并强调资源税改革要继续保持原有"税费并存"的矿业税费结构，资源税和资源补偿费两者不可偏废，且都应进一步完善。

从20世纪80年代以来，世界矿业结构发生了深刻的调整，持续的低价格期使矿山企业蒙受了巨大损失，此时各国的税费制度开始更强调经济发展的财政刺激，并且强调调低税率鼓励矿业发展，同时关心环境方面的税收问题。近年来矿业税费制度的发展趋势是降低矿业的税费负担，采用灵活的累

① 张新安：《现代市场经济国家矿业税收制度》，地震出版社1997年版。

进税制，降低生产税的税率与国家参与的程度，对国外投资者和国内投资者实行更平等的待遇等等。

3. 资源税课征范围界定问题

围绕资源税的课征范围，我国税收理论界较早且较多地进行过讨论。主要观点可归纳为三点，即大资源税观、中资源税观、小资源税观。

（1）大资源税观

大资源税的观点主张国家对所有再生和不可再生的资源，包括土地、矿山、燃料、能源、森林、水资源，以及资产、人力等各要素全部纳入资源税费征收范围之内征收资源税。也即改变我国对商品和流通环节课征间接税的传统税制体系，直接对创造财富和社会再生产资源的人力、财力、物力征收税（或费），就可以从根本上解决国家财政收入的来源，从而大大地简化目前繁琐而复杂的税制体系。具体地说，就是对人力资源可以课征人才税，以有利于人尽其才，减少人才浪费，促进人才合理流动；对财力资源可以开征奖金税，以有利于发挥投资效益，避免资金的积压浪费；对物力资源的开发利用征税，既体现国有资源的有偿使用原则，又适当调节不同自然资源的级差收入。按照这一设想，我国的税制格局将发生根本性的变化，形成以资源税为主体税种的税制结构。①

（2）中资源税观

中资源税的观点主张资源税的征收范围只限于对不能再生的自然资源及能再生但破坏严重的资源征税，如天然气、石油、煤矿、铁矿等矿产资源等不可再生资源以及因不注意保护、任意取用而造成某些珍贵动植物濒临灭绝。具体分析此种观点如下：

郑琳在《坚持可持续发展战略与我国资源税制的完善》一文中指出，扩大资源税征收范围，将目前只局限于矿藏品的资源税税目扩大到所有可能包括的资源。新的资源税的征收范围应尽可能包括所有应该给与保护的资源，具体税目可以根据资源分类表确定，如果考虑到目前的征收管理水平还不足以对所有资源征收资源税的话，至少应当将目前毁坏、浪费严重的可再生资源包括在内，如水资源、森林资源、草场资源、优质耕地资源等（郑琳，1999）。

李慧玲在《我国资源税收体系的完善》一文中指出，除了对矿产资源、

① 黄桦：《税收学》，中国人民大学出版社 2006 年版。

水资源、森林资源、草原资源课征税收以外，还应将野生动植物的猎捕、采摘砍伐纳入该税的征税范围，但不是所有的野生动植物的捕猎、采摘、砍伐行为都列入该税种的征税范围，而只是将《野生动物保护法》中规定的禁止猎捕、杀害国家重点保护野生动物，在自然保护区、禁猎区和禁猎期内禁止猎捕和其他妨碍野生动物生息繁衍的活动，禁止使用禁用工具和方法猎捕野生动物以及《野生植物保护条例》中规定的国家一级重点保护植物（包括根、茎、叶、花、果实、种子）严禁采摘和砍伐行为纳入资源税课税范围，抑制暴利行为的同时加大法律制裁力度，促进野生动植物的合理利用（李慧玲，2002①）。

张秀莲认为我国资源税征收范围，原则上应包括所有不可再生资源和部分存量已处于临界水平，再进一步消耗会严重影响其存量或其再生能力已经受到明显损害的资源，如我国的矿产资源、水资源、森林资源、土地资源、海洋资源、动物资源等。如果此范围得以确定，则可以对现行资源课税体系进行重新调整，将资源课税的税种统一为资源税，而将土地使用税、耕地占用税等并入资源税，成为资源税的一个税目（张秀莲，2001②）。

鲍升国、李锐等认为我国资源税课税范围应充分借鉴国际上其他发达国家资源税的征收方法，既包括矿产资源，还包括其他自然资源。从我国发展情况看，资源税的征收范围也应逐步扩展至全部自然资源，以及若干社会资源，但是，目前对上述资源普遍征收资源税的条件尚不具备，可采取分步实施的办法，逐步扩宽。第一步将国家已经立法管理的资源纳入资源税的征收范围，如《矿产资源法》、《电力法》、《水法》、《土地保护法》、《森林保护法》等；第二步待条件成熟后，将所有资源全部课征资源税。

有些学者认为资源税课税范围应仅限于自然资源，对于社会资源不列入资源课税范围之内。但自然资源包括的范围也很广，如矿产资源、土地资源、动植物资源、海淡水资源、太阳能资源以及空气等。矿产资源又可分为能源矿产、金属矿产、非金属矿产、水气矿产及其他呈固体、气体或液体状态的矿产资源等。再细分，能源矿产又包括煤、石油、天然气、铀等。不过，鉴于土地兼具自然资源性质和财产性质，且对土地课税通常视为财产税

① 李慧玲："我国资源税收体系的完善"，《广西公安管理干部学院学报》2002年第3期。

② 张秀莲："可持续发展与资源课税"，《云南财贸学院学报》2001年第2期。

范畴，因此，对土地课税没有做细致的讨论（龚辉文、沈东辉、王建民，2002①）。

张平竺指出，为了达到全面保护资源，提高资源利用效率，保证国家财政收入调节资源开发级差收入的目的，应当扩大资源税的征税范围。除了已纳入征税范围的七类矿产品外，还应对水森林、草场、滩涂、海洋等资源进行征税。特别是对水资源征收资源税势在必行，这不仅是必要的、也是可行的。这样可促进节约用水和扩大财政收入，且我国水资源价格相对较低，从可持续发展战略着眼点看，只有扩大征税范围，才能真正保护我国的自然资源。同时对自然资源的保护必须是全面的，只对某些类别资源进行保护而忽略另一些资源是不合理的（张平竺，2000②）。

（3）小资源税观

小资源税的观点主张不再扩大资源税的课税范围，而是扩大对矿产品征收级差收益的数量，即国家征收矿产资源的资产收益，其内涵应是绝对矿业权租金和第 1 形态级差矿租（矿山企业因资源丰度和开发条件优越而产生的超额收益），名称可与国际接轨，称之为权利金，以体现国家作为矿产资源所有者的权益，这部分收入大部分上交国家财政，少部分留给地方财政，同时指出资源税和矿产资源补偿费都应取消（袁怀雨、李克庆，2000③）。

上述几种观点中第 3 种观点显然是不完全的，它基本上没有考虑对绝对地租征收的情况，因而对资源的可持续利用是不利的；第 1 种观点不顾现实，过分夸大资源课税的范围，实际上既无法操作，也不利于税制及整个财政体制的稳定；第 2 种观点比较合乎实际，如果能与税率设计相结合是比较合理的一种选择。

4. 资源税制度设计及其效应相关问题

周衍安、汪应宏（2011）认为我国现行资源税的计税方式不合理、资源税课税税额较低、应征范围较窄、资源税管理体制不完善。可以采用从量计征和从价计征的复合型计征方式，他建议把现行的资源补偿费改成权利金，并把资源税中包含的级差收入的部分并入其中，资源税原有的调节级差收入的责任交由资源补偿费去完成，实现真正的税费分离。

① 龚辉文、沈东辉、王建民："资源课税问题研究"，《税务研究》2002 年第 7 期。

② 张平竺："完善我国资源税的设想"，《福建税务》2000 年第 11 期。

③ 袁怀雨、李克庆："资源税与矿产资源补偿制度改革》，《资源·产业》2000 年第 3 期。

近几年，随着计量分析技术的发展，一些学者利用定量分析方法，对我国资源税的最优税率设计、经济和社会以及环境效应等问题进行了深入研究。在诸多计量分析方法中可计算的一般均衡（Computable General Equilibrium，CGE）模型作为重要的政策分析工具在资源税制度改革中迅速得到应用。例如庞军、邹骥、傅莎（2008）构建了一个“能源—经济—环境”CGE 模型，用以模拟中国征收燃油税对经济的影响。通过比较征收燃油税和不征收燃油税时的各项指标发现，在我国征收燃油税，会对我国的经济发展、居民福利消费等各方面产生一定的负面影响，但是它能够有效地促进我国燃油需求的降低，减少能源的消耗，有利于减少石油的进口和保障我国的能源安全，因此他们认为，我国政府应该稳步推进燃油税的征收。胡宗义、刘亦文（2009）通过建立 CGE 模型，分析了提高能源价格对我国各产业的影响情况。研究表明，调高能源价格在短期内能够减少我国能源的强度，是因为提高能源价格会调整我国的产业结构，减少总体的能源消费，但是提高能源价格也会给总体宏观经济带来较大的负面影响，会导致出口和投资的下降，并最终影响我国的 GDP 水平。

除了 CGE 模型之外，通过其他计量分析方法定量研究资源税政策效应的文章也较为多见。例如，张华国、焦彦斌（2011）结合社会、经济、环境和资源安全等方面对矿产资源税收影响进行综合分析，运用层次分析法研究煤炭资源税实施税率等级划分时的定量税率，从而实现了煤炭资源税率的定量化、具体化和标准化，突破了原有的研究范式。李国平、李恒炜、龚杰昌（2011）在分析了我国国情和我国矿产资源现状以及现行矿产资源制度的基础之上，针对各种不同的矿产资源分别设计了计征公式，为我国资源税改革最终扩展到全国性的从价计征提供了理论依据。林伯强（2011）等通过以煤炭为例，利用修正的 EL - Serafy 使用者成本法进行分析，结论证明中国煤炭资源的开发利用存在使用者成本，并且该成本会随着煤炭产量的大幅增加而迅速提高，因此需要通过征收煤炭资源税对其真实成本进行反映。另外，他还建立了一个动态 CGE 模型来研究征收煤炭资源税对我国的宏观经济产生的影响，认为对煤炭资源征收 5% ~12% 的资源税，宏观经济成本将在可承受范围之内，而且能够反映煤炭作为稀缺性资源的耗减成本。陈深、石友蓉（2012）构建了投入产出模型，分析了资源税调整将会给各行业带来的影响，用一种新的方法分析了我国资源税改革将会对经济产生的影响。邹楠（2013）回顾了中国资源税改革的发展演进，并对资源税税费体系进行了评析，同时以煤炭、原油为例，应用回归计量经济模型分析了中国资源税政策对资源产量、价格的影响。研究认为中国资源税改革效应并不明显，文中提出应从资源税征收范围、计征方式、税率和资源补偿费率及加大优惠政策方面完善资源税政策改革的建议。林炳豪（2014）采用泰尔指数测度1998～2011年我国四大经济区域财政收入差距，分析了1998～2011年各省、四大经济区域以及全国的资源税贡献率，研究结果表明资源税对区域财政收入差异确实具有一定的协调作用，在此基础上提出完善我国资源税制的相关建议，以促进区域财政收入均衡发展。高琪、张萌旭（2014）利用定量分析方法模拟了对煤炭以不同计征方式征税对代际公平、市场效率和税负转嫁的差别。结果显示，从量计征方式在税收收入上最为稳定，而从价计征在市场效率及税负转嫁上优于从量计征。但如果将暴利税起征点设置为略低于边际成本，暴利税的计征方式则优于从量税和从价税。

（三）小结

尽管这些研究都具有重要意义，有些为我们提供了有价值的案例，但这些研究具有以下几个缺陷：首先，专题研究多而综合研究少；实证研究多，规范分析少；对发达国家的研究多，对发展中国家和经济落后国家研究得少，OECD国家在研究经济手段在资源管理中的作用问题上起步较早，但研究范围基本限定在指导各成员国合理使用资源以及与之相伴的环境问题上，如OECD在1993年公布的指南①，一些著作中虽然对发展中国家，如中东欧国家——波兰和捷克、哥伦比亚、墨西哥、赞比亚、印度尼西亚、印度以及我国的经验作了介绍，但一般局限在环境管理方面的手段，而对资源管理中涉及到的问题并没有述及②；有关环境保护问题研究的较多，资源保护问题研究的较少，美国华盛顿未来资源研究中心的保罗·R. 伯特尼和罗伯特·N. 史蒂文斯的著作当中主要围绕美国的空气污染、水污染、气候变动等环境政策问题进行了较为翔实地介绍，对利用税收手段保护资源的研究多是在探讨能源税收问题时涉及③；在资源保护的研究中，没有从资源成本构成，

---

① OECD. Environmental Policy：How to Apply Economic Instrument. Paris ，1993.

② 托马斯·思德纳：《环境与自然资源管理的政策工具》，上海三联书店2005年版。

③ 保罗·R. 伯特尼和罗伯特·N. 史蒂文斯著，穆贤清等译：《环境保护的公共政策》，上海三联书店2004年版。

即资源合理定价的角度、更没有从税收参与资源价格形成的角度去研究，且更多的是停留在矿产资源税费问题研究上，如美国全球资源政策和管理研究院对全球30多个矿业大国的进口关税、权利金、矿业权租金、增值税、所得税以及折耗补贴等税收优惠政策的研究，没有将包括矿产资源在内的可耗竭资源和可再生资源的课税问题进行全面地阐述，研究的范围较窄①。而这些缺陷也正是谋求人和自然和谐发展中迫切需要解决的，它对我国这样一个庞大的发展中国家来说更为重要。

三、研究内容与框架安排

（一）研究内容

本书中将经过人类劳动后，从天然状态进入市场交易的资源这一商品为研究对象，重点分析矿产等不可再生资源的税费制度设计问题。除了将资源开采环节的税费制度纳入研究范围外，从资源循环永续利用的角度，对资源的使用（消耗）、回收再利用过程中的税收制度完善问题也纳入研究范围之内，从而深入探讨了自然资源的最优配置以及人和自然和谐发展问题。本书具体从以下几个方面展开论述：

第一，分析资源课税制度的理论基础，明确资源征税和收费的理论依据，从而为资源税费制度合理性评价准则、制度设计内容和完善资源税费的政策建议打下理论基础。

第二，利用实证分析工具探讨资源税制度运行经济效应，分析资源税费在整个国家税费制度中的地位和作用，提出重新构建制度体系中应注意的特殊问题以及各税费项目之间的协调问题。

第三，分析资源开采、消耗、回收利用环节的税收和费用的制度安排，从资源永续利用和可持续发展的角度，对资源税费制度的功能重新进行合理定位。

第四，比较分析世界各国资源税收和收费制度的运行情况，探讨资源开采阶段各国的税费结构设计，同时研究资源消耗和回收利用阶段的国际成功

---

① 美国科罗拉多矿业学院全球资源政策和管理研究院编著，国土资源部信息中心译：《全球矿业税收比较研究》，地质出版社2006年版。

经验。

第五，结合资源税费理论依据和各国成功实践，提出我国资源税费制度实践中存在的问题以及今后在资源有效利用、保护环境和可持续发展中的资源税费的政策取向。

（二）框架安排

在框架安排上，本书共分为九个部分：

第一部分为导论，主要对论文的选题背景、选题的理论和实践意义作出说明，并对论文研究的主题和内容作概括性的描述。

第二部分阐述了资源征税和收费的理论基础和思想渊源问题，利用经济数学分析工具量化资源税费理论基础问题。

第三部分利用面板数据模型分析了我国 2007～2012 年间资源税运行制度效应，主要考察资源税对能源使用效率和能源消耗量的影响程度，为进一步设计最优资源税方案提出政策建议提供可靠的实证分析依据。

第四部门阐述了资源税收制度的合理性评价准则，分析资源税收制度的征收范围、征收标准等资源税收制度的一般要素设计问题。

第五部分阐述了资源收费制度的合理性评价准则，分析资源收费制度与资源产权以及资源价值构成之间的关系，并分析最优的收费比例在设计中应考虑的因素。

第六部分介绍了国外的资源税收和收费制度的征收项目及征收标准，并对世界上几个主要的矿业大国的资源税费制度安排进行了详细的比较分析，从中总结归纳了可供我国资源税费改革借鉴的宝贵经验。

第七部分分析了我国资源税收制度现状、存在的问题，结合我国国情和国外在资源税收制度中的经验，提出了完善我国资源开采、消耗、回收利用中的税收制度安排的对策建议。

第八部分分析了我国资源收费制度现状、存在的问题，结合我国国情和国外在资源收费制度中的经验，提出了完善我国资源所有权收益和资源使用权收益各个实现形式中的收费制度安排的对策建议。

第九部分为结论部分，结合我国现阶段的国情提出我国应实行资源税费并存的制度运行模式，并提出协调资源税费结构、资源税费成本负担、资源税费征收管理问题。

本书研究的技术路线图 4 所示。

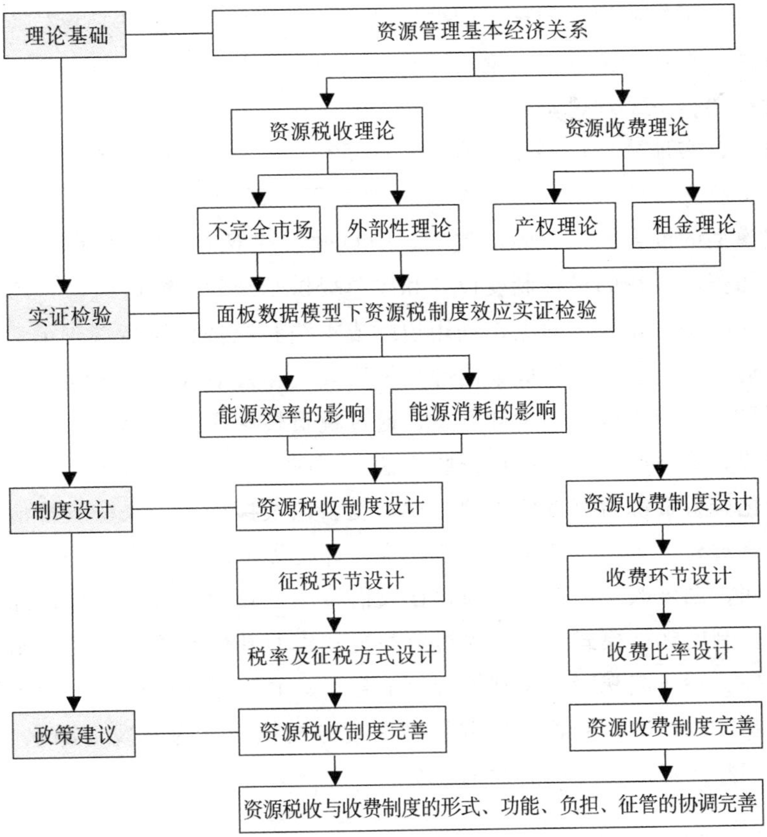

图 4　研究技术路线图

四、创新与难点

（一）创新

本书突破“就税论税”和“就费论费”的资源税费制度分析模式，在理论层面、制度设计层面和政策建议层面力求创新。其中创新点可以概括为以下四点：

第一，理论层面上，从分析资源管理中基本经济关系入手，探讨了资源管理中所有者与使用者之间、行政管理者与使用者之间、资源使用者之间、资源管理系统内部之间以及使用者与其他利益主体——矿区居民之间的经济关系，明确了资源税收的理论依据是国家的行政权、收费的理论依据是资源所有权这一贯穿全文的核心论点，从而为税收与收费制度协调并重的资源税费制度框架打下了理论基础。

第二，实证分析层面上，利用我国 30 个省、市、自治区（西藏有些数据缺失，故无法纳入实证分析系统）的 2007 ~ 2012 年六年的数据进行了面板数据模型的混合回归、固定效应、随机效应、双向固定效应等模型检验，为之后的资源税费的最优制度设计和改革提供了经验研究依据。

第三，制度设计层面上，利用边际成本法和霍特林模型探讨了考虑资源开采活动中产生的负外部成本内部化和实现代际公平（资源永续利用）等因素时的最优的资源税税率设计方案，通过税负转嫁一般均衡分析模型比较了不同征税方式下的最优资源税征收方法。同时，从使用者成本法、收益现值法来量化分析资源所有者价值的补偿额度，以及探矿权、采矿权价值补偿额度的计算过程，为最优的资源收费比率设计提供了良好的数量化运算模式。

第四，制度改革层面上，通过比较借鉴国外较为完善的几个资源大国的资源税费制度运行模式，除了探讨资源税和资源补偿费等资源税费制度改革问题以外，将研究视野拓宽到了资源消耗、废弃物排放、回收再利用等环节的税收制度改革上，完善了资源税费制度分析框架，为实现资源永续利用、发展循环经济提出了可行的改革方案。

（二）难点

第一，在研究思路方面，对于资源税费问题，有些学者已经作了较为系统的研究，但研究的角度和范围都各有差异。因此，如何跳出前人的研究框架，从一个新的视角去探讨资源税费制度设计问题可以说是本书写作过程当中遇到的最大的难点。

第二，税费的理论基础方面，以资源税费协调并重的方式分别对资源税和费的理论基础进行了深层探讨，分开探讨两者的理论基础是符合我国的国情的，因为，在我国政府既是资源全民所有者——国家的代理人，又是国有资源开发企业的出资人，同时也是行政管理者，政府将这三种身份集于一身，因此，有必要通过征税权和收费权的理论依据来划清资源税费的界限，理顺税费的功能定位问题。但是，资源税费问题在国外一些学者研究中往往是相互交织在一起，且征收项目较为简单，除了征收类似我国资源补偿费的费用外，很多政策体现在企业所得税特殊条款中。此外，国外的矿产资源等大多由私人所有、私人经营，政府扮演的角色更多是倾向于如何协调各企业之间的利益分配格局，以及资源开发过程中负外部效应内部化等问题。这一差距加大了在借鉴国外资源税费经验来指导我国资源税费制度设计时的难度。

第三，在实证分析部分，我们通过分别检验资源税对能源使用效率和能源使用量的面板数据分析模型，分析资源税对这两个因素的影响程度、制度运行效果，为资源税制度的完善提供可靠的政策建议，但是由于各个省份数据的不完整性、有些数据指标的统计误差等原因，实证检验结果较为显著，但解释变量对被解释变量的影响力较弱，资源税对能源消耗量和能源效率解释力度较弱，如何进一步挖掘数据并提高数据的可靠性是本研究的重点和难点之一。另一方面，由于资源相关的收费体系庞杂，缺乏各类收费数据，因此本研究未能对资源收费和资源使用量等因素进行实证分析，这也是在今后需要进一步深入研究的部分。

此外，由于资源开采、消耗以及回收利用涉及工业领域的一些专业知识，因此，在具体设计资源税率和费率方面、制定资源开发利用相关行业的有效税费成本负担问题上也存在较大的难度。

第1章

资源税费理论基础

国家既是社会公共产品的提供者，又是公共财产的所有者，因而国家一般能够同时行使这两种权利，即行政管理权和财产所有权，且国家又可以同时凭借这两种权利取得财政收入。对于前者而言，国家对其行政权力管辖范围内的个人或经济组织，可以凭借行政权取得税收收入。对于后者而言，在土地或资源归国家所有的前提下，国家对其拥有的财产可以凭借财产所有权取得财产收益，例如国家作为国有土地或国有资源的所有权代表，有权要求使用国有土地或资源的个人或经济组织支付土地或资源的使用费。本章首先分析资源管理中产生的各主体之间的基本经济关系，在此基础上进一步研究资源税收制度和资源收费制度的理论基础，为明确资源税费功能提供可行的思路。

1.1 资源管理基本经济关系

矿产等不可再生资源是一个国家经济发展的基础性、支柱性资源，然而它自身的可消耗性和稀缺性又迫使每个国家都在努力探寻一种有效的资源利用方式，在有效利用资源的基础上寻求国民经济的最大发展。

所有制形式是经济关系的基础，党的十七大继续坚持了我国公有制为主体的所有制形式，采用国有经济为主体多种所有制经济共同发展的基本经济制度。目前矿产资源采用的是矿产资源国家所有的一元化模式，而与矿产资源有密切关系的土地则采用的是国家所有和集体所有的二元化模式。矿产资源国家所有的形式决定了围绕矿产资源的经济行为必然是在所有权不动摇下的派生权利的交易行为和权利实现行为。这些经济行为最终表现为各主体之间的基本经济关系。

第一，从权利划分上看，目前依附于矿产资源所产生的权利主要是矿产资源所有权与矿产资源使用权。所有权只是国家所有，这是我国矿产资源的所有制形式所决定的，而使用权的主体却可以多元化。所以，矿产资源基本经济关系首先应该包括所有权人与使用权人之间的经济关系；使用权人与使用权人之间的经济关系。

第二，从收益分配与再分配上看，一方面，国家作为政权的代表者和维护者，基于矿产资源所形成的税收关系，其体现的是矿产资源的收益再分配，因此，它也是矿产资源基本经济关系之一，同时，税收也是国家维护政权的基本经济制度。另一方面，国家是一个特殊的资产拥有者，其所有权的实现并不像私有产权那样简单，国家所有权的实现首先内部必须先建立一整套的国有产权代表机构，在我国主要是中央机构和其授权的地方机构，利益分配上则表现为资源收益经过补偿费等矿产资源收益初次分配之后所形成中央与地方之间的内部分配，如补偿费的各级分配问题。所以可以很清晰地看出，国家这个所有权主体内部存在着一层较为复杂的经济关系，即国有产权收益代表者与参与者之间的经济关系，它是矿产资源所有者主体内部的收益分配关系，我们把它称为中央与地方的经济关系。

第三，从宏观调控和市场管理上看，矿产资源基本经济关系还包括国家行政管理者在对经济活动宏观管理和调控过程中所形成的与所有经济主体之间的关系。这层关系是指国家管理者运用信贷、税收等经济杠杆对矿产资源经济运行的调控以及制定市场规则规范市场所形成的经济协调关系。必须强调，此关系的妥善处理将对我国矿产资源的综合利用和节约利用起到最重要、最直接的作用。

第四，从矿产资源勘查开采过程中产生的其他相邻关系上看，最典型的是矿产资源与土地有很强的依附性，矿产资源的开发利用必然牵涉到土地的使用和环境保护等问题，这些问题其实就是矿产资源经济活动“外部性”问题的典型案例，所以我们认为基于矿产资源的“外部性”问题所产生的经济关系也是矿产资源基本经济关系。

以下我们将按照上面论述的四个方面的六大经济关系进行分别论述。

1.1.1 所有者与使用者之间的财产权益关系

矿产资源是一种物质财富。目前世界上所有的发展中国家和大多数发达国家的宪法或法律都明确规定矿产资源属于国家所有。少数发达国家在历史上曾经把矿产资源所有权与土地所有权合二为一，但近来都有将两者分离开来的趋势。如美国在殖民统治初期，土地所有者拥有对土地之下矿产资源的所有权，后来两者发生分离。目前，在美国东部，矿产资源所有权仍然属于土地所有者所有，而西部矿产资源则属于联邦政府所有，近海岸的矿产资源也属于联邦政府所有。澳大利亚本土及3海里以内的矿产资源属于州政府所有，除此以外的矿产资源属于联邦政府所有。

我国的公有制所有制形式决定了我国矿产资源的国家所有制。《中华人民共和国宪法》规定，矿产资源属于国家所有。《中华人民共和国矿产资源法》也明确规定，矿产资源属于国家所有，由国务院行使国家对矿产资源的所有权。地表或者地下的矿产资源的国家所有权，不因其所依附的土地所有权和使用权的不同而改变。国务院代表国家行使矿产资源所有权。其所有权实现方式就是通过委托或以法律法规的形式授权给地方各级行政主管部门，由地方政府依法管理和保护矿产资源。在这个过程中只有国务院即中央政府是矿产资源所有权的代表者，地方各级政府的身份是参与者和实施者。

矿产资源使用权是指矿产资源使用权人通过对矿产资源的勘查、开采，取得矿产资源地质勘查成果和生产有利用价值的矿产品，并获得收益的权利。矿产资源使用权是所有权经济利益的体现，如果矿产资源仅仅是埋在地下无人问津，矿产资源的所有权是毫无意义的。目前我国实行国有经济为主体多种所有制经济共同发展的基本经济制度，所以就矿产资源使用权人来说可以分为国有投资主体、私人投资主体以及国外投资主体，并且矿产资源国有投资主体即国有矿产企业占绝大部分。

众所周知，目前我国国有矿产企业的效益不太好，其主要原因是因为政企不分，产权不清。从经济学角度讲，国有企业由于与政府连接太紧密，所以它的“外部性”问题非常大，解决的渠道又主要是通过非市场机制——行政手段，成本大效益却低。所以对于占矿产资源投资主体绝大部分的国有矿山企业，必须进行产权的确立，给予矿产资源所有权人和使用权人充分的经济主体地位，与行政管理者分开，把市场机制的作用充分发挥出来，国有矿山企业的投资成本才会降低，企业的积极性也能够得到进一步的调动，提高经济效益。

矿产资源所有者与使用者之间的经济关系体现在何处，他们各自如何取得收益呢？所有权的确立为矿产资源经济价值的体现提供了现实的操作依据。因为社会经济在很大程度上依赖于某些最重要的自然要素的有限数量，如果某种自然要素的数量实际上是无限的，则除非能被人垄断，否则它在市场上就不会有任何价值，因为没有人会用东西换取可以无偿得到的东西。矿产资源国家所有权的确立，肯定了矿产资源作为自然要素的经济价值，由此基于所有权所产生的使用权也就具有了经济价值。用一句话表示的话，所有权是完全的，基本的权利，使用权是不完全的，派生的权利。我国国家是矿产资源的所有权人，所有权人的经济权益主要是通过对使用权的交易所产生的与使用权人之间的经济关系来体现的。换言之，我国目前存在的是探矿权、采矿权的出让行为，由此获得探矿权、采矿权有偿使用价款（出让金）。但是，虽然国家出让的是矿产资源使用权，但矿产资源的耗竭性又决定了矿产资源使用权人在使用矿产资源时，必须给予所有权人补偿。这是世界通行的做法，我国叫做矿产资源补偿费，在国外叫权利金，在我国对外合作勘探、开采石油项目中叫矿区使用费。采矿权人开采了矿产资源以后，这部分矿产资源的价值就转移到矿产品中去了，矿产资源本身不能够再生，所以采矿权人要对矿产资源所有者进行补偿，以实现矿产资源储量消耗与增长的动态平衡。这是对矿产资源本身所进行的补偿。

1.1.2 行政管理者与使用者之间的收益分配关系

国家参与矿产资源收益分配的主要手段之一是征税。矿产资源税收主要是指资源税以及在矿产资源开发利用过程中的所得税和增值税等。矿产资源税收不仅是实现国家职能的需要，同时也对矿业领域的资源配置和对矿产品生产、分配、交换、消费起着重大的经济调节作用。

一般情况下，所得税是一个国家税收的主要税种，占税收收入的比重很大。增值税和资源税占的比重较小。国家征收资源税是为了调节级差收益，因为不同的矿山因其资源丰度等自然条件的不同会使同样的投资产生不同的收益状况，只有对投资人征收资源税，才能保证投资者处于同等的竞争地位。但是，世界上很多国家考虑到矿产资源开发的高风险性，不对矿山企业征收资源税，以鼓励投资者对矿产资源开发进行投资。

1.1.3 资源使用者之间的经济关系

矿产资源使用者的目的就是要通过对矿产资源的使用创造出更有用的价值，获取更高的收益。要使用矿产资源就要先取得矿产资源的使用权，在我国矿产资源使用者是指探矿权人和采矿权人，矿产资源使用者之间通过探矿权、采矿权的相互流转，以探矿权、采矿权转让价款的形式体现探矿权、采矿权的经济价值。

市场经济条件下，要求矿产资源投资主体多元化，国家包揽地勘投资的情况不再可能。探矿权、采矿权采取有偿取得方式，例如招标、拍卖、挂牌出让探矿权、采矿权。采矿权的有偿取得为采矿权的进一步流转提供了经济基础。投资主体的多元化为探矿权、采矿权的流转提供了可行的市场环境。探矿权、采矿权的财产权利属性基于以上因素也得到的真正的确立。

国外大多数国家也都规定矿产资源属于国家所有，但国家只投一小部分资金用于基础性地质工作，而在商业性勘查工作上不投入资金。有的国家，如日本、加拿大等，为了鼓励矿产资源的勘查活动，采取国家补助一部分勘查投资的办法；对于商业性勘探工作，实行“谁勘探，谁取得采矿权”的政策，探矿权人发现经济矿床后，只要符合法律规定的取得采矿权的条件就一定可以取得采矿权。矿业权的流转方面，世界上绝大多数国家都允许矿业权转让。国外一般情况下由公司法与合同法调整，再加上必要的行政审查，只要这些条件都符合，就可以实现矿业权人之间的权利流转。

目前我国的《探矿权采矿权转让管理办法》确立了探矿权、采矿权的流转制度。其中第三条规定，除按照下列规定可以转让外，探矿权、采矿权不得转让：①探矿权人有权在划定的勘查作业区内进行规定的勘查作业，有权优先取得勘查作业区内矿产资源的采矿权。探矿权人在完成规定的最低勘查投入后，经依法批准，可以将探矿权转让他人。②已经取得采矿权的矿山企业，因企业合并、分立，与他人合资、合作经营，或者因企业资产出售以及有其他变更企业资产产权的情形，需要变更采矿权主体的，经依法批准，可以将采矿权转让他人采矿。

在矿产资源使用者与使用者的经济关系问题上，应注意以下两个方面：

首先是矿业权受让方对转让方的投资回报方式。无论探矿权人还是采矿权人，其利用其权利获得收益的方式有两种，要么自己投资勘查开采，要么把探矿权或采矿权转让给他人。矿业权转让已被世界上绝大多数国家所接受，矿业权转让的价格取决于转让方和受让方的谈判。谈判的基础是矿床开发预期取得的经济效益。矿业权受让方对转让方的投资回报方式主要有三种：①在转让矿业权时，矿业权受让人一次性支付给矿业权转让人一定数量的现金；②矿业权受让人在矿业生产过程中，每年按矿产品销售收入的一定百分比，支付给矿业权转让人；③入股方式，即原矿业权人以矿业权价值作为出资，成为新的矿山企业的股东。国外评估矿业权价值的方法主要有：综合费用法、比较市价法和净现值法。其中贴现现金流量净现值法（DCFROR）评估矿业权转让价值是国际上通用的做法。

其次是探矿权转让的投资回报。探矿权的转让有三种情况：①勘探尚未开始就转让探矿权；②勘探过程中进行探矿权转让；③勘探完毕进行的转让。第一种转让是完全的探矿权转让，它的价值基础就是矿床预期取得的经济效益。第二与第三种情况转让探矿权时，包含一定的地勘成果在其中，还包括转让方为取得勘探成果所投入的资金。所以这两种情况转让探矿权时，谈判的价值基础除了矿床预期的经济效益外，还应当包括转让方的勘探投资以及地勘成果蕴涵的经济价值。众所周知，我国计划经济时期的地勘活动主要是国家投资进行的，地勘成果都被国有矿山企业无偿使用，地勘产业靠的是国家的专向拨款，这是不符合市场经济的要求的。如今我国实行市场经济体制，政府职能发生转变，国家对勘探投资减少，只是负责基础性地质工作，地勘产业市场化，这就要求每一个勘探投资人必须抓住有效的经济价值因素，通过市场获得收益。因此，无论是国家（作为特殊的投资主体）还是其他一般投资主体进行勘探投资发现经济矿床，非勘探投资者若想开采该矿床，都必须对原勘探投资者进行经济补偿。国家作为特殊的投资主体转让其探矿权时，如果是勘探前的转让则可根据矿业权的价值评估方法评估价值进行转让。在勘探后或完成勘探的情况下的探矿权转让则可以成立专门的机构与受让方进行谈判，以确定地勘成果的经济价值，勘探投资的价值也要评估，其评估方法与矿业权转让的评估方法一样，即贴现现金流量净现值法。

1.1.4 资源管理系统内部的经济关系——中央与地方的经济关系

我国的矿产资源管理是由中央与地方共同协作进行的，国家是矿产资源所有者，中央政府即国务院是国家的代表者，地方政府依据法律和中央政府的授权或委托对本辖区的矿产资源进行管理。在这个过程中，围绕中央与地方的收益分配，中央与地方之间的财政转移支付等问题所产生的财政税收关系就是中央与地方之间的经济关系。中央与地方之间的财政税收关系的实质是社会收入的再分配，在我国当前市场经济的发展和矿业权市场建设时期，它是矿产资源收入再分配的主要矛盾。

中央与地方财政关系合理解决的基础是管理体制，即中央与地方事权的划分。1996 年修改的《中华人民共和国矿产资源法》，就是顺应我国市场经济发展转变国家管理职能的需要，为我国目前矿业权市场的建设打下了基础。然而，十几年市场经济探索的历程又给予矿产资源管理新的压力。矿产资源多部门重复管理，矿产资源管理机关行政职能欠缺无法进行有效管理等问题告诉我们，矿产资源管理体制的改革还应该继续进行，产权清晰、权责明确以及管理体制的建设还要努力。

除了上述四种关系之外，还存在国家运用经济政策对矿产资源勘查、开发、利用、保护进行宏观调控中对矿产资源进行管理所产生的经济关系和国家在开发管理矿产资源过程中由于矿产资源所有权、使用权与其他类型属性的权利冲突产生的不同权利人之间的经济关系。

对于宏观调控中产生的各种经济关系而言，国家财政收入除了维护政权的稳定之外，还要对整个社会经济发展进行管理，合理配置资源。国家实现社会经济发展的管理职能的手段之一是运用经济政策对经济运行进行宏观调控。就矿产资源来讲，国家宏观调控的内容主要表现在三个方面：①国家投资开展基础性的地质工作。其成果构成社会公共产品，为矿产资源的开发、利用提供基本的经济环境。②制定阶段性的统一的矿产资源发展计划。这种计划不是具体的矿产资源开发、利用规划，是一定时期国家对矿产资源开发、利用总的发展思路。③运用信贷利率、税收利率等手段。允许矿业固定资产加速折旧、允许勘探投资等矿山建设前期费用加速摊销等经济杠杆对矿产资源的开发、利用进行宏观调控。运用经济手段的目的是通过间接调整，引导投资者按照国家的矿产资源发展计划合理投资，促进矿产资源的合理开发、利用。

国家管理矿产资源的另一个手段是通过制定矿产资源的市场管理法则，对矿产资源开发、利用的经济活动进行直接干预。由于市场失灵，国家依法干预市场活动能够在一定程度上提高交易效率。例如，工商部门依法查处矿业权投资人的不正当竞争行为。矿产资源是国家经济建设的基础性资源，矿产资源开发属于高风险投资，对投资人的要求也相对较为严格，矿产资源开采过程中又面临着环境治理以及开采后的土地复垦等问题，所以制定矿产资源的市场管理法则是非常必要的。但是，现代市场经济理论和实践表明，国家直接干预也同样会出现政府干预失灵的问题，如干预过度、滥用权利等等。这就要求我们必须提高行政管理者的素质，坚持依法行政，维护矿产资源开发、利用过程中的交易安全。

对于国家在开发管理矿产资源过程中由于矿产资源所有权、使用权与其他类型属性的权利冲突产生的不同权利人之间的经济关系而言，这种是矿产资源开发、利用经济行为“外部性问题”的典型表现。

1.2 资源税收理论基础

税收是国家为了实现其职能，凭借政治权力，按照法定标准，向经济组织或个人强制地、无偿地征收而取得的财政收入，征税的目的在于为社会提供公共物品。[1]就资源税收而言，是国家凭借行政权，参与自然资源收益分配的主要手段之一。资源税收不仅可以满足实现国家职能所需要的资金来源，而且对有效配置资源开发领域的各种资源，理顺资源的生产、分配、交换、消费各个环节的利益关系起着重大的调节作用。

此外，税收也是政府用于矫正市场失灵、干预经济的重要手段。因为，理论上而言，市场是资源配置的最佳方式，但市场并非完美无缺，市场机制本身存在的自发性、盲目性导致市场资源配置效率低下。与一般商品供求市场一样，资源勘探开采及利用领域也存在稀缺的自然资源怎样在各种竞争性用途中优化配置的问题。由于不完全竞争市场、外部效应问题的存在，市场很难建立起自然资源开发、利用领域中有效的运行机制。因此，为矫正自然资源开采、消耗活动中存在的垄断经营、经济负外部性等问题，启用政府力量，用税收这一“看得见的手”去办好“看不见的手”办不好的事，从而确保资源开发利用的有效性。

1.2.1 外部性理论

外部性理论是资源经济学中最为重要的理论基础之一，它揭示了市场经济活动中一些资源配置低效率的根源，同时为解决资源及资源开发过程中导致的环境污染问题提供了可供选择的思路。

1. 外部性概述

外部性（Externality），又称为外部效应，或外在性，其最初的含义是私人收益与社会受益或私人成本与社会成本不一致的现象。外部性可分为生产者对生产者的外部性、生产者对消费者的外部性、消费者对消费者的外部性。

外部性概念是剑桥学派的阿尔弗雷德·马歇尔最先提出的，他在1890年出版的《经济学原理》中写道：“对于经济中出现的生产规模扩大，我们可以把它区分为两种类型，第一类，即生产的扩大依赖于产业的普遍发展；第二类，即生产的扩大来源于单个企业自身资源组织和管理的效率。我们把

---

① 胡怡建：《税收学》，上海财经大学出版社2004年版。

前一类称作‘外部经济’，将后一类称作‘内部经济’”[①]。

1924年，马歇尔的学生庇古在其名著《福利经济学》中进一步研究和完善了外部效应问题。他提出了“内部不经济”和“外部不经济”的概念，并从社会资源最优配置的角度出发，应用边际分析方法，提出了边际社会净产值和边际私人净产值，最终形成了外部性理论。庇古认为，在经济活动中，如果某企业给其他企业或整个社会造成不须付出代价的损失，那就是外部不经济，这时企业的边际私人成本小于边际社会成本[②]。

奈特于1924年对庇古上述意见进行了反驳，他认为产生“外部不经济”的原因是对稀缺资源缺乏产权界定，若将稀缺资源划定为私人所有，那么“外部不经济”将得以克服[③]。到1943年，埃利斯和费尔纳提出了与奈特近似的看法，也认为“外部不经济”与产权有关，但是，他们比前人更加关注现实生活中的“外部不经济”，将污染等问题与“外部不经济”联系起来。[④]

到了20世纪50年代后，经济学家对“外部性”概念的表述发生了宽泛化的趋势，有的学者甚至将“外部性”等同于市场失灵来看待。下面三位学者的表述，也许能够透视这一趋势。1952年米德给出了这样一个表述：“一种外部经济（或外部不经济）指的是这样一种事件：它使得一个（或一些）在作出直接（或间接地）导致这一事件的决定时根本没有参与的人，得到可察觉的利益（或蒙受可察觉的损失）。”[⑤] 1958年贝特提出了更加宽泛的概念：“我认为将外部经济这一概念扩展是自然而然的，也是有用的，这远比限制要好，最好让‘外部性’指示这样一种状况，即在用价格划分成本与收入时，出现非帕雷托的成本与收益关系。”

布坎南和斯塔布尔宾在1962年用一个函数关系式表达了对外部性的认识。他们认为外部性可以表达为：

$$U_A = U_A(X_1, X_2, ..., X_n, Y_1)$$

U_A表示A的个人效用，它依赖于一系列的活动（X_1，X_2，X_n），这些活动是A自身控制范围内的，但是Y_i是由另外一个人B所控制的行为，B被假定为社会成员之一。

---

① Marshall. A: Principles of Economics [M]. London, Macmillan, 1920.

② A. C. Pigou，陆民仁译：《福利经济学》，台湾银行经济研究室1971年版。

③ Andreas A. Papandreou: Externality And Institutions [M]. Clarendon Press. Oxford, 1994.

④ 贾丽虹：“对外部性概念的考察”，华南师范大学学报2002年第6期。

⑤ 同④。

在此后的几十年中，科思、萨缪尔森、兰德尔等许多经济学家对外部性问题提出了不同的看法和解决方案。

2. 资源开发活动与外部性

随着资源消耗量的不断增加，资源开发利用活动中的负外部性问题日趋严重，其主要表现就是各种矿产资源勘探开发及利用中的外部性问题。矿产资源开采活动造成外部性——环境退化（degradation）以及矿区居民利益受损的现象主要表现为：①矿山污染。废石、废水和废气的排放，污染了矿山周围的水源、土壤和农作物。突出的问题有酸性矿坑水的污染，金属组分及微量元素的污染和放射性污染等。②地下水资源枯竭，自然景观遭到破坏。③地面沉降与地表塌陷，井筒破裂，破坏土地资源。④矿井开采过程中井下常遇到突水突泥现象，严重的造成淹井事故。此外，海滨矿床开采还会引起海水入侵，采矿或排水可能诱发地震，露天边坡失稳可能发生滑坡等矿山环境问题。其中一部分被破坏的环境必须要加以恢复，才能维持正常的生产和生活。[①] 可见，开采矿产品的收益，一部分是以牺牲环境效用为代价的。矿产资源开采中的资源破坏和环境污染问题见表 1－1[②]。

表 1－1　　矿产资源开采活动中资源破坏与环境污染情况

资源类型	开采方式	资源及环境问题类型		
		资源破坏	地质灾害	环境污染
能源矿产	地下采矿	煤矸石占土地、地面沉陷（塌陷）、崩塌、浪费土地、植被压占及破坏	采空区地面沉陷（塌陷）、崩塌、泥石流、水土流失、滑坡、矿井突水、瓦斯爆炸	废水、废渣、废气、地下水位降低、土壤污染、废水排放对水资源的破坏
金属矿产	地下 地面 采矿	矿产资源破坏和浪费、共生矿物利用效率低、尾矿库溃坝、地面及边坡开挖	崩塌、塌陷、泥石流、水土流失、滑坡、尾矿库溃坝、土地沙化	废水、废渣、废气、土壤污染、废水排放对水资源遭受破坏
非金属矿产	地面采矿	资源破坏和浪费、土地、植被压占、地而及边坡开挖	崩塌、泥石流、水土流失、滑坡、土地沙化	废水、废渣、固体废物、粉尘排放

---

① 李义昌：“资源开采引起的环境问题及对策”，《中国矿业大学学报》1997 年第 3 期。

② 闫军印、丁超：“我国矿产资源开发利用的环境影响分析及对策研究”，《石家庄经济学院学报》2008 年第 5 期。

在此，利用函数关系式来形象地表述资源勘探开采过程中的外部性问题。

资源开采过程中的外部性一般体现为资源开采企业和开采地区周围居民或更广范围内的居民之间的污染和被污染问题。

一般情况下，企业往往会选择其资源性产品价格恰好等于边际成本时的产出水平与要素收入水平。若假定资源开采企业的开采矿产品 X 的活动对 n 个居民产生外部性大小取决于其开采量的大小，则其中 i 个居民的效用方程可表述如下：

$$U^i = U^i(X^i, Y^i, Z^i, \cdots X) \tag{1-1}$$

式 1-1 中 X^i, Y^i, Z^i,……代表该居民消费的包括资源性产品在内的 X, Y, Z 的数量，X 代表产品 X 的产出总量。对于资源开采企业 X 而言，在确定使得资源配置最优的产出水平时，必然要求将资源开采量 X 对居民的外部性效应与其开采的 X 总产出销售所得价值（私人效益）一同计算入内。因此，满足这一条件之等式为：

$$p_X + \sum_{i=1}^{n} MB_X^i = MC_X \tag{1-2}$$

式 1-2 中的 MB_X^i 是指第 i 个消费者由开采企业的开采量 X 中获得的外部边际收益。上式表明，要使得资源配置最优，与边际成本相等的应是边际的社会收益。在此案例中，由于外部性是不经济的，有些居民会将等式（1-2）改写为：

$$p_X = \sum_{i=1}^{n} MD_X^i + MC_X \tag{1-3}$$

式 1-3 中的 MD_X^i 代表对居民 i 的边际损害，它与边际收益互为相反数。上式表明资源产品 X 的定价必须等于开采活动中的边际社会成本。

同理，在 X 生产过程中所使用的劳动力与资本等要素的边际社会价值应为：

$$w = (p_X + \sum_{i=1}^{n} MB_X^i) \cdot MP_{LX}^X \tag{1-4}$$

$$r = (p_X + \sum_{i=1}^{n} MB_X^i) \cdot MP_{KX}^X \tag{1-5}$$

一般情况下，资源开采企业往往会忽略其所产生的外部边际效应。如果外部边际效应为正，则企业 X 实现的资源生产总水平将低于最优状态下的理论水平，而若相反，则又高于最优状态下的水平。

企业对居民产生的外部性有时不取决于其总开采量而取决于其中一种特定要素的使用量。在上述数量模型中，要素将作为自变量之一出现于效用函数中。假定外部性取决于要素 K_X，则原函数可以改写为：

$$U^i = U^i(X^i, Y^i, Z^i, \cdots, K_X) \tag{1-6}$$

式 1 -6 中对要素 K_X 的使用量最优条件要求该要素的边际成本等于其产生的社会边际收益，即：

$$r = p_X \cdot MP_{KX}^X + \sum_{i=1}^{n} MB_{KX}^i \tag{1-7}$$

在无政府干预的经济体系下，企业往往会忽略式（1 -7）中的外部边际成本。这样，就要求在企业 X 使用要素 K_X 时，政府通过设置一种适当的激励机制以达到将外部性内在化的目的。

3. 外部性的内部化

外部性的内部化，就是使生产者或消费者产生的外部费用进入他们的生产或消费决策，由他们自己承担，以此弥补私人成本与社会成本的差额，从而解决外部性问题。在对如何使外部性内部化的研究中形成了以庇古为代表的“政府干预”理论和科斯为代表的“产权安排”理论。这两种外部性内部化的方式中，庇古的“政府干预”理论可以为资源税收制度提供理论依据，因此重点研究这一理论。

在资源开发利用中存在社会边际成本与私人边际成本背离时，庇古认为不能依靠合约中规定补偿办法予以解决，而必须依靠外部力量，即政府干预加以解决。1920 年，庇古首次提出了对负外部效应征税的想法：当社会边际成本与私人边际成本不相同时，政府可以通过税收与补贴等经济干预手段使边际税率等于边际成本，从而起到外部性“内部化”的作用。具体操作方法是：政府一方面对造成负外部性的生产者征税，限制其生产，另一方面，给产生正外部性的生产者补贴，鼓励其扩大生产。这样，在利润最大化原则作用下，生产者从各自利益出发，会将其产量调整到价格等于社会边际成本之点。这就是庇古提出的“修正税”（corrective taxes）办法的理论精髓。

下面通过数学模型来分析外部性的内部化过程。

假设资源开采企业 1 开采出 x 矿产品并在竞争市场上出售。但 x 的开采量给消费者 2 造成了负外部性 e(x)。

另 p 为开采资源销售的价格，企业和消费者的利润或成本由下式给出：

$$\pi_1 = \max_x px - c(x)$$

$$\pi_2 = -e(x)$$

若企业不考虑资源开采活动对消费者产生的负外部性，那么均衡开采量 x_q 由 $p = c'(x_q)$ 给出。但是这一产量超出了考虑社会成本以后的最优产量。为了确定有效的开采水平，将给消费者造成的成本——负外部效应考虑到企业的最优生产函数中。此时，企业总的最大化利润为：

$$\pi = \max_x px - c(x) - e(x)$$

求偏导得出最优产量下的资源销售价格：

$$p = c'(x_e) + e'(x_e)$$

此时的产量 x_e 才是社会有效产量。

但是，企业 1 不会按照有效产量进行定价和生产。因此需要政府通过庇古提出的“修正税”来纠正错误开采行为。具体做法是，政府对企业 1 征收从量税 t，企业 1 的利润函数变为：

$$\pi_1 = \max_x px - c(x) - tx$$

那么利润最大化的一阶条件为：

$$p = c'(x) + t$$

如果政府征收 $t = e'(x_e)$ 数额的“修正税”，使得外部效应的成本内部化，那么企业 1 就会选择 $x = x_e$ 的社会有效开采量。

1.2.2 不完全市场理论

不完全市场是市场失灵的重要原因。由于自然资源本身的特性以及勘探开发活动的高风险性使得资源开发领域存在市场不完全性。

1. 不完全市场的含义

市场是完全的，首先意味着交易者之间有着明确的产权体系，市场本身存在且完整，而现实中，很多自然资源的开发、利用市场根本没有发育起来，或根本不存在。这些资源的价格为零，没有建立起相应的自然资源产权制度或产权虽然存在但不够明晰，被任意免费取用，存在着过度使用。有些资源，如林业资源，其市场虽然存在，但价格偏低，过量采伐现象严重。

市场是完全的，同时又意味着市场是充分竞争的，当市场竞争不足时就表现为垄断。大多数不完全竞争市场都可以视为垄断，只是各自在垄断程度上存在差异，诸如完全垄断、寡头垄断、垄断竞争等。生产的集中必然形成垄断，垄断的扩张则会反过来破坏市场的自由竞争规则。与完全竞争企业相比较而言，垄断企业总是实行高价格、低产量政策，这使市场失去基础调节功能，造成市场效率下降。

具体分析一般行业与垄断行业的区别。在一般行业中，生产企业往往面临着成本递增的问题，但是在某些特殊的行业中，由于产品的边际成本很小，因此，在现有的需求水平上，就会出现边际成本仍未上升的情形。这样，平均成本就会随着产出量的增加而不断下降，这就出现了成本递减状况。

之所以会产生成本递减的情形，是因为这样的行业一般具有在生产成本的构成中固定成本所占的比重很大，而可变成本所占的比重很小的特点。由于具有这种特点，因此，即使在一开始的时候在这样的行业中存在着一定的竞争，那么在经过一段时期以后，最终将会形成垄断的局面。因为持续下降的平均成本曲线和始终不变的边际成本曲线表明，某一优势的企业可以通过产销规模的不断扩大最终占领整个市场，与此同时，其他的企业将被完全逐出这个市场，这就形成了一家垄断的局面。[①]

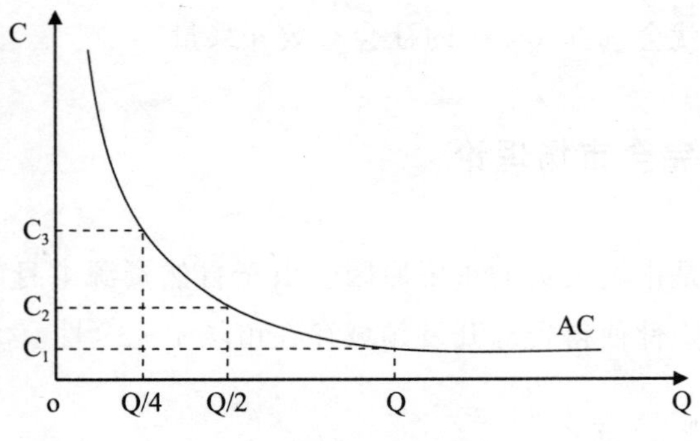

图 1－1　自然垄断在技术上的合理性

在图 1－1 所示的成本曲线情形下，最终形成一家垄断的局面在技术上是具有其合理性的，原因在于，如果市场对于产品的全部需求为 Q，那么如

① 毛程连：《公共财政理论与国有资产管理》，中国财政经济出版社 2003 年版。

果产品由一家企业来生产的话，全部的成本为 $C_1 \times Q$；如果由两家企业平均来生产，那么全部的社会成本为 $Q/2 \times C_2 \times 2 = C_2Q$；如果由四家企业平均来生产，那么全部成本为 $Q/4 \times C_3 \times 4 = C_3Q$，也就是说，从整个社会资源配置的状况来看，采用一家企业生产方式是最理想的，因此，这种垄断的状况就被称为自然垄断。

但是，如果由一家企业来组织生产的话，垄断企业将按照其自身边际收益等于边际成本的均衡条件来决定生产的数量和生产的价格，此时的生产量将大大低于根据社会效率最优化所需要的生产数量，就会造成消费者剩余的大幅度减少，从而对社会效率造成极大损害。这就需要政府通过限制垄断企业规模、市场占有率来打破垄断企业的壁垒，鼓励其他企业进入市场，保护市场竞争。同时，通过价格管制和税收来调节垄断企业的超额利润，并刺激企业调整自身产量和价格，改进资源配置的效率，减少因垄断而造成的社会福利的无谓损失。

煤炭、油气等资源开发及煤气等能源生产行业一般具有自然垄断的市场特征，因此需要政府采用一定的手段来改进这些行业中存在的缺陷。这种手段主要有价格管制和税收。

2. 对不完全市场的价格调节

如前所述，完全竞争行业的平均成本曲线是先减后增的 U 型曲线，但资源开采、加工行业的平均成本曲线与此完全不同，这些行业的平均成本曲线是递减的，这种行业就成为了自然垄断行业。对于这种形式的垄断，政府可以通过制定调节价格的方式进行干预。下面借助图 1－2 讨论政府如何实施价格调节。

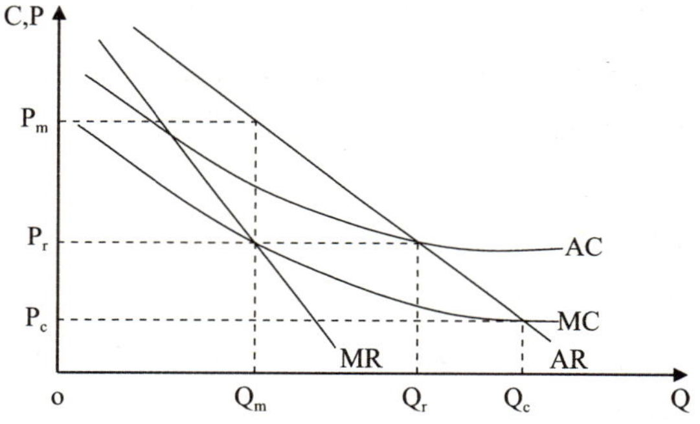

图 1－2　对自然垄断企业的价格调节

对于自然垄断行业，因其始终存在着递增的规模报酬，垄断者的边际成本与平均成本始终是递减的。如果不实行价格调节，垄断者利润最大化垄断价格是 P_m，与之相对应的产出水平是 Q_m。毫无疑问，垄断价格太高，垄断产量太低，因垄断而产生社会福利的无谓损失。政府进行价格调节可以减少社会福利的无谓损失。对于这种自然垄断行业，政府应该制定多高的调节价？达到资源最有效配置的价格与产量是假如该产业处于完全竞争状态下所达到的价格 P_c 与产量 Q_c。但是，政府不能把调节价格定为 P_c 的水平。因为，一旦把调节价定为 P_c，垄断者将无法弥补其平均成本。这种情况下，将不会有企业在该行业经营。为了既能使垄断者弥补平均成本，又尽可能减少社会福利的无谓损失，政府应该把调节价定为 P_r 的水平。

由于垄断者所面临需求曲线会随着市场条件的变化而不断变化，因此政府调节机构很难按照图 1－2 中所确定的调节原则对垄断者制定调节价格。为了便于操作，在实践中，政府调节机构可以利用下列公式为垄断产品制定调节价，该公式为：

$$P = AVC + (D + T + sK)/Q$$

上式中，P 为政府调节价，AVC 为垄断企业的平均变动成本，D 为企业的折旧，T 为税收，s 为政府允许的资本回报率，K 为企业资本存量，Q 为企业产量。由于政府调节机构通常需要把资本回报率 s 确定在一种公平的或竞争的水平上，因此这种形式的价格调节又称为回报率调节（rate of return regulation）。不过这种公平的或竞争的回报率不太容易确定，有时会使得政府的调节难以起到预期效果。

3. 对不完全市场的税收调节

对于不完全市场无效状态，政府还可以通过征收从量税（specific taxes）和一次总付税（lump－sum taxes）对价格和产量进行调节。从量税是对生产者所生产的每一单位产品征收某一固定数量的税收。而一次总付税就是指不论产量多寡，一次征收的税收。

（1）从量税的效应

假定政府征收从量税的税率为 t，企业平均成本曲线与边际成本曲线都因从量税而提高 t 的高度。对垄断者征收从量税将会使垄断者的一部分或全部超额利润消失。图 1－3 描述了这种情况。

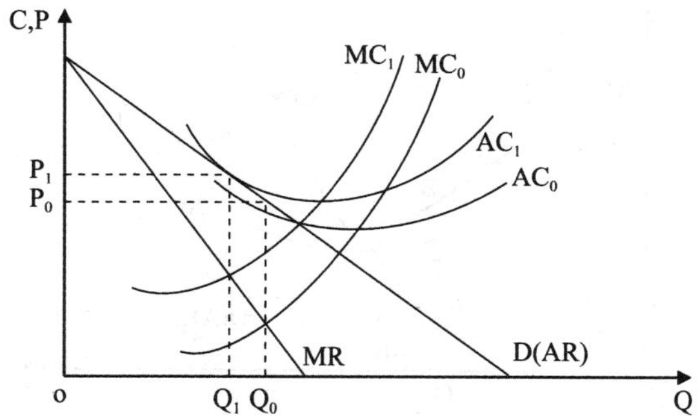

图 1－3　对垄断企业征收从量税

图 1－3 中，征收从量税前，垄断企业的平均成本曲线与边际成本曲线分别为 AC_0与 MC_0，征收从量税后垄断企业的平均成本曲线与边际成本曲线分别提高到 AC_1与 MC_1。税前使垄断企业利润最大化的垄断价格是 P_0，垄断产量是 Q_0。在 P_0的价格和 Q_0的产量下，由于垄断企业的平均收益大于平均成本，所以垄断企业获得了超额利润。税后使垄断企业利润最大化的垄断价格是 P_1，垄断产量是 Q_1。因此，政府的税收恰好使垄断企业的超额利润消失。虽然政府恰当地征收从量税可以通过增加垄断企业成本而使垄断企业的超额利润减少甚至消失，但是垄断企业却通过提高产品价格而将一部分税收负担转嫁给消费者，使消费者付出更高的价格，消费更少的产品。因此，从量税的税收效应并不理想。

（2）一次总付税的效应

政府对垄断企业放弃征收从量税，而改征一次总付税时，如果一次总付税的征收数量恰当，那么，既不会改变均衡价格，也不会改变均衡产量，而且能够消除垄断企业的超额利润。图 1－4 描述了这种较为理想的状况。由于一次总付税只会提高企业的平均成本（平均成本由税前的 AC_0提高到税后的 AC_1），对企业的边际成本不会产生任何影响（税前和税后边际成本都是 MC），因此边际成本与边际收益的交点在征税前后无任何变化（见图 1－4 中的 A 点）。政府只需恰当地规定一次总付税的数量，使垄断企业在征税后的平均成本曲线 AC_1与平均收益曲线 AR 相切（B 点），便可以使垄断企业的超额利润消失。政府可以通过有效使用这笔收入的方式进一步提高社会福利水平。

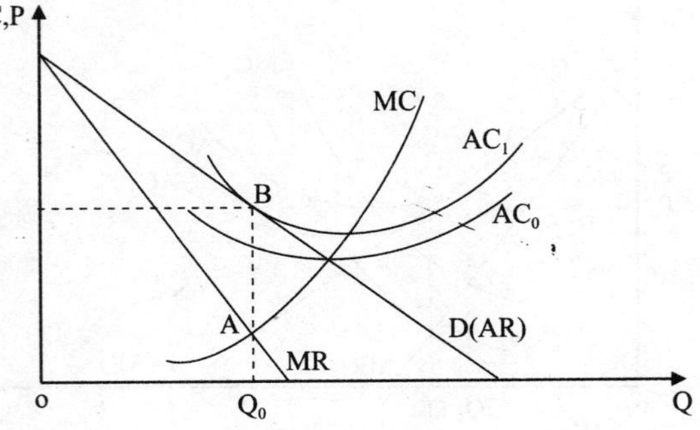

图 1-4 对垄断企业征收一次总付税

1.3
资源收费理论基础

费一般是指国家在向社会提供各种劳务和服务过程中，按受益原则所收取的服务费。政府收费大致可以分为三类：一是对使用公共设施或消费物品和服务的直接收费（direct charges）；二是拥有从事某种活动的特许权缴纳的执照税或费（license taxes or fee）；三是公用事业特种费（special assessments）。资源勘探开采活动中也存在一系列政府收费项目，这种收费与上述三种收费类型中的第二种类型——执照税（费）最为接近。作为国家代理者的政府对资源开发活动收费的根本依据是其拥有资源的所有权，即政府作为国有资源的所有权代表，凭借资源所有权以及由此派生的一系列资源经营特许权，要求使用国有资源的个人或经济组织支付资源使用费。因此，资源收费制度与资源所有制形式密不可分。

如前所述，在我国，所有制形式在各种经济关系中起到的基础性作用尤为明显。以矿产资源为例，权利划分上，目前依附于矿产资源所产生的权利主要是矿产资源所有权与矿产资源使用权。所有权只是国家所有，这是我国矿产资源的所有制形式所决定的，而使用权的主体却可以多元化。所以，矿产资源基本经济关系首先应该包括所有权人与使用权人之间的经济关系；使用权人与使用权人之间的经济关系。下面分别从产权理论及租金理论阐述资源所有权、使用权以及由此产生的各项权能的收益实现形式。

1.3.1 产权理论

产权理论与资源收费问题密切相关，从20世纪60年代至今，人们对资源产权理论进行了很多研究。日益严重的资源供需矛盾使人们认识到对资源的过度利用已经对人类生存和发展造成了恶劣的影响，向自然资源排放的废弃物几乎超过环境容量的极限，危及生命所能承受的程度。在追逐个体利益与保护资源和环境的矛盾中，人类在不断寻求有效解决矛盾的方法，其中资源产权理论的发展为资源的收费制度的建立健全指明了一条可以尝试的途径。

1. 产权理论的内容

(1) 产权的含义

产权是现代产权学派、交易成本学派和新制度学派的基本概念。到目前为止，理论界对于产权还没有形成一致的看法。较为全面的产权定义是E. G. 菲吕博腾和S. 配杰威齐在《产权与经济理论：近期文献的一个综述》中给出的定义："产权不是关于人与物之间的关系，而是指由于物的存在和使用而引起的人们之间的被认可的一些行为性关系……社会中盛行的产权制度便可以被描述为界定每个稀缺资源利用方面的地位的一组经济和社会关系。"[①]由此可知，产权是用来界定人们在经济活动中如何受益、如何受损，以及如何补偿的规则。如德姆赛茨所说："所谓产权，意指使自己或他人受益或受损的权利"。[②]

产权是一个复杂的体系，其内涵可以概括为以下几点：

第一，产权就是广义的所有权，其主体既可以是国家，也可以是集体，还可以是自然人和法人，客体是财产。

第二，产权通常以法律的形式表现，依靠社会强制力量来界定产权，且具有相对独立性。

第三，产权是一束权利的集合，并且具有层次性。产权有时指完整的产

① E. G. 菲吕博腾、S. 配杰威齐：《产权与经济理论：近期文献的一个综述》，上海三联书店1991年版。

② 德姆赛茨："关于产权的理论"，《社会经济体制比较》1990年第6期。

权体系，有时指一束产权，而有时仅指单个产权。

第四，产权的内涵是不断变化的。随着社会制度的变迁、经济生活的发展，某个产权可以派生新的产权，某些产权可以组合成新的产权，产权的内涵也会随之变化。

第五，产权可以帮助人们进行更合理的交易，起到资源配置、收入分配、激励和约束等多种作用。

（2）资源产权理论

科斯（Coase）于1960年发表的《社会成本问题》一文可以说是资源产权理论的起源。科斯的产权理论并不是针对解决资源问题，但《社会成本问题》对产权的研究却是从涉及资源问题的案例入手的。在文中，科斯对许多资源问题的案例展开经济学分析，最后得出被称之为科斯定理的重要结论。从某种意义上来说，《社会成本问题》就是专门针对资源问题有感而发的。[①] 从另一个角度来看，产权理论是用经济学方法研究外部效应问题的制度性根源的一条重要思路，而资源问题往往与经济活动外部不经济性相联系。因此，资源问题是产权理论研究的起点和重要领域，而产权理论又为分析导致资源浪费的权利安排过程提供了理论基础。

资源产权是一组权利或者权利束，包括资源的所有权、使用权、收益权等。

①资源的所有权。财产所有权是指所有人依法对自己的财产享有占有、使用、收益和处分的权利，这是自古老的罗马法以来，世界各国民法对财产所有权有一个共同的界定。我们国家的《宪法》对资源的所有权也作出了一个明确的规定，即矿藏、水流、森林、山岭、草原、荒地、滩涂等自然资源属于国家所有。因此，在我国，除了少量资源实行受限制的集体产权外，大部分资源所有权属于国家，并将资源所有权定位为公共财产权，不实行产权私有化。而我国的《民法通则》规定"国家财产属于全民所有"。社会全体共同拥有自然资源是我国自然资源公共财产权的特征，这一特征却构成了我国资源产权的基本矛盾：我国每一个人既是资源的所有者又不是资源的所有者。之所以是资源的所有者是因为，依照法律每个共同拥有资源财产的所有权，这些所有权的集合构成共同拥有的权利，如果每个人都没有所有权，也就谈不上公共财产权；之所以不是资源的所有者是因为，在公共拥有的情况

---

① 腾有正、刘钟龄等：《环境经济探索：机制与政策》，内蒙古大学出版社2001年版。

下，只有每个人所拥有的所有权同其他人的所有权相结合为公共所有权的时候，才能有效地发挥作用，单个人无法通过凭借公共所有权去索取总收入中的任何一个特殊的份额。

②资源的使用权。所谓资源的使用权，也称作特许物权或特别法上的用益物权、准物权，是指为了资源的有效和可持续利用，使用权人在依法取得自然资源主管部门批准后，所拥有的对资源使用收益的权利。[①]

我国集体所有的部分土地、草原、森林、水面等，一般由集体经济组织成员通过承包的方式取得承包经营权进行利用，对国家所有的农用土地、草原、森林等也可以由集体经济组织取得使用权，集体组织再以承包的方式赋予集体组织成员承包经营，这些资源的使用权人具有了集体经济组织成员这样特殊的身份特征。

③资源的收益权。按照产权理论，所有权主体拥有对“物”的收益权。产权是以所有者为基础的各种行为性权利的总和，是一种排他性拥有的价值形态的财产收益，最终体现和根本标志在于财产收益权。放弃财产收益权，就等于放弃了财产所有权。凭借财产权利从内容和形式上明确所有者的经济实现，这是对资源资产保值增值的必然要求。

财产权益的实现形式多种多样，不同特征和性质的自然资源实现收益的方式和途径各有不同。

（3）矿产资源产权理论

矿产资源所有权是一种财产权。1996年颁布的新的《矿产资源法》规定：“矿产资源属于国家所有，由国务院行使国家对矿产资源的所有权。地表或者地下的矿产资源的国家所有权，不因其所依附的土地的所有权或者使用权的不同而改变。”[②]这表明我国实行矿产资源全民所有制形式，代表全体人民享有矿产资源所有权的是中华人民共和国。矿产资源国家所有权制度是我国国家财产所有权制度中十分重要的组成部分。

矿产资源所有权的内容[③]包括对矿产的占有、使用、收益、处分的权利，是矿产资源全民所有制的法律上的表现形式。

①占有权。矿产资源的占有权，是指国家对矿产资源实际控制的权利。

---

① 梁慧星：《中国物权法研究（下）》，法律出版社1998年版。

② 参见《中华人民共和国矿产资源法》总则第三条，1996年颁布。

③ 参见国土资源部宣教中心编著的《矿产行政管理知识》。

由于国家作为特殊民事主体，对矿产资源的占有是名义上的占有或称为法律上的占有。就某一区域的矿产资源而言，如果依法设定了探矿权或采矿权，探矿权或采矿权人则以探矿权或采矿权对特定范围内的矿产资源实际占有；如果没有设定探矿权或者采矿权，则依法由国家占有。

②使用权。矿产资源的使用权，是指国家依矿产资源的性质和用途对其加以开发利用的权利，从而实现国家利益。国家作为“特殊民事主体”，不便也不可能全部亲自使用矿产资源。国家可以通过建立矿产资源勘查和开采审批登记制度，设定探矿权或采矿权，由探矿权或采矿权人进行勘查、开发矿产资源的活动，达到矿产资源使用的目的。所有权与使用权“两权分离”的理论是建立探矿权或采矿权法律制度的基础。

③收益权。矿产资源的收益权，是指国家基于使用矿产资源而取得收益的权利。我国采用向矿产资源征收矿产资源补偿费的方法，实现国家对矿产资源的收益权。

④处分权。矿产资源的处分权，是指国家在事实上的和法律上决定矿产资源命运的权利。事实上的处分权是指矿产资源的转让或使用的权利；法律上的处分权包括设置和出让探矿权、采矿权等。处分权是拥有所有权的根本标志，它最直接反映了所有权人对物的支配。国家对矿产资源的处分权反映惟有矿产资源行政管理机关对矿产资源具有规划分配权，决定探矿权、采矿权的设定、变更、终止。在国家或者社会公共利益需要的情况下，国家可以对探矿权、采矿权进行征用。

（4）矿产资源所有权的派生权利——矿业权

矿业权是矿产资源所有权中派生出来的他物权。国家通过法律设定矿业权，矿业生产的过程实际上是依法取得矿业权的矿业权人以向作为矿产资源所有权人的国家缴纳矿产资源补偿费和履行其他法律义务为基本条件，对属于国家所有的矿产资源享有排他的占有、使用、处分和收益权利的过程。矿业权明确了矿产资源所有者与矿业权人之间的权利义务关系，通过法定的程序授予符合特定资格和条件的法人或公民以矿业权。

①探矿权。探矿权是指在依法取得的勘查许可证的区域范围内勘查矿产资源的权利。取得勘查许可证的单位或者个人称为探矿权人。这种权利是公民、企业、地址勘查单位或其他经济组织依据法律、法规与国家之间建立的一种对矿产资源准予使用的权利。

由于矿产资源的隐蔽性，勘查矿产资源伴有很大的风险，并需要投入大量的勘探资金，探明矿产资源后还需投入大量的开发资金。在我国现阶段的经济体制下，设立探矿权，以有偿取得的方式将探矿权授予从事商业性勘查和开发活动的经营者，达到勘查和开发矿产资源的目的。

②采矿权。采矿权是指依法取得的采矿许可证规定的范围和期限内，开采矿产资源和获得所开采的矿产品的权利。取得采矿权许可证的单位或者个人称为采矿权人。其构成要素包括排他的或独占的矿山建设权、矿产资源的开采权、矿产品的生产经营权。

综上所述，通过设立矿业权审批登记和矿产资源勘查、开采许可证制度，授予符合法定资质条件的矿产资源勘查、开采民事主体以探矿权或采矿权，实现国家对矿产资源的占有、使用、处分的权能。同时，通过建立矿产资源有偿使用制度，对采矿权征收矿产资源补偿费，从而实现国家对矿产资源的经济收益权，具体表现为补偿费征收规定中的一系列制度。

2. 资源产权收益

国家是矿产资源的所有者，其资源财产收益通过一定的方式和途径来实现。矿产资源对国民经济发展的特殊作用以及其不可再生性、耗竭性等特点，使得各国矿产资源的所有者都采取了形式各异的矿产资源有偿使用制度，以保护自身的财产权益。资源的产权收益包括资源的所有权价值的实现形式、资源的勘探权价值和开采权价值的实现形式。

（1）资源所有权价值的实现形式

矿产资源是经过漫长的地质年代天然形成的，因为所有者将资源保存至今，因此拥有对这种资源的未来收益权力，这种收益构成资源的原始价值。如果所有者直接对其所拥有的资源开展生产经营活动，那么，其收益就由经营收入和利润的形式来体现。如果资源的所有权与经营权相分离，资源所有者将经营权转让出去，自身不从事直接的经营活动时，其所有权在经济上的体现形式就是租金或费用。资源租金或费用的征收，首先意味着资源所有者与矿业权人（承租人）之间事前的利润分享方案，这是一种分担勘探开发风险的理想方式，它可以引导采矿权人寻找资源，减轻机会主义行为。其次，资源开发造成存量损耗，基于这一点，所有权人应该向采矿权人索取租金，以用于对“破坏”的资源实体的补偿。最后，竞争性均衡状态下租金的征收也有利于资源在多个使用者之间的优化配置。

如果用经济理论来量化上述分析，矿山地租作为所有者让渡给采矿权人的矿产资源资产的价格，应等于现在开采所牺牲的将来开采可以得到的收益，即使用者成本，这是实现代际公平的重要条件。假定采矿企业利用一定量的劳动和资本进行生产，其生产函数为：

$$q = AK^{\alpha}L^{1-\alpha} \quad (1-8)$$

式 1－8 中，q 代表开采量，K 和 L 分别代表以资本量和劳动量所计量的开采成本。开采企业在进行资源开采的同时，也给后代造成了 h（q）单位的成本。对后代来说，开采量一方面取决于资本和劳动投入量，另一方面取决于剩余储量。那么，后代所面临的资源开采或生产函数可表示为：

$$c = g(K', L', q) \quad (1-9)$$

从式（1－9）中可以看出，当代人的开采量越多，对后代人造成的成本就越大，但开采企业完全不需要支付代价。可以说开采企业制定的资源价格是“错误的”，造成代际间的负外部效应。决定私人最优开采量的只是私人成本，而社会成本等于开采成本与使用者成本之和。所以，要获得代际公平配置，就要使私人企业面对的实际成本等于社会成本，其办法就是征收相当于社会成本的那一部分租金。

从经营者的账务处理角度来看，在矿产所有权与探矿权、采矿权相分离的情况下，对于矿产企业来说，取得采矿权的支出包括租金（所有者权益）和探矿权价值。企业将这笔支出记做递耗资产（wasting assets），随着矿产资源的开采和使用，它将通过折耗（depletion）的形式分期转入矿产品成本中，并从收入中不断得到补偿。这称为矿产资源资本化。但这仅仅是会计上的补偿，并不等于经济学上的使用者成本也得到了相应的补偿。只有当租金等于使用该资源的机会成本时，才有可能实现使用者成本的完全有效补偿。①

（2）资源勘探开采权价值的实现形式

矿产资源的勘探、开采权价值是从资源所有权价值中派生出来的一种资源经营权价值的实现形式。这种实现形式除了领取勘探开采许可证而向所有权人缴纳探矿权、采矿权使用费以外，还应同时缴纳经评估确认的国家出资勘查形成的探矿权和采矿权价款。原因在于，我国大部分地质勘查活动是由政府来承担，因此，转让勘探、开采权时应同时征收这部分成本。

---

① 张云：《非再生资源开发中价值补偿的研究》，中国发展出版社 2007 年版。

1.3.2 租金理论

可以说，租金理论的根源在于财产所有权，所有者依据财产所有权对财产使用者征收租金。租金与前述的资源所有权价值的实现形式是基本一致的，之所以在此进一步深入探讨租金理论是因为，这一理论对资源收费制度具有较大的理论指导意义，同时资源开采活动一般具有的垄断性特征又为租金理论赋予了新的内涵。

1. 经济租

经济租这一概念来源于地租，而地租又来自于土地出让收益。土地的最大特点是假定它不能被毁灭（即供给不为价格所左右），那么对于那些供给同样不会减少（不需要任何成本来维持恒定的供给）也不能增加，即不会随价格而变化的资源如矿产资源，从逻辑上说就必然也会带来租金收入。但这种租金显然不能简单地称为“地租”，于是就在“租金”之前加上了“经济”两字，经济租就成为了一个用于经济分析的泛化的理论概念。租金理论也就以地租为起点大大地扩展了其涵盖的领域。

在新古典主义经济理论框架下的经济租，只是在经济分析过程中的一个概念，并非是一个具有严格内涵的价值量，在长期中，一般可以认为其量的大小就等于补偿要素的价格超过其机会成本部分和超额利润之和，而前者在长期分析中主要存在于折旧基金之中，从另一个角度说，只是一种对要素所有者心理感受的判断，所以一般地，称产品生产者获得的超额利润就是经济租。但问题在于，既然是长期中的均衡市场，而又有超额利润的存在，那么，这一产品的市场结构必然是一个非完全竞争的市场结构，典型的如垄断市场，存在着厂商进入的困难，所以，通常又说垄断下产生的经济利润就是典型的经济租，垄断就是租的原因。处于垄断地位的要素都可以得到的超过机会成本的剩余（Surplus）或余额（Residual），比如垄断下的石油天然气等资源产品市场里的超额利润就被称为经济租。

2. 矿山租金

经济租是一个用于经济分析的一般理论概念，其具体的表现形式有多种，具体到资源产业，比如石油、煤炭等矿产资源或能源工业，其产品价格中所包含的经济租就被称为矿山租金。

由于矿产资源的稀缺性和所有权的垄断性，可将矿山租金分为矿山绝对租金、矿山级差租金、矿山垄断租金和矿山稀缺租金，在此重点分析矿山级差租金和稀缺租金。

(1) 矿山级差租金

矿山级差租金是指同类的矿产资源在不同地区，由于资源丰度、开采的难易程度、禀赋优势、地理位置等方面的差异，投入等量的劳动和资金，产出的矿产品数量和质量不同而造成的级差收益。

矿山级差租金一般分为两类：第Ⅰ级差矿利和第Ⅱ级差矿利。前者是指由于资源的自然丰度、赋存条件和地理位置优越而使矿业企业获得的超额利润；后者是指矿业企业由于追加投资，采用先进的采选技术等手段提高劳动生产率而带来的超额利润。除了第Ⅰ和第Ⅱ级差矿利以外，针对我国国情，有些学者还提出了第Ⅲ级差矿利的概念，即我国经济体制转轨前和转轨后，不同所有制企业在经营年限和规模不同，形成了不同的历史负担，而造成矿山开发利润的差异。

不同来源的矿山级差租金的收入归属也是各不相同。一般认为，第Ⅰ级差矿利是由资源的禀赋优势带来的，应以资源价值或权利金的形式缴纳给资源所有者；第Ⅱ级差矿利则主要视为投资经营收益，应归属于投资者或经营者；第Ⅲ级差矿利在我国现阶段也是明显存在的，在测算资源价值或权利金时应予以重视，但随着社会保障体系的完善，这种级差收益会逐渐减少直至消除。

级差矿利的测算对于不同资源条件的矿山之间开展公平竞争、制定合理的目标值、实行矿产资源有偿使用和资源资产化管理等有着非常重要的意义。

级差矿利的测算分为标准开采指标的确定、劣等矿山开采指标的获取、级差矿利的测算模型建立三个部分。

对于标准开采指标的确定而言，由于在实际工作中很难找到多个资源条件完全相似的矿山，因此，标准开采指标大多是根据已有资料建立资源条件与对应指标的关系模型来求得。在建模时一般采用先建立资源条件和非资源条件与开采指标之间的关系模型 $z = f(x, y)$（z 表示开采指标，x 表示影响该开采指标的资源条件综合评价值，y 表示影响该开采指标的非资源条件综合评价值），然后将非资源条件加权平均值代入该模型即可获得预测模型。

对于劣等矿山①开采指标的获取问题而言，测算级差矿利时需要这类劣等矿山在社会平均技术熟练程度和平均管理水平下的开采指标，因此劣等矿山开采指标也是在建立资源条件与开采指标关系模型的基础上求得的。一般步骤为：建立资源条件与开采指标间的关系模型 $z=f(x)$；确定劣等资源条件参数（如劣等矿山的丰厚、品味等）；确定劣等矿山的开采指标。

对于级差矿利的测算模型而言，假定矿山企业提取折旧的总额与矿山企业的总投资相等，根据上述两个步骤测算结果，可以得到以下两个关于级差矿利Ⅰ和级差矿利Ⅱ的测算模型。其中级差矿利Ⅰ的测算模型为：

$$R_{1a}=\sum_{t=0}^{T}q_{at}\left[\frac{(p_{at}-p_{lt})(1-r_T)-(c_{at}-c_{lt})}{(1+i)^t}\right]$$

上式中，R_{1a}表示矿山企业 a 的第Ⅰ级差矿利；p_{at}表示 a 矿山企业第 t 年矿产品的标准销售价格；c_{at}表示 a 矿山企业第 t 年的标准单位开采成本；p_{lt}表示劣等矿产品第 t 年的标准销售价格；c_{lt}表示劣等矿山企业第 t 年的标准单位开采成本；r_T 表示矿产品的销售税率；i 表示贴现率。

级差矿利Ⅱ的测算模型为：

$$R_{2a}=\sum_{t=0}^{T}q_{at}\left[\frac{(p_{at}-p'_{at})(1-r_T)-(c_{at}-c'_{at})}{(1+i)^t}\right]$$

上式中，R_{2a}表示 a 矿山的第Ⅱ级差矿利；p'_{at}表示 a 矿山矿产品的实际销售价格；c'_{at}表示 a 矿山企业第 t 年的实际单位开采成本，其他与级差矿利Ⅰ的表述相同。

（2）矿山稀缺租金

在现代资源经济学中，对稀缺租金的定义是，“在长期均衡中，由于固定供给或成本提高而获取的生产者剩余”。②供给固定而获取的生产者剩余只能是因为需求的增加，而且在数额上等于该资源现在开采给未来后代带来的机会成本。即使后代人丧失了利用同一资源获取收益的机会，这也意味着必须将所放弃的机会可能带来的纯收益计入当前产品成本中。这一机会成本在资源经济学中被称为“使用者成本”（User Cost），所以资源产品的价格构成就应该包括有边际开采成本、边际使用者成本（稀缺租金）和边际社会成

① 这里所说的劣等矿山是指勘探条件、矿产赋存条件、地理位置、品种品位等资源条件均为劣等的矿山。

② 汤姆·泰坦伯格：《环境与自然资源经济学》，经济科学出版社 2006 年版。

本。当资源的供给是固定时，随着对资源的需求增长，资源将变得相对稀缺，或是当未来可用资源稀缺时，就会带来资源产品边际成本（价格）的提高，这两种情况都会使得生产者剩余增加，而这种增加的生产者剩余是来自未来的收益的提前实现。

由此可知，稀缺性租金是一个衡量资源稀缺程度的有效指标，特别是当边际开采成本基本不变时，稀缺租金表明未来可用资源所能获得的收益越大，即未来资源越少，资源正在变得稀缺。有时，它能起到价格指标所无法起到的作用，比如，美国从内战到1900年间，木材的价格没有变化，但原木的价格却上涨了，原因在于运输费用的下降和采伐技术的提高，如果以木材价格测试稀缺性将会得出错误结论，运输和开采成本的下降掩盖了原木稀缺程度的提高。[①]稀缺性租金作为必须支付给资源所有者的租金一般就表现为矿区使用费、权利金或类似于我国的矿产资源补偿费，属于一种绝对地租。[②]但是对于公共产权资源（共同资源），由于稀缺性租金归于社会，对于任何个体的经济人来说无法获取，于是稀缺性租金为零，无法作为显示资源稀缺的有效指标。这一特点是由耗竭性资源的有限性与不可再生性所决定的。

3. 霍特林租金

1931年著名经济学家霍特林（Hotelling[③]）在其著作《可耗尽资源的经济学》中提出了资源可持续开发利用的霍特林租金模式。霍特林租金与前面述及的稀缺租金理论基本相似，但它更注重研究资源开采与时间价值之间关系的研究，因此这一部分详细分析霍特林租金。

在完全竞争的市场中，随着时间的推移，霍特林租金按与社会平均利润率相等的比率增长是符合市场效率要求的，即把一个单位采掘量从一个时点转到另一个时点，不会有任何额外赢利。就是说，如果当前一个单位采掘量的销售所得用于投资，能够产生一个收益率 r 的话，那么如果选择不进行开采，这个单位采掘量的未来潜在价格也会以速率 r 增长。这一过程中，社会平均利润率 r 起到了一种关键作用，它决定了何时开采矿产资源的最优选

① 汤姆·泰坦伯格：《环境与自然资源经济学》，经济科学出版社2006年版。

② 这里的绝对地租虽然与马克思主义经济理论中的绝对地租一样都是所有权的要求，但对其产生的源泉却是有着不同认识的。

③ 哈罗德·霍特林（Harold Hotelling，1895～1973）：也叫豪泰林，美国学者，是统计学界、经济学界、数学界公认大师。

择，也就是说对于矿业企业来说，是现在就将矿产资源开采出来变为货币资产还是将其继续以矿产资产的形式留在地下达到最优的“私人目标”选择，这一选择将取决于两种资产形式的收益率比较。

而收益率事实上也就对应于表示机会成本的贴现率，在跨期选择中确定了收益率，也就确定了贴现率。理性的矿产资源经营者将会遵循跨期套利均衡条件，即地下资产的收益率等于地面资产以社会平均利润率代表的收益率，或对应的即私人贴现率等于社会贴现率。这一均衡条件被称为“霍特林规则”。利润率或贴现率的相等就意味着没有任何形式的市场失灵，但这在实际经济生活中是不现实的，如果私人贴现率和社会贴现率 r 之间出现了差异，特别是如果私人贴现率高于社会贴现率，霍特林租金就将上升太快，这意味着太多的这种资源被过快过早地开采了。由此可见，霍特林论点的精髓是：稀缺是价值的来源，随着某物品稀缺性的上升，该物品的价值必定以与其他金融工具一样的利率上升，否则物品持有人将出售物品而不是继续持有，从而降低价格。这种观点有时候被称作套利规则（arbitrage rule）（Dasgupta and Heal，1979）。

很多与自然资源或环境相关的问题涉及存量和流量，因此时间尺度是一个基本元素。资源跨时期管理中讨论的时间是指长期和短期的对应。一些资源的价值及其相适应的政策需要作时间上的调整。因为某些资源对人类带来的影响随着时间的变化而不同。

下面利用数学推导方式讲述霍特林机理。

假设资源是有限的，需求和开采成本（extraction costs）是常数，未来市场是理想的，拥有资源并无他利，由此得出结论：稀缺租必然以经济的利率呈指数上升。于是资源的市场价格上涨，开采率逐渐下降，这样，资源就不会在有限的时间内耗尽。

考虑一种有限资源（Q）的时间分配，如石油的分配问题，假定这种石油能够以不变的边际成本（c）生产（开采、精炼等）。每年的需求由逆等式 $P_t = a - bq_t$ 给定（这里的 q_t 是指每年的石油产量），这意味着年总收益 B_t 为：

$$B_t = \int_0^{q_t} (a - bq)\,dq = aq_t - \frac{1}{2}bq_t^2$$

在服从资源约束的条件下最大化贴现收益，得到：

$$\max L = \sum_t \frac{(aq_t - \frac{bq_t^2}{2} - cq_t)}{(1+r)^{t-1}} - \lambda(Q - \sum_t q_t)$$

这里的 r 是贴现率，λ 是资源的稀缺价值。求偏导得到：

$$\frac{\partial L}{\partial q_t} = \frac{a - bq_t - c}{(1+r)^{t-1}} - \lambda = 0$$

置换后得到 Hoteling 法则——稀缺租（$P_t - c$）或（$a - bq_t - c$），一定以以下速率增长：

$$(P_t - c) = a - bq_t - c = \lambda\ (1+r)^{t-1}$$

石油需要定量配给，因此油价等于生产成本加上稀缺租，在简单的例子中，一定速率的指数级增长等于贴现率。在现实中，有许多因素混杂在一起使得问题更加复杂。霍特林法则下的资源可持续消耗模型也可参见图 1－5。

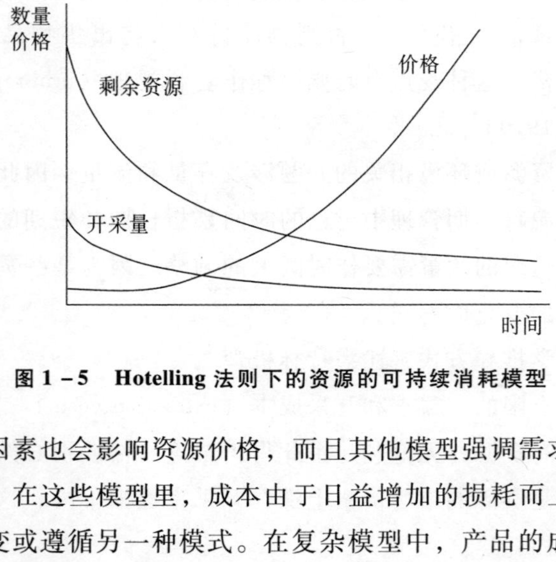

图 1－5　Hotelling 法则下的资源的可持续消耗模型

许多其他因素也会影响资源价格，而且其他模型强调需求、技术、成本等因素的变化。在这些模型里，成本由于日益增加的损耗而上升，而稀缺租可能会保持不变或遵循另一种模式。在复杂模型中，产品的成本可能取决于诸如产出率、损耗水平及技术开发之类的因素。尽管如此，基本信息还是跟 Hotelling 简单模型所提供的相似，并且已经有非常显著的影响。举例来说，世界能源价格预报员深信：未来油价的预测值等于当前价格加上每年几个百分点，直到预测期为止（Manne and Schrattenholzer，1992）。然而，在实际的矿物、燃料和其他资源市场中，稀缺租和价格不会平稳增长。这种差异没有驳斥 Hotelling 模型，因为它可以用开采成本的变化、技术进步市场的缺陷、诸如政治剧变这样的短期失调等等来解释。同时，稀缺性几乎不存在

（到目前为止），或者更确切地说，资源相对较多，以至于稀缺租这一成分比其他因素要小。

需要澄清的是，这一理论并非是说矿产等稀缺资源会自动增值，事实上，这一增值还是来自于社会而不是资源本身，因为社会平均利润率的存在，如果选择未来开采资源，则未来的收入必须弥补因推迟开采而带来的当前可以按照等量资本获得等量利润规则而造成的利润损失，若私人贴现率高于社会贴现率，则预期未来开采的利润现值将小于当前开采所得利润，则会有过快开采行为发生，反之，则会出现推迟开采的行为，也就是说，表面上资源随着时间的增值仍然是来自于未来的预期利润，并且仍然遵守着社会平均利润率的规则限制，我们可以称之为资源的时间价值。那么，霍特林规则事实上就是说，资源的时间价值应该等于货币的时间价值，这时才能保证均衡。

第2章

资源税制度运行效应实证分析

经济发展与资源环境是各国在发展经济和推进现代化过程中经常遇到的一对矛盾。按照中国长期的经济发展目标，2020年前经济将继续保持持续的高速增长，实现GDP总量在2000年的基础上翻两番，达到全面实现建立小康社会的目标。能否实现这一目标，能源供应将成为至关重要的因素。从目前人均GDP达到25000美元国家的能源消费水平来看，没有一个国家的人均能耗低于4吨标准油。按照最为直观的匡算方法，假若到2050年，中国的人口维持在15亿人左右，中国的社会、经济发展结构以及人们的生活方式等同于现在25000美元的国家状况，届时中国的能源消费量将达到60亿吨标准油，这一能源需求量约为目前世界能源消费总量的65%，为目前中国能源消费量的4.8倍，未来中国经济的发展必将面临巨大的需求增长压力。本章研究现行资源税制度运行效率，考察资源税对能源使用效率和能源使用量的作用机理。

2.1 我国资源及能源消耗情况介绍

回顾和考察我国近二十年的能源消耗规模和结构而言，我国高能耗产业的能源消耗远远超出了国际水平。中国能源基金会（Energy Foundation）在2014年8月发布了《2013能源数据》，梳理了2013年度全球能源领域数据信息。报告中指出，从1990年到2012年，中国人均能耗从864kgce（千克标准煤）飙升至2671kgce，提升达3倍，表2-1为我国能源与经济主要指标详情。①

表2-1　　中国能源与经济主要指标

指标	1990年	1995年	2000年	2005年	2009年	2010年	2011年	2012年
GDP增长率	3.8	10.9	8.4	11.3	9.2	10.4	9.3	7.7
人均GDP/美元/人	344	604	949	1808	3748	4425	5375	6091
人均能耗/kgce	864	1083	1148	1805	2297	2426	2583	2671
城镇居民人均可支配收入/元	1510	4283	6280	10493	17175	19109	21810	24565
三次产业结构%								
第一产业	27.1	19.9	15.1	12.1	10.3	10.1	10.0	10.1
第二产业	41.3	47.2	45.9	47.4	46.3	46.7	46.6	45.3
第三产业	31.6	32.9	39.0	40.5	43.4	43.2	43.4	44.6
一次能源消费量/Mtce	987.0	1311.8	1455.3	2360.0	3066.5	3249.4	3480	3617
原油进口依存度/%	-18.4	-1.1	26.4	36.4	51.7	54.5	55.1	56.4
能源工业固定资产投资/亿元	847	2369	2840	10206	19478	20899	22989	24923

资料来源：国家统计局、国家海关总署、环境保护部的相关公开数据，20120年和213年。

① 资料来源于中国发展门户网 http://cn.chinagate.cn/node_7064114/content_33181758.htm.

2.1.1 我国经济与资源使用情况介绍

从高能耗产品能源消耗情况来看，虽然近年我国高能耗产品的能源消耗量有所下降，但仍高于国际节能先进水平。以2012年为例，我国高耗能产品能耗均下降，但除化纤电耗外，其他全部产品能耗仍高于国际先进水平，表2-2是中国高耗能产品能耗以及国际先进水平比较。

表2-2 中国与国际先进水平之间高能耗产品能耗比较

产品	2005年	2010年	2011年	2012年	国际先进水平	
					2005年	2012年
火电供电煤耗/gce/kWh	370	333	329	325	288	275
钢可比能耗/kgce/t	732	681	675	674	610	610
电解铝交流电耗/kgce/t	14575	13979	13913	13844	14100	12900
水泥综合能耗/kgce/t	178	143	138	136	127	118
乙烯综合能耗/kgce/t	1073	950	895	893	629	629
化纤电耗/kWh/t	1396	967	951	878	980	900

资料来源：国家统计局、中国电力企业联合会、中国钢铁工业协会、中国建材工业协会、中国石油和化学工业联合会；日本能源经济研究所、日本海外电力调查会、日本钢铁协会相关资料整理而得。

2.1.2 我国能源消耗与人均GDP关系分析

进一步的，我们可以通过2007~2012年我国31个省份的能源消耗与经济总量数据来分析我国近期经济发展中的能源及资源使用效率情况。如图2-1所示，横轴表示我国各省份人均GDP，纵轴表示各省份单位GDP能耗的前提下，对我国31个省份的单位GDP能耗与人均GDP做一个二次函数回归模拟的话，呈现如图所示的缓慢的负幂次函数图形，表明随着人均GDP的增加，我国各个省份整体的单位国内生产总值能源消耗量会随之下降，但下降幅度并不明显。

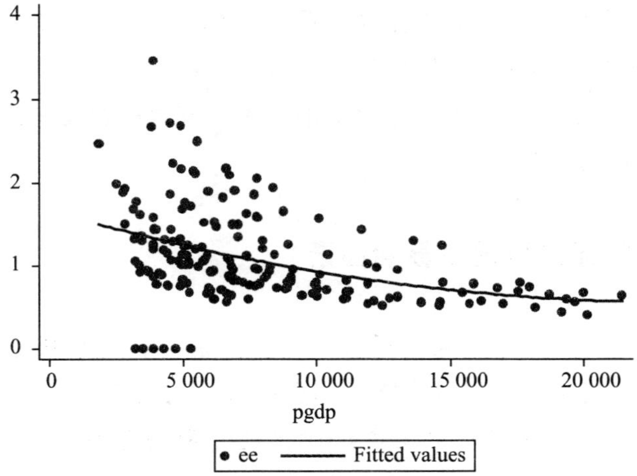

注释：横轴为人均 GDP，纵轴为能源消费量 ee。

图2-1 2007-2012年各省单位GDP能源消耗与人均GDP的二次回归图

经济发展与能源使用效率之间有内在的关联性，为了进一步考察资源税以及政府的环境保护支出等公共收支因素对我国资源及能源的使用效率的影响，本文利用我国省际之间的动态面板数据模型来探讨资源税及环境保护支出对能源使用效率的作用机理。

2.2 影响能源使用效率的因素分析

2.2.1 能源使用效率国别比较

研究能源消耗量及能源使用效率的影响因素对于进一步构建实证检验模型具有重要意义。能源效率方面，尽管在过去几十年中能源效率提高方面取得了显著效果，年平均节能率达到4%左右，但综合能耗仍只有30%左右，较发达国家低约10%。从2002年起，中国经济增长对能源的依赖程度呈现明显上升趋势，2002年、2003年和2004年能源消费弹性系数分别为0.66、1.53和1.59，自2005年起，能源消费弹性系数下降为0.97，2007年降到

0.7，但仍是日本的7倍。从能耗强度看（以标准煤计），2007年中国单位GDP能耗由2005年的11.9吨万美元下降到10.48吨万美元，仍是发达国家能耗的5～7倍。[①]如何有效提高能源使用效率、节约资源及能源消耗是当前和今后我国面临的重要课题。

2.2.2 能源使用效率影响因素

理论层面而言，衡量能源消耗水平的指标除了单位GDP能耗以外，还包括其他的一些指标，例如生产能耗综合指标、人均生活能耗指标等指标。本书重点利用单位GDP能耗来反映GDP的能源消耗水平，这一指标通常受到以下五个方面因素的影响：[②]

第一，资源及能源消费结构。由于各种资源自然禀赋有所不同，同等标准量的不同能源热值利用程度是不同的，因此产出同样单位的GDP，如果使用的能源品种不同，则消耗的能源量也会不同。以原煤和天然气为例，两者分别用来发电，产出同样价值的电，因原煤发电效率比天然气低，发电损耗比天然气高，所以用原煤发电消耗的能源量要比天然气高。因此，各能源占能源消费比重的高低即能源消费构成影响单位GDP能耗的大小。

第二，经济增长方式。粗放型和集约型经济增长方式对能源使用效率的影响也较大。由于粗放型经济增长方式主要依靠增加生产要素投入来扩大生产规模的方式实现经济增长，而集约型经济增长方式则是主要依靠科技进步和提高劳动者的素质等来增加产品的数量、提高产品的质量，从而推动经济增长。因此，粗放型经济增长方式相对于集约型经济增长方式而言能源消耗较高，单位GDP能耗相对较大。

第三，产业结构。产业结构或行业结构的形成主要受到自然条件、地域产业分工等因素的影响。一般来说，在国民经济各产业中，第一产业、第三产业单位增加值能耗较第二产业小；而工业的单位增加值能耗相比于其他行业高，其中，重工业能耗又较轻工业高，重工业中的六大高耗能行业为各行业单位增加值能耗最大的。若一国产业结构呈现出第三产业增加值占GDP比重较高的特征的话，这个国家整体单位GDP能耗也较小；若一国经济发

① 中国环境与发展国际合作委员会相关资料整理。

② 马建堂：《中国主要统计指标诠释》，中国统计出版社2010年版。

展主要以重工业甚至是六大高耗能行业拉动的话，单位 GDP 能耗也必然较大。

第四，设备技术装备水平、能源利用的技术水平和能源生产、消费的管理水平。设备技术装备水平、能源利用的技术水平和能源生产、消费的管理水平越高，所消耗的能源量则会越少，单位 GDP 能耗也必然越小。

第五，资源禀赋等自然条件。自然资源分布、气候、地理环境等对能源消费结构、产业结构等产生一定影响，也间接地影响了单位 GDP 能耗的大小。例如，有色金属矿聚集的地区，相应进行有色金属的开采、冶炼、压延，以有色金属冶炼及压延加工业这个高耗能行业来推动经济增长，由此带来能源消耗较大，产出的 GDP 相对较小，从而导致单位 GDP 能耗较大。

从以上影响单位 GDP 能耗的因素来看，经济发展阶段、发展方式、能源消费结构、自然资源禀赋等都是影响单位 GDP 能耗的重要因素。不同国家或地区由于经济发展阶段、能源消费结构以及自然条件的差异，加上汇率等因素影响，使得国家或地区之间单位 GDP 能耗存在较多的不可比性。

2.3 文献回顾

2.3.1 能源效率相关实证研究文献

近年来，国内外学者针对能源效率的影响因素相关分析已经成为研究的热点。现有的基于计量经济分析的研究方法大致可以分为三大类型：

第一种研究以指数分解法为基本分析方法。这种分析方法大部分应用于对产业结构和生产技术影响的考察，主要集中于从产业结构升级和技术进步两个角度来探索提高能源效率的途径。较早关于此类方法的研究始于 Zhang（2003）。他利用改进的拉氏指数计算了中国工业部门 1990 ~ 1997 年的能源使用情况，该研究将工业能源消费分解为规模效应、实际的强度效应和结构效应，他发现实际的强度效应（即技术效应）是主导因素。吴巧生（2006）等运用 Laspeyres 指数及其分解模型，对中国单位 GDP 能耗进行分解，并对其影响因素进行研究，得出中国能源效率提高主要是各产业能源使用效率提高的结果。Hua Liao（2007）等利用单要素能源效率指标研究了1997～2006年中国的能源消费强度，认为高耗能工业的大量投资所导致的工业结构转换是能源强度提高的主要原因。李廉水、周勇（2007）对35个工业行业进行DEA－Malmquist指数分解，并将分解后的技术进步、技术效率和规模效率作为解释变量，估算各因素对能源效率的关系，研究结果表明，技术效率而非技术进步是工业部门能源效率提高的主要原因，但后者的作用将逐渐增强。

第二种研究是基于面板数据模型的定量分析方法，主要运用的方法包括变截距的固定效应模型，通过这一模型研究经济发展水平、产业结构、工业结构、能源消费结构、对外开放程度、政府影响力、制度因素和能源价格等因素对我国能源效率的影响程度。魏楚、沈满洪（2007），李世祥、成金华（2008），邱灵、申玉铭等（2008），屈小娥（2009a，2009b）等人的研究都是基于面板数据模型而展开，但利用此种方法进行的研究现在还处于起步阶段，没有形成较为成熟的研究路径，主要表现为三个方面：一是因各学者关注的角度不同，故而模型中所包含的因素具有差异性，二是对于选取什么变量作为解释变量这一问题上各位学者的研究中差异也较大，三是多重共线性问题较为显著。其中，第二类问题的处理方法各异，如制度因素中，屈小娥选取的变量是地区进出口贸易总额与地区生产总值的比值，李世祥等选取的是燃料动力类价格指数，而在屈小娥另一篇文章中和魏楚等的研究中选取的又是地区工业总产值中国有工业所占比重来表征制度因素。对于产业结构的描述，有些学者只选取了一个变量，如第二产业比重或者第三产业比重，而一些学者却同时选取了第二和第三产业比重两个变量。第三类问题方面，在不同学者建模的过程中，很多研究没有考虑到多重共线性问题，例如多个学者都在回归模型中同时采用了大陆30个省、市、自治区第二产业和第三产业增加值占地区生产总值的比重两个变量，而这两个变量的负相关性非常强，因为我国大部分省市第二和第三产业的产值加总后几乎占到了地区生产总值的90%左右。邱灵、申玉铭等考虑到了第二产业和第三产业的高度相关性，为了避免共线性问题，他们对这两个变量分别进行了估计，但是他们模型当中描述经济发展水平的人均GDP与描述技术水平的全员劳动生产率之间的相关性更高。屈小娥、袁晓玲的计量模型中用来描述工业化水平的地区工业增加值占当年地区生产总值的比重和描述产业结构特征的第二产业增加值占当年地区生产总值的比重相关性也很强。

第三种研究是基于截面数据的偏最小二乘回归法研究。胡宗义、刘静、刘亦文（2011）基于2007年的截面数据，运用偏最小二乘回归法建模的结果表明，各地区的工业结构和能源消费结构是造成能源效率地区差异显著的主要因素。投资水平、第二产业比重以及地理位置差异对各地区的能源效率差异作用较明显。

总体而言，指数分解法比较适合分析一个国家或地区的能源效率的变化趋势，而不能很好解释其能源效率水平的决定；变截距的固定效应模型中，个体之间的差异主要体现在截距项，解释变量的系数更多的是体现时间维度上被解释变量相对解释变量的变动程度，因此并不适合考查造成截面个体差异的原因。如果要分析造成横截面之间各样本差异的原因，因为去除了时间维度上的干扰，截面数据所得出的结果更直观，更清晰。

2.3.2 资源税相关实证分析文献

近几年，利用定量分析方法对资源税相关问题进行了实证研究的学者较多。张华国、焦彦斌（2011）结合社会、经济、环境和资源安全等方面对矿产资源税收影响进行综合分析，运用层次分析法对矿产资源税定量化进行研究，通过煤炭资源税的税率幅度的等级划分，计算出定量税率，从而探讨了现行煤炭商品的资源税率的定量化、具体化、标准化的制度设计理念。陈深、石友蓉（2012）通过构建资源税相关的投入产出模型，分析了资源税改革对各个行业乃至经济产生的影响。李国平、李恒炜、龚杰昌（2011）在分析了我国国情和我国矿产资源现状以及现行矿产资源制度的基础之上，针对各种不同的矿场资源分别设计了计征公式，为我国资源税改革最终扩展到全国性的从价计征提供了理论依据。林伯强等人（2011）利用修正的 EL - Serafy 使用者成本法分析得出我国煤炭资源的开发利用存在使用者成本，并且该成本会随着煤炭产量的大幅增加而迅速提高，因此需要通过征收煤炭资源税对其真实成本进行反映。此外林伯强还建立了一个动态 CGE 模型来研究征收煤炭资源是对我国的宏观经济产生的影响，认为对煤炭资源征收 5% ~ 12% 的资源税，宏观经济成本将在可承受范围之内，而且能够反映煤炭作为稀缺性资源的耗减成本。

另外，构建 CGE 模型分析宏观经济运行中的资源税的作用机理的研究逐渐产生。章铭（2013）通过构建资源 CGE 模型模拟得出当资源税税率设定在20%时效率最佳，即此税率给宏观经济带来的损失在1%以内，属于可接受的损失范畴，并且在该资源税税率时，人均资源消费量会大大减少，而消费者总效用达到最大，通过希克斯变量计算征收20%的资源税之后的社会福利，比现行的资源税制度下的社会福利有较大的改进。

为了检验资源税和环境保护支出对能源使用效率的影响程度，本书在借鉴前人研究基础上，引入各地方政府资源税规模和政府环境保护支出这两个解释变量，重点考察两者对我国能源使用效率的影响程度及其制度效应，为进一步完善资源税制度提出若干政策实践建议。

2.4
计量模型的说明

2.4.1 计量模型介绍

我们可以通过搜集和整理我国31个省份2007～2012年6年的面板数据进行混合回归、固定效应、随机效应等模型估计①。

混合回归方法假设所有个体都拥有完全一样的回归方程，其方程表达式如下：

$$y_{it} = a + x'_{it}\beta + z'_{i}\delta + \varepsilon_{it} \qquad (i = 1, \cdots; t = 1, \cdots, T)$$

其中，x_{it}不包括常数项，因此能够把所有的数据放在一起，像对待横截面数据那样进行OLS回归。

固定效应模型是在个体效应模型基础上演变而来，个体效应模型方程如下：

$$y_{it} = x'_{it}\beta + z'_{i}\delta + u_{i} + \varepsilon_{it} \qquad (i = 1, \cdots; t = 1, \cdots, T)$$

固定效应模型中给定第i个个体，在个体效应模型基础上对方程两边对时间取平均，得到如下方程：

---

① 陈强：《高级计量经济学及Stata应用（第二版）》，高等教育出版社2014年版，第252～255页。

$\bar{y}_i = \bar{x}_i'\beta + z_i'\delta + u_i + \bar{\varepsilon}_i$

将方程2减去平均后的方程3可得原模型的离差形式：

$y_{it} - \bar{y}_i = (x_{it} - \bar{x}_i)'\beta + (\varepsilon_{it} - \bar{\varepsilon}_i)$

定义 $\tilde{y}_{it} \equiv y_{it} - \bar{y}_i$，$\tilde{x}_{it} \equiv x_{it} - \bar{x}_i$，$\tilde{\varepsilon}_{it} \equiv \varepsilon_{it} - \bar{\varepsilon}_i$，得到如下新的表达式：

$\tilde{y}_{it} = \tilde{x}_{it}'\beta + \tilde{\varepsilon}_{it}$

由于5式中消去了 u_i，因此只要 $\tilde{\varepsilon}_{it}$ 与 $\tilde{x}_{it}'\beta$ 不相关，则可以用OLS一致的估计 β，称为“固定效应估计量”，记为 $\hat{\beta}_{FE}$。

随机效应模型中对回归方程 $y_{it} = x_{it}'\beta + z_i'\delta + u_i + \varepsilon_{it}$，假设 u_i 与解释变量 $\{x_{it}, z_i\}$ 均不相关，故OLS是一致的。但是，扰动项由（$u_i + \varepsilon_{it}$）组成，不是球形扰动项，因此，OLS并非最有效估计，需要进行一些变化来估计模型的参数。

2.4.2 变量的选取与说明

本书结合影响我国能源使用效率的主要因素来选取模型的变量，被解释变量为单位GDP能耗（ee）是各个省份各年的能源消耗量除以地区GDP后的数值（见表2-3），解释变量分为五大模块：第一大模块是反映政府资源环境政策指标的因素——各个省份资源税规模（tax）和政府环境保护支出（exp），这是本模型重点要考察的对象，解释这两个政策因素对能源使用效率的影响机理，其余模块中选取的变量为模型的控制变量。第二大模块是各省份经济发展水平和城镇化规模——人均地区生产总值（pgdp）、城镇建设总投资规模（uci）、各省城镇人口占全部人口的比重（urbanpeople），外商直接投资规模（fdi）。第三大模块是产业结构——第二产业产值占全部产值的比重（ss），第三产业产值占全部产值的比重（ts）。第四大模块是能源消耗总量——煤炭消费量（cc）和能源消费量（ec）。第五大模块是地区因素，用虚拟变量来表示——西部地区（x）和中部地区（z）。英文缩写都是小写。

为了消除变量的通货膨胀因素，我们将利用各省份商品零售价格指数对地区生产总值、资源税、环境保护支出等指标进行价格平减。并引入虚拟变量，从而考察地理因素对能源使用效率的影响程度。

表 2-3 能源使用效率影响与变量及说明

影响因素	变量	英文表示	说明
财税政策	资源税	tax	资源税规模（万元）
	环境保护支出	exp	环境保护支出规模（万元）
经济发展水平	人均地区生产总值	pgdp	各省份人均 GDP（元）
	城镇建设总投资规模	uci	各省城镇项目建设总投资规模（亿元）
	城镇人口占全部人口比重	urbanpeople	各省城镇人口/各省人口（%）
	外商直接投资占地区 GDP 比重	fdi	外商投资/地区 GDP（%）
产业结构	第二产业占地区 GDP 比重	ss	第二产业增加值/地区 GDP（%）
	第三产业占地区 GDP 比重	ts	第三产业增加值/地区 GDP（%）
能源消费结构	煤炭消费量	cc	各省每年煤炭消费规模（万吨）
	能源消费量	ec	各省每年能源消费规模（万吨标准煤）
地区因素	西部省份	x	虚拟变量西部省份标为 1
	中部省份	z	虚拟变量中部省份标为 1

注释：西部省份包括重庆、四川、贵州、云南、广西、陕西、甘肃、青海、宁夏、西藏、新疆、内蒙古 12 个省、市、自治区。中部地区包括山西、安徽、江西、河南、湖北、湖南 6 个省，武汉市为中部地区的区域中心城市。

2.5 资源税对能源使用效率的实证分析

2.5.1 各省能源使用效率的描述性统计

我国 31 个省份 2006 ~ 2012 年单位 GDP 能耗的时间趋势图如图 2-2 所示。从图中可以看出，各个省份单位 GDP 能源使用效率的时间趋势并非相同（西藏由于数据缺失，因此无法取得指标，故而排除在外），但总体而言呈现出缓慢下降的趋势，下降趋势最为明显的是甘肃（第 6 号省），贵州

（第8号省），宁夏（第20号省）和山西（第25号省）。[①] 其中除了山西省以外，其他省份均属于西部地区，表明西部地区的单位GDP能耗下降趋势较其他省份明显。

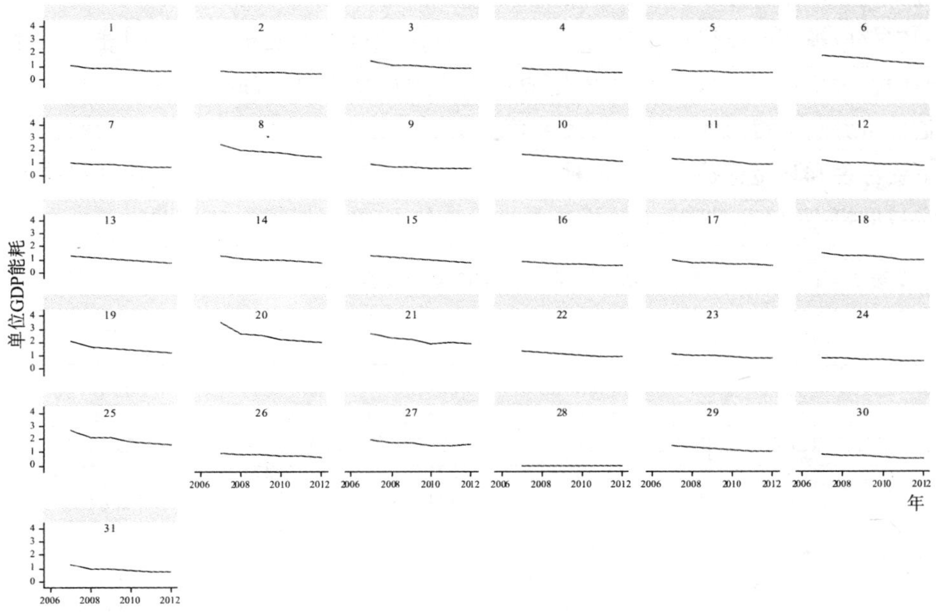

图2-2 31个省单位GDP能耗的时间趋势图

2.5.2 面板数据分析模型下的计量回归分析

本书使用的变量为各个省份的单位GDP能耗、资源税收入、环境保护支出、人均GDP、城镇建设投资总规模、煤炭使用量、第二产业比重、外商直接投资规模、城镇人口占地区总人口比重以及是否为西部地区的数据，并对这些数据取对数值（西部这一虚拟变量不取对数值），得到各变量的百分

① 31个省份在计量模型中的编号如下：1为安徽，2为北京，3为重庆，4为福建，5为广东，6为甘肃，7为广西，8为贵州，9为海南，10为河北，11为黑龙江，12为河南，13为湖北，14为湖南，15为吉林，16为江苏，17为江西，18为辽宁，19为内蒙古，20为宁夏，21为青海，22为四川，23为山东，24为上海，25为山西，26为天津，27为新疆，28为西藏，29为云南，30为浙江，31为陕西。

比变化率，也就是弹性，利用这一各变量变化程度来开展面板数据计量回归分析。在回归分析中应用了混合回归（OLS）、固定效应模型的组内估计量（FE_ robust）、双向固定效应（Two - way FE，固定效应模型中考虑时间效应）、随机效应模型 MLE 估计、组间估计量（BE）等方法。通过 F 检验可知固定效应模型明显优于混合回归，而通过 LM 检验表明随机效应强烈优于混合回归，表 2 -4 是混合回归、固定效应模型组内估计量、随机效应模型及组内估计量方法下得出的回归系数及 P 值。从表中的回归结果可知，不同回归模型下资源税和环境保护支出这两种变量的系数显著性并不高。因此，选择双线固定效应模型（FE_TW）来分析各变量对单位 GDP 能耗的影响程度。

表 2 -4　　　不同面板模型下的回归结果比较

Variable	OLS	FE_robust	RE	BE
lntax	.01496385	.01620573	.00589088	-.03857746
	0.7308	0.2158	0.7501	0.5676
lnexp	-.01763666	-.01998568	-.02473013	-.05775227
	0.7642	0.2112	0.1503	0.6548
lnpgdp	-.11768203	-.86182174	-.69302669	-.42329522
	0.1261	0.0000	0.0000	0.0867
lnuci	-.53211565	.03866248	-.03943397	-.58403672
	0.0000	0.3466	0.1669	0.0000
lncc	.36669401	.13957223	.12337361	.56689504
	0.0001	0.0261	0.0247	0.0010
lnss	-.04699064	.29300813	.19964681	-.19406369
	0.8077	0.0476	0.0320	0.5096
lnfdi	-.02880882	-.00602743	-.01000616	.06884284
	0.5040	0.7047	0.5574	0.4908
lnurbanpeo~e	.31191268	.12989633	.11987504	.69920121
	0.0000	0.0066	0.0024	0.0114
x	.25656203	(omitted)	.20513006	.29826624
	0.0036		0.1044	0.0062
_cons	1.187246	4.4920886	4.2978927	2.2170891
	0.1238	0.0000	0.0000	0.1738

legend: b/p

表 2 -5　　　年度虚拟变量的联合显著性检验

(1)　year2 = 0
(2)　year3 = 0
(3)　year4 = 0
(4)　year5 = 0
(5)　year6 = 0

F(　5,　　28) =　38.34
Prob > F =　　0.0000

表2－5是对年度时间变量显著性的检验结果，通过检验所有年度虚拟变量的联合显著性可知，强烈拒绝“无时间效应”的原假设，模型中应该包括时间效应。我们将年度虚拟变量引入面板数据模型，表2－6为双向固定效应模型①估计结果，各变量系数的显著性而言，除了环境保护支出、外商直接投资的系数不够显著以外，其余变量的系数都较为显著。系数的符号方面，资源税、环境保护支出、城镇建设投资规模、煤炭消费量、第二产业比重、城镇人口比重对单位GDP能耗的影响是正向的，表明资源税1%的变化率能够带来单位GDP能耗的0.0162288%的变化，环境保护支出增加1%时能够带来单位GDP能耗增加0.0206481%，影响并非明显。

表2－6　双向固定效应模型估计结果

```
Fixed-effects (within) regression               Number of obs      =       173
Group variable: state                           Number of groups   =        29

R-sq:  within  = 0.9833                         Obs per group: min =         5
       between = 0.1498                                        avg =       6.0
       overall = 0.2439                                        max =         6

                                                F(13,28)           =    815.23
corr(u_i, Xb)  = -0.1811                        Prob > F           =    0.0000

                                 (Std. Err. adjusted for 29 clusters in state)
```

lnee	Coef.	Robust Std. Err.	t	P>|t|	[95% Conf.	Interval]
lntax	.0162288	.0077305	2.10	0.045	.0003937	.032064
lnexp	.0206481	.0127489	1.62	0.117	-.0054668	.046763
lnpgdp	-.5125111	.0887921	-5.77	0.000	-.6943935	-.3306286
lnuci	.09965	.0392674	2.54	0.017	.0192143	.1800857
lncc	.0757417	.0275275	2.75	0.010	.0193542	.1321292
lnss	.1998656	.0958763	2.08	0.046	.003472	.3962593
lnfdi	-.0085445	.0090516	-0.94	0.353	-.027086	.0099969
lnurbanpeople	.080754	.0218957	3.69	0.001	.0359026	.1256054
x	0	(omitted)				
year						
2008	-.1143711	.0157344	-7.27	0.000	-.1466014	-.0821407
2009	-.1344008	.0303283	-4.43	0.000	-.1965256	-.0722761
2010	-.2049582	.0443605	-4.62	0.000	-.2958266	-.1140898
2011	-.2694029	.0566724	-4.75	0.000	-.385491	-.1533149
2012	-.3145896	.0669829	-4.70	0.000	-.4517979	-.1773813
_cons	1.738084	.8829414	1.97	0.059	-.0705394	3.546708
sigma_u	.3822017					
sigma_e	.0224595					
rho	.99655874	(fraction of variance due to u_i)				

① 面板固定效应回归方程中加入时间趋势变量就是双向固定效应。

而人均 GDP、外商直接投资规模以及时间效应的符号——五个年度虚拟变量符号均为负号，这意味着随着经济发展的变化率和外商直接投资规模的变化率的增加，单位 GDP 能源消耗量的变化率会所有下降，即人均 GDP 变化率为 1% 时，单位 GDP 能耗的变化率为 -0.5125%；FDI 变化率为 1% 时，单位 GDP 能耗的变化率为 -0.0085%。

若在上述模型中去掉环境保护支出的影响因素，则得到表 2-7 所示的回归结果。从回归结果中可知，去掉环境保护支出这一变量以后，回归方程各变量的显著性有所改善，人均 GDP 和 FDI 以及各个年份的虚拟变量的符号仍为负，表明这些变量的变化率与单位 GDP 能耗的变化率是相反的，即增加人均 GDP 的变化率的话单位 GDP 能耗的变化率将有所降低，意味着随着经济发展步伐的加快，能源消耗的比率将有所缓解。

表 2-7　去掉环境保护支出变量后的双向固定效应模型估计结果

```
Fixed-effects (within) regression               Number of obs      =       174
Group variable: state                           Number of groups   =        29

R-sq:  within  = 0.9828                         Obs per group: min =         6
       between = 0.1839                                        avg =       6.0
       overall = 0.2767                                        max =         6

                                                F(12,28)           =    973.37
corr(u_i, Xb)  = -0.1670                        Prob > F           =    0.0000

                                (Std. Err. adjusted for 29 clusters in state)
```

lnee	Coef.	Robust Std. Err.	t	P>|t|	[95% Conf.	Interval]
lntax	.0183973	.0080532	2.28	0.030	.0019011	.0348935
lnpgdp	-.5391038	.0902187	-5.98	0.000	-.7239085	-.3542991
lnuci	.090216	.0394106	2.29	0.030	.0094871	.1709449
lncc	.080029	.0292239	2.74	0.011	.0201665	.1398915
lnss	.2002486	.098552	2.03	0.052	-.001626	.4021232
lnfdi	-.0132936	.0088514	-1.50	0.144	-.031425	.0048377
lnurbanpeople	.085221	.0236814	3.60	0.001	.0367119	.1337301
x	0	(omitted)				
year2	-.1027096	.0134897	-7.61	0.000	-.1303421	-.0750771
year3	-.1116012	.0270811	-4.12	0.000	-.1670743	-.0561281
year4	-.1737033	.0400897	-4.33	0.000	-.2558232	-.0915833
year5	-.2337601	.0520837	-4.49	0.000	-.3404486	-.1270716
year6	-.2740461	.0624228	-4.39	0.000	-.4019133	-.1461788
_cons	2.207189	.7883987	2.80	0.009	.5922271	3.82215
sigma_u	.37285762					
sigma_e	.02264778					
rho	.99632408	(fraction of variance due to u_i)				

表 2－8 是将各个省份作为个体虚拟变量引入模型后的回归结果，大多数个体虚拟变量均很显著（p 值为 0），因此存在个体效应。

表 2－8　省份作为虚拟变量进入模型后的回归结果

```
note: 31.state omitted because of collinearity

Linear regression                               Number of obs  =       173
                                                F(  7,     28) =         .
                                                Prob > F       =         .
                                                R-squared      =    0.9954
                                                Root MSE       =    .03266

                                  (Std. Err. adjusted for 29 clusters in state)
```

lnee	Coef.	Robust Std. Err.	t	P>|t|	[95% Conf.	Interval]
lntax	.0162057	.0140513	1.15	0.259	-.0125771	.0449886
lnexp	-.0199857	.0171535	-1.17	0.254	-.055123	.0151516
lnpgdp	-.8618217	.1114705	-7.73	0.000	-1.090159	-.6334847
lnuci	.0386625	.0443464	0.87	0.391	-.052177	.129502
lncc	.1395722	.065241	2.14	0.041	.0059321	.2732124
lnss	.2930081	.1552992	1.89	0.070	-.0251078	.6111241
lnfdi	-.0060274	.0172851	-0.35	0.730	-.0414344	.0293795
lnurbanpeople	.1298963	.0485834	2.67	0.012	.0303778	.2294148
x	.3323263	.0339113	9.80	0.000	.2628622	.4017904
state						
2	1.068882	.3043929	3.51	0.002	.4453618	1.692403
3	.2355023	.0404336	5.82	0.000	.1526778	.3183267
4	.4391055	.0968311	4.53	0.000	.2407559	.6374551
5	.3004083	.0633162	4.74	0.000	.1707109	.4301056
6	.2996301	.054569	5.49	0.000	.1878505	.4114097
7	-.1499077	.0493262	-3.04	0.005	-.2509478	-.0488675
8	.2416509	.0339379	7.12	0.000	.1721323	.3111696
9	.6235493	.2985785	2.09	0.046	.0119389	1.23516
10	.6913541	.0353985	19.53	0.000	.6188436	.7638646
11	.56276	.0580001	9.70	0.000	.4439522	.6815678
12	.187596	.0390443	4.80	0.000	.1076173	.2675747
13	.4617393	.0390271	11.83	0.000	.3817959	.5416827
14	.3747489	.0448442	8.36	0.000	.2828897	.4666082
15	.6256342	.0795045	7.87	0.000	.4627765	.7884918
16	.4407391	.0738292	5.97	0.000	.2895068	.5919715
17	-.0308538	.0521459	-0.59	0.559	-.1376699	.0759623
18	.8527191	.0557287	15.30	0.000	.738564	.9668742
19	.8361389	.0572945	14.59	0.000	.7187764	.9535014
20	1.13922	.0924048	12.33	0.000	.9499371	1.328502
21	1.070759	.1497619	7.15	0.000	.7639862	1.377533
22	.0032806	.0330385	0.10	0.922	-.0643958	.0709569
23	.5019834	.0540427	9.29	0.000	.3912819	.6126849
25	.9252073	.0619134	14.94	0.000	.7983835	1.052031
26	1.103474	.1779023	6.20	0.000	.739058	1.467891
27	.6422451	.0643559	9.98	0.000	.510418	.7740721
29	.0125658	.0278882	0.45	0.656	-.0445606	.0696922
30	.4829382	.0835638	5.78	0.000	.3117656	.6541108
31	0	(omitted)				
_cons	3.885347	.7058747	5.50	0.000	2.439428	5.331266

2.6
资源税对能源消费的作用机理实证分析

本节重点研究能源消费量与资源税及环境保护支出等因素之间的关系。

2.6.1 各省能源消费的描述性统计

通过图2-3的直观分析可知，所有省份的能源消费量是随着时间的推移都在增加（西藏的数据缺乏，无法形成图形），增长速度较快的有广东、河北、江苏、辽宁、四川、山东等省份，其余省份能源消耗量的增速较为缓慢，北京、甘肃、海南、宁夏、青海等省份的能源消费增长速度尤为缓慢，这可能与这些地区的产业结构等因素有密切关联。

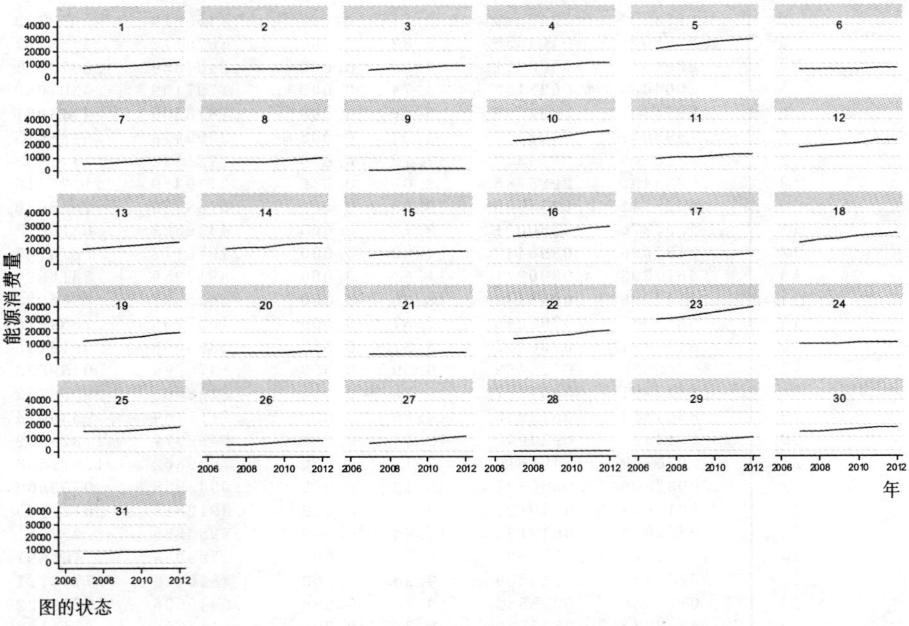

图2-3 31各省能源消费量趋势图

从图 2－4 可知，随着人均 GDP 的增加能源消耗量也在逐步增加，但人均 GDP 达到 12000 元左右时能源消耗量将达到最高值，此后随着人均 GDP 的增加能源消耗量缓慢降低，人均 GDP 和能源消耗量之间呈现出开口向下的抛物线形状。

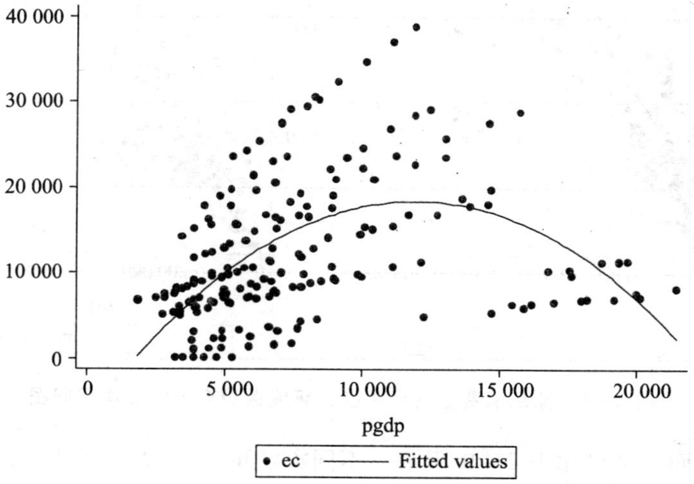

图 2－4　能源消费量与人均 GDP 之间的二次回归图

资源对能源消耗量的内在关系和环境保护支出对能源消耗量的内在关系参见图 2－5。左图表示资源税与能源消耗量之间的关系，与人均 GDP 和能源消耗量的关系类似，这两者之间也是呈现出倒 U 型抛物线形状，大多数省份的资源税规模在 50 000 单位以下时能源消耗量与资源税的散点图呈现的较多，超过 50 000 单位以后散点图逐渐减少，资源税规模在 200 000 单位以上的时候，几乎没有任何省份的能源消耗量数据，即随着资源税的增加，能源消费量下降趋势并没有一贯的延续下去。与此相比，右图中环境保护支出与能源消耗量之间的散点图则较为集中，呈现出斜率逐渐减少的曲线，表明随着环境保护支出的增加，能源消耗量也会有所增加，但增加的幅度会逐步减少。

2.6.2　面板数据分析模型下的计量回归分析

如果将被解释变量——单位 GDP 能耗改为各省能源使用量 ec 的话，不

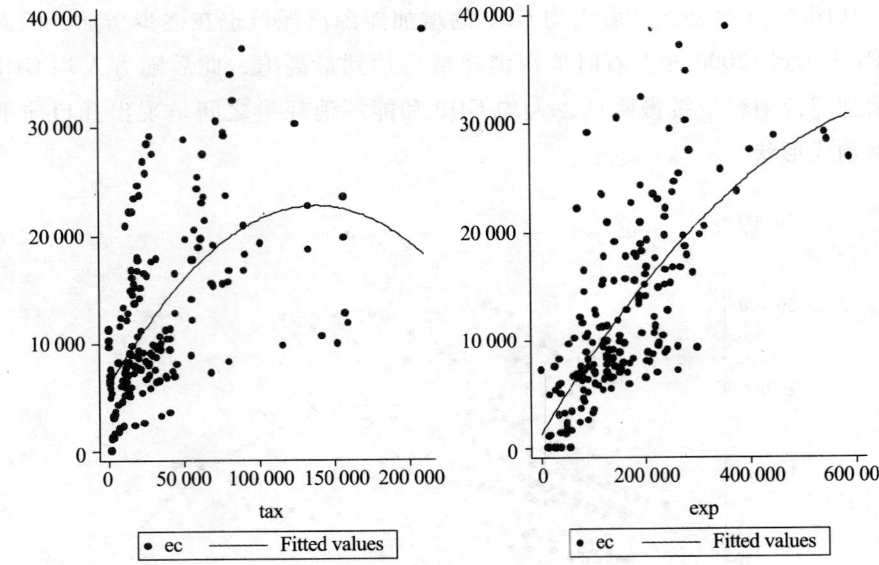

图 2-5 能源消费量与资源税、环境保护支出的二次回归图

同模型的回归结果如表 2-9 所示。不同方法的比较显著性可知，固定效应模型的组内估计量（FE_robust）和随机效应模型（RE）的回归结果较为理想。

从表 2-10 的回归结果可知，除了第二产业比重 ss 以外，其他所有变量都较为显著。从变量间的符号关系而言，外商直接投资的系数符号为负，表明外商直接投资规模变动量增加的话能源消耗量的变动将会降低，其余变量的系数均为正，说明随着资源税收入规模、环境保护支出规模、人均 GDP、城镇建设投资规模、煤炭消费量、第二产业比重、城镇人口比重的变化率的提高，能源消费量的变化率也在提高。而人均 GDP 和第二产业的比重对能源消耗量的影响较为明显，即人均 GDP 变化 1% 时能源消费量将变动 0.2776876%，第二产业比重变化 1% 时能源消耗量变化 0.1263199%。资源税和环境保护支出对能源消耗量的影响较为弱小，资源税变动每 1% 则能源消耗量变动 0.0290842%；环境保护支出每变动 1% 则能源消耗量变动 0.0314756%。随机效应模型的结果（见表 2-11）也与固定效应模型类似。

表 2-9　　能源使用量的影响因素面板模型回归

Variable	OLS	FE_robust	FE_TW	RE	BE
lntax	.07674738	.02908424	.016457	.04031041	.02123375
	0.2068	0.0011	0.1073	0.0000	0.7358
lnexp	.15735706	.03147555	.05094858	.04580849	.11081298
	0.0533	0.0159	0.0351	0.0160	0.3629
lnpgdp	-.10155524	.27768757	.24756545	.06688441	-.22505202
	0.4612	0.0000	0.0014	0.3435	0.3172
lnuci	.55615057	.07232514	.08023973	.12402482	.42756808
	0.0000	0.0096	0.0410	0.0003	0.0006
lnss	.76769441	.12631993	.1446494	.29086699	-.15918577
	0.0294	0.1603	0.1294	0.0097	0.5624
lnfdi	-.10737673	-.02494101	-.02040281	-.01059758	-.03012141
	0.1035	0.0028	0.0090	0.4116	0.7459
lnurbanpeo~e	.03138015	.08674987	.07631342	.17146114	.63658919
	0.4160	0.0000	0.0028	0.0000	0.0134
x	-.26935134	(omitted)	(omitted)	-.2786084	-.05212078
	0.0310			0.0638	0.5715
lncc		.07934651	.06451641	.20535625	.50075593
		0.0009	0.0204	0.0001	0.0016
year2			-.02020484		
			0.2002		
year3			-.02690998		
			0.4125		
year4			-.02233155		
			0.6013		
year5			.00483946		
			0.9208		
year6			.00500956		
			0.9307		
_cons	.19418908	4.0344437	4.2305864	3.1217179	-.22366087
	0.9066	0.0000	0.0000	0.0000	0.8804

legend: b/p

表 2-10　　固定效应模型组内估计量

```
Fixed-effects (within) regression               Number of obs      =       173
Group variable: state                           Number of groups   =        29

R-sq:  within  = 0.9717                         Obs per group: min =         5
       between = 0.7593                                        avg =       6.0
       overall = 0.6840                                        max =         6

                                                F(8,28)            =    930.64
corr(u_i, Xb)  = 0.6457                         Prob > F           =    0.0000

                                (Std. Err. adjusted for 29 clusters in state)
```

lnec	Coef.	Robust Std. Err.	t	P>|t|	[95% Conf.	Interval]
lntax	.0290842	.0079665	3.65	0.001	.0127655	.045403
lnexp	.0314756	.0122569	2.57	0.016	.0063685	.0565826
lnpgdp	.2776876	.0522112	5.32	0.000	.1707379	.3846373
lnuci	.0723251	.0260199	2.78	0.010	.0190257	.1256246
lncc	.0793465	.021364	3.71	0.001	.0355844	.1231086
lnss	.1263199	.0875828	1.44	0.160	-.0530852	.3057251
lnfdi	-.024941	.0076111	-3.28	0.003	-.0405317	-.0093504
lnurbanpeople	.0867499	.0161122	5.38	0.000	.0537455	.1197543
x	0	(omitted)				
_cons	4.034444	.3270225	12.34	0.000	3.364569	4.704319
sigma_u	.53973087					
sigma_e	.02550759					
rho	.99777149	(fraction of variance due to u_i)				

表 2-11　　能源使用量与影响因素间的随机效应模型

Random-effects GLS regression		Number of obs	= 173
Group variable: state		Number of groups	= 29
R-sq:	within = 0.9619	Obs per group: min	= 5
	between = 0.8512	avg	= 6.0
	overall = 0.8433	max	= 6
		Wald chi2(9)	= 4048.26
corr(u_i, X)	= 0 (assumed)	Prob > chi2	= 0.0000

theta

min	5%	median	95%	max
0.9313	0.9373	0.9373	0.9373	0.9373

(Std. Err. adjusted for 29 clusters in state)

lnec	Coef.	Robust Std. Err.	z	P>|z|	[95% Conf.	Interval]
lntax	.0403104	.0090759	4.44	0.000	.022522	.0580988
lnexp	.0458085	.0190243	2.41	0.016	.0085216	.0830954
lnpgdp	.0668844	.0706113	0.95	0.344	-.0715112	.20528
lnuci	.1240248	.0346007	3.58	0.000	.0562087	.1918409
lncc	.2053563	.0521736	3.94	0.000	.1030978	.3076147
lnss	.290867	.1124411	2.59	0.010	.0704865	.5112475
lnfdi	-.0105976	.012908	-0.82	0.412	-.0358969	.0147017
lnurbanpeople	.1714611	.0333618	5.14	0.000	.1060732	.2368491
x	-.2786084	.1503265	-1.85	0.064	-.573243	.0160262
_cons	3.121718	.65164	4.79	0.000	1.844527	4.398909
sigma_u	.16576951					
sigma_e	.02550759					
rho	.97687048	(fraction of variance due to u_i)				

从以上分析可知，资源税对能源消耗量的影响并非明显，以随机效应模型的检验结果而言，资源税规模增长1%时，能源消费量将增长0.0403%，两者是正相关关系，随机效应模型检验显示，政府若要达到减少能源消费量的政策目标的话，适度降低资源税的规模对于降低资源消耗量以及节约能源有积极作用。另外，环境保护支出与能源消费量之间也存在正向相关性，环境保护支出的影响程度略高于资源税。

2.7 总结与政策建议

2.7.1 总　结

我国为经济发展付出的代价是巨大的，改革开放为我们积累了巨大物质财富的同时，也给生态环境带来了巨大的压力。从国内看，随着工业化、城镇化进程加快和消费结构升级，我国能源需求呈刚性增长，受国内资源保障能力和环境容量制约，我国经济社会发展面临的资源环境瓶颈约束更加突出，节能减排工作难度不断加大。从国际看，围绕能源安全和气候变化的博弈更加激烈。一方面，贸易保护主义抬头，部分发达国家凭借技术优势开征碳税并计划实施碳关税，绿色贸易壁垒日益突出。另一方面，全球范围内绿色经济、低碳技术正在兴起，不少发达国家大幅增加投入，支持节能环保、新能源和低碳技术等领域创新发展，抢占未来发展制高点的竞争日趋激烈。

我国作为13亿人口的大国，若要实现现代化，必须探寻一条经济与资源环境协调发展的道路。如果不转变观念、不调整经济发展方式、不按照科学发展观的要求指导今后的发展，将注定无法实现可持续发展。而作为改革的攻坚阶段——“十二五”时期如未能出台更加有效的应对措施，我国面临的资源环境约束将日益强化。

基于此，2014年1月国家能源局提出四大主要目标：提高能源效率；优化能源结构；增强能源生产能力；控制能源消费。国务院办公厅2014年5月26日印发了2014～2015年节能减排低碳发展行动方案的通知。通知指出，加强节能减排，实现低碳发展，是生态文明建设的重要内容，是促进经济提质增效升级的必由之路。“十二五”规划纲要明确提出了单位国内生产总值（GDP）能耗和二氧化碳排放量降低、主要污染物排放总量减少的约束性目标，但2011～2013年部分指标完成情况落后于时间进度要求，形势十分严峻。为确保全面完成“十二五”节能减排降碳目标，制定了此行动方案。

2.7.2 政策建议

在今后的政策改革中我们要推进资源税对资源及能源的使用量、使用效率方面的有效作用机制建设，完善资源税等公共经济手段对节能减排、可持续发展的推动作用。具体改革方案如下：首先，推进深化能源、资源价格形成机制改革，开展资源税"从价计征"改革试点，建立充分反映市场供求、资源稀缺程度以及环境损害成本的价格形成机制。其次，适度实施税收优惠政策，为节能减排行动注入政策活力，例如对节能、新能源车船给予车船税减免优惠。最后，加快推进环境保护税立法工作，建立环境保护各项工作的规范运行机制。

总体而言，资源税及其他相关节能减排政策手段应积极配合和响应“十二五”节能减排综合性工作方案、节能减排规划、节能环保产业发展规划及年度工作安排的具体精神和改革要求，相关部门积极协调落实各项政策措施。加强节能减排形势分析，定期发布各地节能目标完成情况“晴雨表”。组织开展省级人民政府节能目标责任现场评价考核，推动节能减排绩效管理试点。

第3章

资源税收制度模式优化分析

政府在自然资源管理中一般具有所有者、投资者、管理者这三种身份。以矿产资源管理为例，矿产资源管理中政府扮演的这三种身份在经济关系上具体表现为：一是作为资源的所有者（代表国家），在出让矿业权的同时，凭借对矿产资源的所有权，要获得矿业权使用费和权利金（矿产资源补偿费），体现的是政府与企业之间平等的交换关系；二是作为矿产资源开发的投资者（在市场经济条件下，国家投资于矿产资源开发，也是正常的矿业经济行为），在投资形成国有独资、控股、参股矿业企业的过程中，要得到资产增值、权益的回报，体现的是政府投资者与企业经营者之间的经济关系；三是作为社会管理者，凭借政治权力向企业征收的各种税金，体现的是强制性、无偿性，而不是平等的交换关系。在这一章内容中，我们重点研究作为社会管理者的政府在资源开发、消耗及回收再利用各环节中的资源税收的一般制度设计问题。

3.1 资源税收制度目标及评价准则

3.1.1 资源税收制度的设置目标

一般而言，资源税收制度目标是总的税收制度目标的一个子目标。因此，作为子目标，它同总的税收制度目标的要求是一致的。在我国，资源税收制度就其目标的选择运用主要是基于财政收入稳定增长、资源合理配置、收入公平分配三个方面的考虑。从收入稳定增长方面看，我国资源是丰裕的，选择丰裕的资源，利用资源优势，通过征税可充实国家财政收入；从资源合理配置方面看，资源是稀缺的，稀缺的资源应由社会净效率高的企业开采使用，因此，对资源开采使用中的掠夺和浪费行为课征资源税以促使其转变原先的生产经营模式，使资源得到合理开发和有效利用；从收入公平分配方面看，机会平等的经济环境是有效竞争的前提，资源级差收益的存在构成了资源开采者之间的竞争障碍，资源税收能排除这一竞争障碍，建立起机会平等的经济环境。可见，财政、效率、公平三个目标缺一不可。①

按照税制优化的要求，需要资源税收制度在上述三个目标之间做出某种倾向性的选择，那么，资源税收制度应该在效率目标方面有所侧重。因为，按照税种在社会再生产中的分布，就我国的资源税而言，它属于社会再生产的生产环节课征的税收，生产环节课税在商品经济条件下实质上是对生产条件的课税，进一步说是对构成生产条件的各个生产要素的课税，也就是对资源的课税。对资源的课税无疑对资源的配置具有直接的影响。众所周知，资源配置是制约一个国家经济发展的重要因素，资源是有限的，因此，每一个国家都试图通过采取一些尽可能有效的社会和经济技术手段使有限的资源获得最大的社会效用，资源税在这方面具有十分独特的积极作用，因而资源税应成为国家实现资源合理配置的有力手段，在促进实现资源合理配置方面有

① 参见马衍伟：《中国资源税改革的理论与政策研究》，人民出版社2009年版。

所作为。

在设置资源税收制度目标时，还应考虑以下两点。

首先是税收中性。政府对资源开发企业的征税活动主要体现为对矿产权利的、风险—收益的、特殊服务及对矿产部门其他生产要素的征税活动。从征税的角度来讲，政府作为矿产等资源性资产的所有者，为其所拥有的矿产资源建立了成本和定价政策，它的主要征税目标是达到给定收益约束下的经济中性。换句话说，矿产开采和所有应该被看作一个独立的行业，没有所谓的外部性（或者不考虑外部性）。中性是最主要的考虑内容，即是征税的第一大目标，因为对矿产开采者的征税目的就是减少扣除成本（包括给矿产资源所有者缴纳的部分）后的投资资产回报。

其次是级差收益的调节。这里的级差收益具有两层含意：一是资源开采行业与其他行业相比较而言，具有超额利润；二是资源开采企业内部也存在利益的不均衡，即存在级差地租。对于这些级差收益而言，其他任何行业都是存在的，但是资源开采部门的资源级差收益直接来源于自然界。超常的高矿石品位或超常的低经营成本总是给企业带来很高的投资回报率。理论上这笔“剩余”收入中的大部分应属于资源的所有者——政府。因此，资源开采部门的有效税收负担率应该高于其他部门。

3.1.2 资源税收制度合理性评价准则

任何税种的制度设计中应体现的重要原则是税负的公平分配问题，同时要考虑效率和对投资及承担风险的优惠问题，即应遵循中立、效率、公平、清晰透明和稳定原则。这些原则同样应该充分体现在资源勘探开发行业的税收体系中。现阶段，比较成熟的资源税制合理性评价准则包括以下几个方面的内容：一是对利润率的反应，这是指税收与利润密切相关的程度；二是偿还迅速，指税收制度能够使投资资本在较早期收回；三是税负的严正性，指税收公开和公正的程度以及对投资者支付税收能力的灵敏性，尽可能地避免产生影响项目的财务限制；四是确定性和便利性，指税收制度稳定（政治风险低）、透明度高，付税与项目所创现金流相联系；五是在鼓励合理的矿产勘查项目方面的有效性，即减少对产量和成本的扭曲，对管理效率提供优惠；六是刺激勘查投资，即能够鼓励承担新勘查风险的程度；七是再投资优惠，即能够鼓励企业再投资；八是对边际项目的影响，即不能鼓励在没有税收的情况下可行的项目。

以上这些原则既是评价资源税制合理性的判断标准，也是制定或调整资源税收制度的重要理论依据。

此外，资源勘探、开采部门是一个具有特殊性的部门，这种特殊性主要体现为高风险性。对于资源开采部门存在的超常高风险而言，应该适当对其进行税收减免政策。以矿业部门为例，矿产勘察的性质、矿业项目从投资到投产之间时间跨度大以及投资资本高度集中等特点，决定了矿业部门承担的风险比其他部门高。这意味着矿业税应该降低，税制中应该包括风险再分配的鼓励措施，以及加速冲销矿产勘察和开发支出的规定。

征税和税收优惠这两种方式对于矿业税制而言是相互对立的，但在制度安排上应努力寻求能够同时兼顾这两方面的税制。所以，许多矿业税制既包括获取“剩余”利润的手段，又包括以亏损向后抵扣等方式将税收负担推迟到矿业项目后期阶段的规定。

3.2
资源税收的征收对象及环节的制度设计

3.2.1 资源税收的征收对象

从理论上讲，资源开发环节的资源税是按课税对象分类的一个大类，指以自然资源为课税对象的一类税的总称。根据对资源含义的不同解释，资源税可分为广义资源税和狭义资源税两类。广义的资源概念，是指用于生产过程中的任何原动力，包括四类资源、即自然资源、文化资源、环境资源和人力资源。从另一个角度看，是指构成社会生产力的三大要素，即劳动力、劳动资料和劳动对象。对广义的资源课税即为广义资源税。狭义的资源概念，一般指自然界存在的天然物质财富，即自然界中没有经过加工而以现成形式存在的一切天然物质财富，包括地下资源、地上资源和空间资源。课税对象只限自然资源的，称为狭义资源税。

从世界各国资源税的征税对象来看，资源税税目可涉及矿产资源、土地资源、水资源、森林资源、草场资源以及海洋资源、地热资源、动植物资源等，其中以矿产资源、土地资源和森林资源为主。如法国、瑞典等国将土地、森林、草原、滩涂、海洋和淡水等自然资源也列入资源税征收范围。因此，资源税的征税对象中，不仅应将不可再生的资源全部列入征收范围，还应将森林、草原、滩涂、海洋和淡水等可再生但影响环境的资源也列入征收范围。

根据课税目的的不同，可将资源税分为一般资源税和级差资源税。一般资源税是指国家对使用、开采自然资源的单位和个人，依所有权征收的税，主要体现在对资源的有偿使用。级差资源税是指国家对开发和利用自然资源的单位和个人，由于资源条件的差别所取得的级差收入课征的一种税，其目的主要是调节级差收入，促进公平竞争。对资源课税一般采用从量定额征收、从量差额征收、从价定率征收、从利征收等四种计税标准。从量定额征收方式计算简便，征管成本低；从量差额征收方式体现了不同资源品质差异，体现了公平原则；从价定率征收方式与价格变动联系紧密，有利于体现税收的价格弹性；从利征收直接与企业的收入挂钩，随着盈利水平增减变化而发生变动。这四种计税标准都各有利弊，借鉴其他国家的经验和我国国情，从价定率征收是以后资源税改革的方向。各种计税标准（或征税方式）优劣的比较将在本章3.4节中进行具体分析。

对于计税依据而言，一般情况下将计税依据分为两种形态：一种是价值形态，如销售收入额、增值额、所得额；另一种是实物形态，如课税对象的重量、容积、数量、体积等。由于计税依据形态的不同，往往会影响税收的负担。比如，采用价值形态为计税依据时，物价的波动会影响税收收入的波动。当采用实物形态为计税依据时，同样数量的课税对象，质量好价格高的税负轻，质量次价格低的税负重；或价格上升时税负轻，价格下跌时税负重。资源税收的计税依据应以价值形态为主要的计税方式。

3.2.2 资源税收的征收环节

从资源的开采到最终回收再利用，税收的调节作用可以从以下几个环节中得到体现。我们结合图3－1来解释政府对资源征税的各环节。

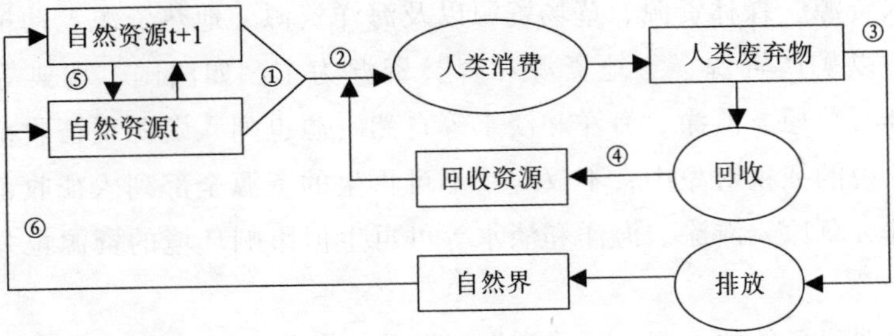

图 3-1 自然资源的循环、再生利用示意图

注：①资源的开采环节；②资源的消耗环节；③废弃物排放环节；④废弃物回收再利用环节；⑤资源的替代利用环节；⑥资源的再生环节。

资源从天然状态到作为废弃物处理，一般要经过开采、加工、消费及回收再利用等几个环节。这些环节中税收都可以通过各种方式对资源的有效利用发挥作用。在这一部分内容中，不仅研究政府对各环节资源利用怎样征税的问题，而且研究某些环节原先固有的税收制度的优惠政策，从而达到最优的资源使用效率的制度设置目标。

1. 资源开采环节

在自然资源的开采环节，通过征税调节级差收益的同时，使资源开采活动的外部性内在化。从理论上来说可以表述为，将矿产开采过程中的资源破坏和环境污染等因素造成的经济损失进行量化，并以此作为设定税率的依据，使资源价值中包含资源环境成本，从而实现外部性内部化的目标。这是税收促进资源循环利用发挥作用的第一个环节。

2. 资源消耗环节

从调节资源供求平衡的理论途径看，如果不考虑人口和经济规模因素，能够影响资源需求的只有调节资源利用率和资源回收率两种途径。

如果想要使资源的使用者提高资源的使用效率，那么一个重要的前提就是：在提高资源使用效率和回收率的投资成本不高于由此带来的资源节约的收益，只有在这一前提下资源使用者才会积极地提高资源的使用效率和回收率。而影响这一前提的因素有三个方面：一是资源的价格因素——提高资源价格，意味着提高了节约资源所带来的收益；二是为节约资源而进行的投资成本——降低节约资源的投资成本，自然会增加这方面投资的吸引力；三是废弃物排放成本——资源的节约往往会减少废弃物的排放量，从而有利于减少环境污染。在向排放污染物（废弃物）收费或要求进行净化处理的情况下，排污费用和净化处理费用就是废弃物的排放成本。因此，节约资源，意味着还能带来减少废弃物排放成本的好处。如果提高废弃物的排放成本，自然会提高资源使用者增加节约资源投资的积极性。

为便于比较，我们可以把节约资源的投资成本折算为所节约资源的单位成本。

在提高资源使用效率的情况下，假定加入贴现因素后，节约消耗的投资总成本为 C_s（节耗成本），实际能带来的资源节省量为 Q，则其投资所节省资源的单位成本为 $P_S = C_S/Q$。

3. 废弃物排放环节

在资源消耗后产生的废弃物排放环节，可以通过征收排污税或提高排污税税率，来增加废弃物排放成本。增加废弃物排放成本，不仅有利于提高节约资源的积极性，而且有利于促使资源的回收利用。因为，从理论上说，只有废弃物的回收成本低于其排放成本，即只有当 $C_r \leqslant C_d$ 时，废弃物的制造者才会有回收废弃物的意愿。在废弃物排放环节征收排污税是税收促进资源循环利用发挥作用的第三个环节。

4. 废弃物回收利用环节

在废弃物的回收利用环节，可以通过税收制度安排来达到提高废弃物回收利用的目的。

假定节省资源消耗所带来的废弃物排放量减少的系数为 a，即节省 1 单位资源，可以减少排污 a 单位（$0 < a < 1$），以 C_d 表示废弃物的排放成本，则节约单位资源所带来的减少污染的收益 P_d 为：

$P_d = a \times C_d$

要使节耗成本小于资源节约带来的好处即“节耗收益”，则需满足条件：

$$Q \times P_n + Q \times P_d - C_s \geqslant 0 \quad (3-1)$$

两边同除以 Q，则

$$P_n + P_d - C_s/Q \geqslant 0，即 P_s \leqslant P_n + P_d \quad (3-2)$$

若通过资源回收业来完成废弃物的回收（包括废弃物的分捡、清洗、处理等)，然后将经过处理后的可用的回收资源（假定其使用价值等同于同类自然资源）卖给资源使用者，则回收资源的价格 P_r 主要取决于资源的回收成本 C_r，即

$P_r = C_r$ + 正常利润 + 税收

若想鼓励资源使用者更多地消耗回收而来的“旧资源”，从而减少相应的“新资源”，即增加开采而得到的资源的消费，必须使回收资源的价格小于开采资源价格，即 $P_r \leqslant P_n$。

显然，节耗投资的成本 C_s 和资源回收成本 C_r 很大程度上取决于技术上的进步，如生产、处理工艺的改进等，但也受管理水平和相关制度如垃圾分捡等的影响。

因此，有效管理资源需求的第二个可供选择的措施就是，促使上述两个不等式（3－1）和不等式（3－2）成立的措施，如提高资源的价格、降低节耗投资成本、降低回收资源价格和提高废弃物排放成本等措施。

5. 资源替代和再生环节

从资源供给能力的提高方面来看，政府可以采取资源勘探开采的技术支持方式进行资源供给的有效管理。另外，提高资源的自然供给能力，具体又有两个方面：一是提高资源的替代能力；二是提高资源的再生能力。而资源的再生能力会由于人类的环境污染和生态破坏而下降，反之，保护环境、改善生态，则有利于资源再生能力的提高。因此，作为提高资源的自然供给能力的第三个措施就是减少环境污染、改善生态的所有措施。

3.2.3 各环节税收制度安排

在明确了资源税收征收环节以后，我们具体研究各环节税制安排。

政府通过资源开采、消耗、回收阶段的税收政策，实现资源有序、高效利用，并确保经济体与资源及环境的良性循环。实现资源有效利用的关键就是自然资源的供给能够满足人类的资源消费需要。其中，反映资源的现实供求关系的价格首先是由资源的开发成本（如矿产资源的开采成本，林木资源的种植、维护、采伐成本等）决定的，因此，为了分析资源管理各环节中的

政府税收制度安排，我们从资源的价值构成来着手研究。①

1. 资源开采环节税收制度

在政府参与资源开发的经济体中资源的价格构成较为复杂，即

P_n = 勘探开采成本 + 正常利润 + 税收 + 特许权使用费

其中，P_n 表示自然资源的价格，特许权使用费是指勘探开采权的转让费用。在这里，P_n 只是反映了自然资源的经济价值。自然资源一般具有经济价值和环境价值双重属性，但由于环境价值具有经济外部性，在市场经济的价格体系中往往得不到反映，而从理论上来说，资源的价格应该反映其环境价值。以 E 表示环境价值，用 P_e 表示自然资源的完全价格，即

$P_e = P_n + E$

由于现实经济中 E 得不到反映，资源的市场价值定位偏低，从而导致资源需求偏高；而过度的资源需求会在一定程度上引发资源价格上涨，资源价格上涨则会导致资源的过度开采，这在不可再生资源的供求机制中尤为明显。因此，资源的实际市场价格是在偏低定价基础上的一种供求平衡，其实际市场价格可能会比 P_n 略高。这说明市场机制由于存在经济外部性的缺陷，本身存在过度开发使用自然资源的内在诱因。

2. 资源消耗环节税收制度

在资源的消费或使用环节，一方面可以对有利于节约资源消耗的“节耗投资”实施税收优惠来降低“节耗投资成本”（这样可以降低 P_s），另一方面可以对资源的使用征收或提高使用税，即提高消费税（或销售税），以增加自愿的消耗成本，从而达到鼓励资源使用者节耗投资，减少自然资源消耗的目的。这是税收促进资源循环利用发挥作用的第二个环节，可供选择的税收措施有：节耗投资税收优惠，如所得税投资抵免；节耗投资设备或节耗产品，如节能产品的税收优惠；节耗技术优惠；对资源产品和资源高消耗产品征收消费税或提高其消费税率，特别是煤炭、石油等污染型资源产品和小汽车等消耗污染型资源的产品。

资源消耗环节的最典型的税收是对各种能源消费的课税。从国际经验来看，面向能源的税收主要包括两个方面：一是能源消费税，如现在发达国家

① 龚辉文：《促进可持续发展的税收政策研究》，中国税务出版社2005年版。

普遍采用的燃油税；二是针对能源消费过程中排放的污染物而征收的环境税，如硫税和碳税等等。能源税的实施不仅对提高能源效率、改善环境质量起到了十分积极的作用，而且，由于生态税"双重红利"理论的不断发展，① 以能源税为核心内容的综合性税制改革，很有可能成为21世纪可持续发展领域最具影响力和可操作性的经济政策。

3. 废弃物排放环节税收制度

废弃物排放环节也可以通过税收这种经济激励手段来达到减少废弃物排放的目的。从世界范围内来看，进入20世纪以后，科技进步推动工业迅猛发展的同时，生产过程中排放的产业废弃物的数量也在不断增长。目前，全世界每年产生的废弃物约达100亿吨，这相当于全世界粮食产量的6倍，钢产量的14倍。一些发达国家近20年来的废弃物的增长曲线甚至超过了人口增长曲线。废弃物生产量的不断增长，造成了大规模的工业废弃物污染，有毒物质长期滞留于环境中，对人类及其他生物的生存造成威胁，对生态环境的自净循环系统造成破坏。

工业废弃物的管理已成为发展循环经济和环境保护的重要组成部分。世界各国尤其是发达国家，从国家到地方都建立了专门的管理机构，并普遍制定和逐步完善了有关废弃物处理法律和配套的相关规章与标准规范，为依法治理废弃物和开发废弃物资源提供了依据，而产业废弃物税正是作为这一有效的治理手段被诸多发达国家纳入到其税收体制当中。产业废弃物税可使产业废弃物带来的社会边际成本等于私人边际成本（即废弃物外部性内部化），减少市场失灵，实现产业废弃物减量化、再利用和再循环，并有效防治产业废弃物污染、引导企业提高工艺、改进管理的重要政策手段。

（1）产业废弃物税类型

产业废弃物税按照纳税义务发生时间大致可分为A、B、C三种类型，不同类型的产业废弃物税与废弃物处理方式、废弃物排放者、废弃物处理者及废弃物处理流程密切相关。

---

① 美国环境经济学家皮尔斯（Pearce）在对碳税的分析中正式提出了"双重红利"概念。皮尔斯指出，用环境税来替换那些扭曲性税收，不仅约束了对环境损害的经济活动，也使得税制的效率损失进一步降低，因而会间接导致社会福利的增加，这样一种收入中性的改革可能在改善环境质量的同时获得第二份红利，即通常所称的收入循环效应，这样，环境税的实施就会产生"双重红利"。

类型 A 是以企业排放废弃物阶段为重点课税。对于排出废弃物者，在其送入中间处理设施时的废弃物重量为课税对象。为了达到提倡中间处理、减少直接最终处理的目的，对于送入中间处理设施的产业废弃物的重量，在基本税率 t 基础上乘以一个系数 α，此系数等于中间处理后的残渣率 k——应再一次送入最终处理场所进行处理的废弃物，例如图 3 - 2 中 d 环节的 3%，这种做法是为了减轻纳税人的税收负担，均衡不同制度中纳税人的税负。

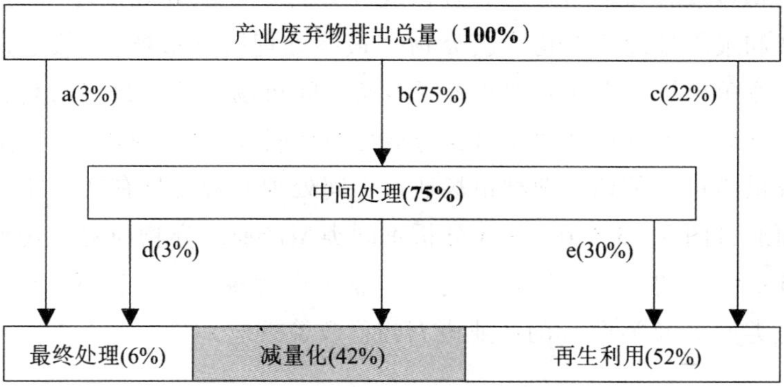

图 3 - 2　产业废弃物处理流程

类型 B 是以最终处理阶段为重点的课税体系，课税对象为送入最终处理场所的产业废弃物的重量。对于中间处理业者来说，仅对经过中间处理后送入最终处理场所的产业废弃物（残渣）的重量征税。

类型 C，此项制度也着眼于最终处理阶段，但不同于 B 类型的是不对中间处理业者的送入最终处理场所行为课税，而是对最终处理业者征税，即对最终处理业者按照最终处理场所中的产业废弃物重量课税。适用这一类型的自治体较少。

此外，还有一个备选方案 D，即对中间处理服务和最终处理服务两个处理阶段都课税，具体来讲，第一阶段对进入中间处理环节的产业废弃物征税，纳税义务人为排放废弃物者，税率为 t_1；再对中间处理业者送入最终处理场所的废弃物（残渣）课征 t_2 的从量税。目前这种类型的产业废弃物税仅处于理论探讨阶段中，并没有付诸实施。

（2）产业废弃物税的制度设计

从图 3 - 2 中可知，排出量的 3/4 由中间处理业者来进行处理，且最终处理量的 1/2 是经过中间处理后的残渣，因此，重点分析 b 至 d 的废弃物处理流程。

模型中涉及废弃物排出者、中间处理者、最终处理者三个参与人。排出者在生产某种物品的同时排放产业废弃物，其排放的产业废弃物全部委托中间处理业者来处理。经过中间处理后的产业废弃物可减少到原来最初废弃物的 k 倍（k 称为残渣率，$0 \leqslant k \leqslant 1$），即废弃物可得到减量化。此外，中间处理业者以及最终处理业者也利用一定的废弃物处理设备提供废弃物处理服务。

废弃物排放者和中间处理业者构成废弃物“中间处理服务市场”，中间处理业者和最终处理业者构成废弃物“最终处理服务市场”。假定这两种市场是完全竞争市场，中间处理业者既涉及中间市场又涉及最终市场，我们又假定中间处理服务供给量的 k 倍成为最终处理服务的需求量（等于最终处理者的服务供给量）的话，两种市场通过中间处理业者而具有联动性。

下面通过图 3－3 至图 3－6 分析不同类型产业废弃物税对市场均衡的影响（图 3－3、图 3－4 分析了 A 类型产业废弃物税效应，图 3－5、图 3－6 则分析了类型 B 及类型 C 的产业废弃物税政策效应）

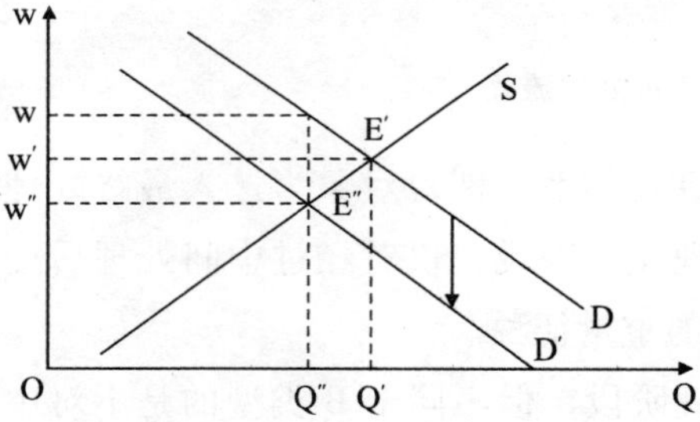

图 3－3　中间处理服务市场

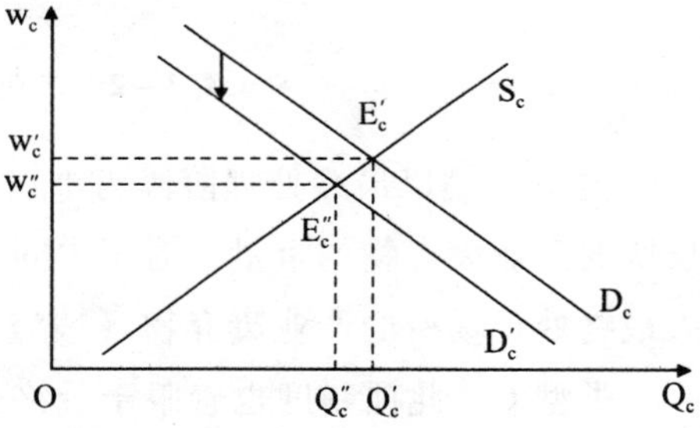

图 3－4　最终处理服务市场

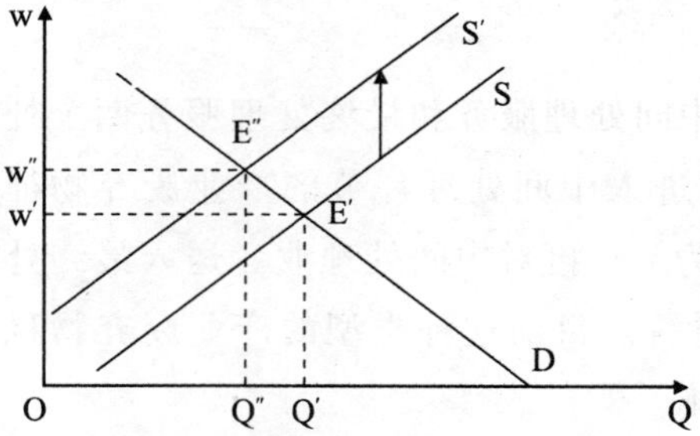

图 3－5　中间处理服务市场

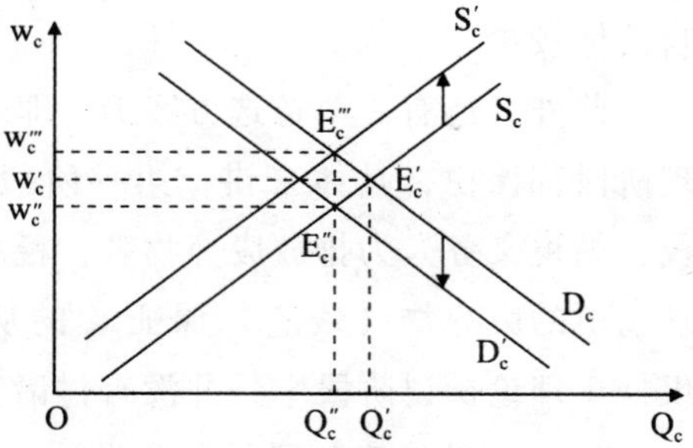

图 3－6　最终处理服务市场

首先，依据图 3－3 分析 A 类型产业废弃物税，此类型纳税义务人为排放产业废弃物的一般性生产企业。若将基本税率设定为 t，排出者因缴纳 αt/吨（α＝k）的产业废弃物税而改变废弃物处理服务的需求量，即减少应处理的废弃物量。由此，需求曲线 D 向下移动 αt 单位，新的需求曲线 D′与供给曲线 S 相交于新的均衡点 E″，此时，排出者以 w″/吨的价格（不含税价格）购买产业废弃物处理服务，缴纳 w″w 的产业废弃物税（w 为含税价格）。

中间处理服务市场均衡的变化影响到最终处理服务市场。向排放废弃物的企业课税后，中间处理服务中以 w″（不含税价格）进行交易，与课税前相比，中间处理业者取得的服务价格下降。因中间处理服务价格构成最终处理服务交易的外生变量，受中间处理服务价格的降低的影响，最终处理服务需求曲线 D_c 向下移动。直观上来理解的话，因中间处理量下降，中间处理形成的残渣量也减少 k 倍，其结果，课税后最终处理服务市场的均衡点成为 E''_c，课税后的排出量为 Q″，最终处理量为 Q''_c，因此课税导致的排出抑制量为 Q′Q″。

其次，依据图 3－4 分析 B 类型产业废弃物税。此类型运行体制是：若税率确定为 t，中间处理业者将经过中间处理产生的残渣送到最终处理场所时必须缴纳 t 单位的产业废弃物税。因此，需求曲线向下移动到 D'_c 后与供给曲线 S_c 相交于 E''_c 点，这一点也是课税后最终处理服务市场的均衡点。课税后，最终处理服务的需求者承担的价格（含税价格）上升，这一变化会影响到中间处理服务市场，因为最终处理服务价格构成中间处理服务市场的外生变量，受最终处理服务价格变化的影响，中间处理服务的供给曲线会向上移动到 S′的位置，并于原需求曲线 D 相交于 E″点处，E″点构成课税后中间处理服务市场的均衡点。

最后，分析类型 C，即对最终处理业者处理的产业废弃物课税，税率仍为 t/吨单位，课税后最终处理业者与中间处理业者以课税前处理成本（最终处理服务供给价格）加上税金后的含税价格进行交易。结合图 3－6 进行分析，课税前的供给曲线向上移动 t 单位后形成新的供给曲线 S'_c 与需求曲线 D_c 相交于新的均衡点 E'''_c。最终处理服务价格构成中间处理服务市场的外生变量，因课税后比课税前更高的价格 w'''_c 进行废弃物最终处理服务交易，中间处理业者会减少中间处理服务的供给量，从而降低中间残渣率。因此，中间处理服务的供给曲线向上移动，其结果，中间处理服务市场的课税后的均衡点变为 E″。

(3) 最优产业废弃物税的制度选择

上述模型中我们假定各类型产业废弃物税税率相同，此时三种类型产业废弃物税对废弃物排放的抑制效果大小作以下比较。首先，如图3-5和图3-6所示，B与C类型的产业废弃物税，只要税率相同，排出抑制效果就相同。在此基础上进一步比较ABC三种类型产业废弃物税。在A类型中对排出者课征αt单位的从量税，而α与经过中间处理后产生的残渣率相同，以此来减轻排出者的税收负担率，在B与C类型中仅对经过中间处理后的残渣量课税，而中间处理后送入最终处理地的废弃物得到了大量的减量化，对减量化部分不征税。由此可知，在产业废弃物税从量税率相同，且k与α一致的情况下各类型产业废弃物税对抑制排放产业废弃物的效果大致相同。

再考虑第四种类型。考虑各种类型中纳税人的总体税负的一致性，这种方案将进入中间处理环节的废弃物适用的税率t_1和中间处理业者送入最终处理场所的废弃物（残渣）课征的税率t_2之和等于上述三种类型中的t，$t_1=(1-k)t$，$t_2=kt$（$t_1+t_2=(1-k)t+kt=t$）。此种方案对两个阶段都征税，虽然总体税率与上述三种类型一致，但从理论上来讲抑制排放效果会更大，原因是前三个类型仅对排放的废弃物一次性课税，而此种方案利用则是分环节多次课税，每个课税环节都会产生抑制效应。

由此可知，备选方案D主要是为了解决产业废弃物税重复课税问题。若不同地区采用不同的课税模式时，某个废弃物排放者选择在实施A类型地区接受中间处理服务，再将处理后形成的残渣送入实施B或C类型的地区时，就会出现重复课税现象，即对中间处理和最终处理阶段均征税，此时若各地区没有采取协调措施的话，很难避免重复课税问题的发生。在此问题上类型D较好的避免了重复课税问题。

4. 废弃物回收利用环节税收制度

在废弃物的回收利用环节，产业废弃物税一定程度上可以起到刺激废弃物回收利用的作用。此外，废弃物回收利用的税收优惠政策也可以降低回收资源的成本，从而促进废弃物回收利用。这相当于降低了P_r，鼓励资源的回收利用。这是税收促进资源循环利用发挥作用的第四个环节，可供选择的税收措施有：资源回收企业的所得税优惠；回收资源产品的流转税优惠，或在征收资源产品消费税的前提下，减免回收资源产品的消费税也具有同样鼓励使用回收资源的效果；资源回收技术、设备的税收优惠。

5. 资源替代和再生环节税收制度

在资源的替代和再生环节也可以通过税收政策来实现最优资源管理的目的。如在资源替代环节实施替代资源的税收优惠政策，降低替代资源的价格，这种政策主要有替代资源的税收减免、资源替代技术及其研发的税收优惠等。在资源再生环节，也可以通过税收优惠措施鼓励提高资源再生能力方面的技术研究、开发和使用，这种政策主要为提高资源再生能力技术及其研究的税收优惠、提高资源再生能力技术使用的税收优惠等。而环境保护和生态平衡的税收措施，实际上都有利于恢复和提高资源的再生能力，因而对促进资源的循环利用具有重要意义。

3.3 资源税收征收比率的制度设计

在这一节的内容中，我们主要探讨资源税在发挥矫正负外部性和代际公平这两种功能时的税率设计问题。

3.3.1 矫正负外部性的税率设计

资源的利用过程中的负外部效应、资源代际之间资源的分配不公、企业垄断资源而导致的效率损失、资源的大量无序开采等等微观企业盈利目标与国家宏观资源战略目标的差异需要政府利用税收手段加以调节。

税收是解决外部性问题的传统方法。一般来说，税收等政府干预的方法被看作针对外部性的公共政策，而产权制度的方法被看作外部性的私人解决方法。

外部性分为正外部性和负外部性，正外部性问题政府可以通过财政补贴的方式来解决，而对负外部性的活动则通过征税的方式来消除负外部性造成的影响。显然，资源开采活动具有负外部性，因此，应通过征税方式把外部性的影响转移到产生外部性的经济主体本身，通过其成本—收益分析，将外部性内部化处理，从而使私人成本等于社会成本。利用税收来解决负外部性的分析过程如下。①

假设在竞争均衡的状态下，考虑两个经济主体的行为，一个是矿山开采企业，另一个是矿区居住的居民，两者都要最大化各自的效用水平。此时，对于企业来说，选择 $q \geqslant 0$ 以最大化其效用 $U_1(q)$。因此，q^* 的均衡量满足一阶充要条件：

$U_1'(q^*) \leqslant 0$，当 $q^* > 0$ 时等式成立

上式的内点解可通过 $U_1'(q)=0$ 来求得。

进一步将矿区居民考虑到分析式当中，在任何帕累托最优配置条件下，q 的最优水平必须最大化企业和居民的联合剩余，所以我们必须求解：

$\underset{q \geqslant 0}{\mathrm{Max}} U_1(q) + U_2(q)$

这时就会存在关于最优产量 q° 的库恩－塔克一阶充要条件：

$U_1'(q^{\circ}) \leqslant -U_2'(q^{\circ})$，当 $q^{\circ} > 0$ 时等式成立

此时的帕累托最优配置的内点解存在于 $U_1'(q^{\circ}) = -U_2'(q^{\circ})$。

当企业的开采活动产生外部效应时，对于所有的已经开采的资源数量 q，$U_2'(q) \neq 0$，q 的均衡量并不是最优的，除非 $q^{\circ} = q^* = 0$。当 $U_2'(q) < 0$ 时，q 产生负外部效应，则 $U_1'(q^{\circ}) = -U_2'(q^{\circ}) > 0$，因为 $U_1'(q)$ 是减函数且 $U_1'(q^*) = 0$，这意味着 $q* > q^{\circ}$。相反，当 $U_2'(q) > 0$ 时，q 产生正外部效应，$U_1'(q^{\circ}) = -U_2'(q^{\circ}) < 0$ 意味着 $q^* < q^{\circ}$。

图 3－7 描述了存在负外部效应时的解，在所有的 q 上有 $U_2'(q) < 0$。外部性的竞争均衡水平 q^* 是曲线 $U'_1(q)$ 和水平轴的交点。相应的，外部性最优量 q° 是 $U_1'(q)$ 和 $-U_2'(q)$ 的交点。

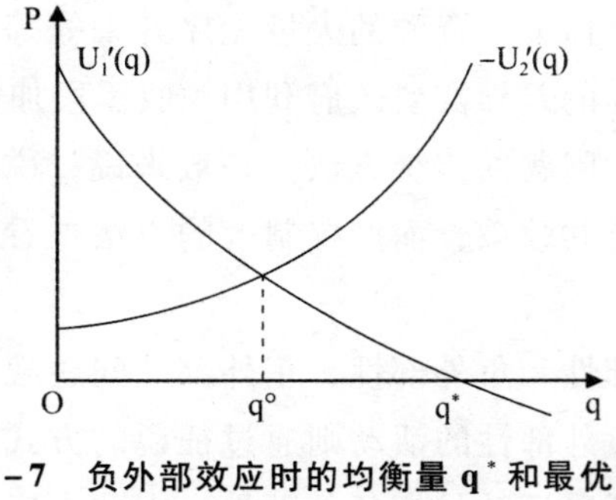

图 3－7　负外部效应时的均衡量 q^* 和最优量 q°

① 安德鲁·马斯—科莱尔等：《微观经济学》，中国社会科学出版社 2001 年版。

值得注意的是，最优解并不总是完全消解负外部性的解，但是可将外部性水平调整到某一点，在这点上，资源开采企业每一额外单位的外部性的活动所带来的边际收益 $U_1'(q^\circ)$ 等于由此而给矿区居民带来的边际损失 $-U_2'(q^\circ)$。

针对外部性导致的福利损失，政府除了利用直接控制的方式将资源开采量维持在 q° 以外，还可以利用税收来进行调节。在税收调节方式下，假设企业为每一单位 q 需付 t_h 单位的税收，在税收为：

$$t_q = -U_2'(q^\circ) > 0$$

时，可将外部效应减少到最佳的社会福利水平状态。此时，企业必然选择一个开采量 q，使其满足：

$$\underset{q\geqslant 0}{Max} U_1(q) - t_q q$$

该式的库恩—塔克一阶充要条件为：

$U_1'(q) \leqslant t_q$，当 $q>0$ 时，等式成立。

给定 $t_q = -U_2'(q^\circ)$，$q = q^\circ$ 满足条件上述条件。进一步分析，当给定 $U_1''(q) < 0$ 时，q° 必定是问题 $\underset{q\geqslant 0}{Max} U_1(q) - t_q q$ 的唯一解。图 3－8 描述了当 $q^\circ > 0$ 时的解。

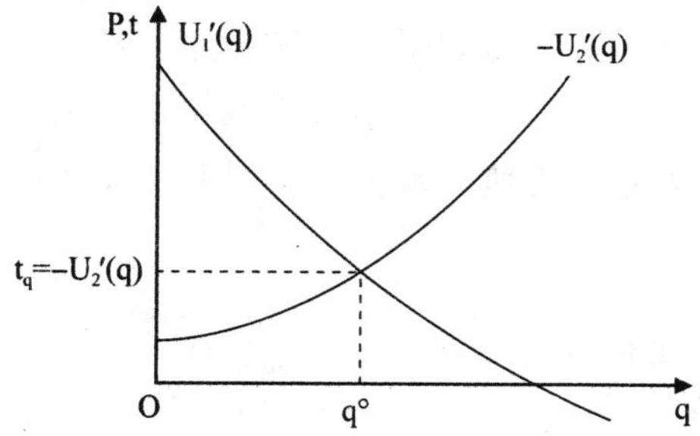

图 3－8　实现最优化的税收水平

如图 3－8 所示，为达到最优水平①而征收的税收恰好等于边际外部效应，即居民为使 q 略少于最优水平 q° 所愿意支付的数额。在这一税率水平上，在企业自身的成本—收益模式下，有效地解决了企业施加给居民的负外部效应。

我们也可以通过另一个角度来进一步说明利用税收手段矫正负外部性的过程。

---

① 在 $q^\circ = 0$ 的前提下，任何大于 $-U_2'(0)$ 的税收都可得到最优解。

假定资源开采企业的企业成本和社会成本分别为 C 和 SC，由于生产外部性给社会带来的是负效应，故企业成本小于社会成本：C < SC。如果企业采取这种行动的收益为 V，其收益大于企业成本而小于社会成本，即有 C < V < SC，则企业愿意采取这种外部性行动（C < V），尽管从社会的观点看，该行动是不利的。如果考虑边际成本 MC 和边际社会成本 MSC，那么边际外部成本可看成是两者之差，即 MEC = MSC - MC（图 3 - 9 中给出了上述三条成本曲线）。而且，从社会的角度看，有效产出 Q^* 与厂商利润最大化的产出 Q_1 并不一致。显然，社会没有达到帕累托最优状态，存在帕累托改进的余地。资源开采企业的短期行为带来了生产外部性，从而导致社会福利的损失。如果让企业放弃这种行动，它的损失为 V - C。这部分损失和社会福利损失一样，不管是不是出于企业利己的目的，都不可能由政府来承担（即使政府有承担的能力）。

另一方面，企业放弃外部性行为，社会就可以减少的损失为 SC - C，显然 SC - C > V - C。那么，为了纠正这种资源分配中的不公平，总可以在市场机制的基础上找到某种解决办法，达到人们所期望的最优状态。正如福利经济学第二基本定理所述，“假定大部分个人和生产者都是利己的价格接受者，倘若恰当的一次总付税和转让施加于个人和企业，几乎任何帕累托最优均衡都能通过竞争机制来实现。”① 其中，付税和转让的方法就是政府以强制力量实施，使资源开采企业最终妥协，减少社会福利损失，恢复社会的帕累托最优状态。

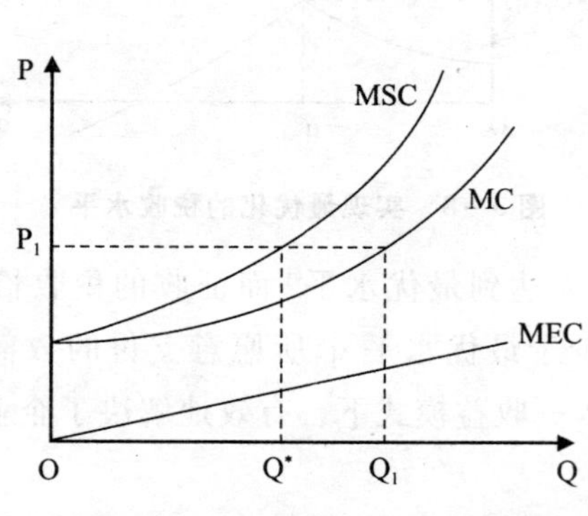

图 3 - 9 边际成本、边际社会成本和边际外部成本

① 约翰·伊特韦尔等：《新帕尔格雷夫经济学大辞典》，经济科学出版社 1996 年版。

3.3.2 实现代际公平的税率设计

人与自然的和谐以及资源的可持续利用等经济发展目标要求后代人有权力获得不比当代人更少更差的资源存量，而这一问题可以转化为对于当前既存资源的开采时间的分布以及开采量的分配最优，以使当前与未来社会因资源而获得的净收益最大。但是，现实生活中私人目标往往不能与社会利益最大化目标相一致，资源过度开采问题时常存在，导致资源在当代人和后代人之间的分配不公。这与货币资金的时间价值问题非常类似。

作为用于社会流通并被普遍认可的价值尺度的货币，其时间价值计算所选取的贴现率体现的正是社会的机会成本的选择，如果私人资本（表现为以占有社会所有的资源形式而占用的私人资金）时间价值计算所选择的贴现率高，那就意味着在相同的无风险资本成本之上的私人资本所认定的风险溢价大于社会作为整体所认定的风险溢价。在市场机制下，这种情况是经常发生的，比如对于税率变动、资本国有化等问题的担心，私人与社会或政府之间存在着信息的不对称，从而造成私人对风险溢价的判断出现错误，进而使得私人贴现率过高，人们就会尽早贴现货币。矿产等不可再生的经济资源也同样存在着资源时间价值问题，即要么开采取得资源价值补偿，要么继续埋藏在地下，以实物资产的方式保留其价值。如果开采者认为当前的资源价值已足够高，那么他就会尽量多地开采资源，此时出现了资源过度开发，损害了可持续发展对资源开采进度的要求，对后代则造成资源利用的代际不公问题。

这是一种因信息不完全而产生的市场失灵，对于这一问题的解决有两种途径，其一即资源私有化，似乎可以使得私人降低对风险溢价的判断，其实，只要存在政府，存在作为整体而存在的社会，即使私有化也并不能完全使得私人的风险溢价判断与社会的判断完全相同，况且这明显与资源的社会属性相悖，也与当前的自然资源国有化趋势背道而驰；其二就是通过各种政策手段降低私人贴现率，使之与社会贴现率接近甚至相等。这就需要我们回到霍特林租金模型来进行说明。

如前所述，霍特林提出了一种可耗竭矿产资源是怎样随时间推移进行最优配置，以及市场在其中起到了怎样的作用的问题的数理解答模型。这一理论还对稀缺性问题给出了一种解释。这里，通过一个基本的模型来说明有关稀缺性问题的一些结论。①

假定，这个问题是使社会从一种资源蕴藏得到的收益的净现值（定义为某一矿藏的消费者及生产者剩余之和）达到最大。记为：

$$\max_{(y_t)} \int_0^T \left[\int_0^{y_t} p(z)dz - c(y_t) \right] e^{-rt} dt \tag{3-3}$$

式中，y_t——在时间 t 采掘出的资源量；

T——计划期的终点；

z——一个积分变量；

r——贴现率；

p（z）——对这种资源的需求；

c（y_t）——采掘成本。

约束条件由这种资源有限存量给出，用符号表示：

$$\int_0^{\tau} y_t d\tau = x_0 - x_t \tag{3-4}$$

或 $x'_t = -y_t$ （3-5）

式中，x_0 为初始库存，x'_t 为在时间 t 的存量，τ 为积分变量。

实现一个最大值的必要条件是：

$$p(y_t) - c'(y_t) - \lambda_t = 0 \tag{3-6}$$

其中，λ_t为与约束方程有关的辅助变量，被解释为这种资源单位存量的影子价格，并且，

$$\dot{\lambda}/\lambda = r \tag{3-7}$$

式中，$\dot{\lambda} = d\lambda/dt$，即对时间 t 的导数，表示 λ 随着时间的变化而变化的量。第一个条件（式 3-6）是说，为使一种矿产资源实现有效配置，价格并不等于边际开采成本。相反，它等于边际开采成本加上这种未开采资源的“影子价格 λ_t”。我们知道，在非盈利的政府项目中为了计算出社会利润，所使用的不是市场价格，而是反映社会成本和社会利润的价格，即影子价格 λ_t，影子价格综合反映了特定经济系统内资源的稀缺程度，产品或产业消耗资源的技术结构以及产品或产业的市场前景等内容，所以，资源影子价格首先表现为资源不用于生产时，而放弃的利润代价，而这一代价正是资源的机会成本，也就是资源经济学中的“使用者成本”（User Cost）。因此，我们可

① 参见《新帕尔格雷夫经济大辞典》中的对“自然资源”词条的解释。

以通过使用者成本法则来说明资源税收存在的理论依据。

综上所述，税收在降低私人贴现率问题上可以发挥直接的作用，能够进入开采企业当期成本进而影响企业当期利润和预期利润的资源税正可以起到这样的作用。当私人名义贴现率中出现一个适当的减项，即资源税税率后，其实际贴现率就可以下降，进而促使社会目标与私人目标的接近，减少对资源利用上的代际公平的损害，这也正是资源税存在的另一个理论依据。虽然所得税也可以起到降低贴现率的作用，但是，所得税作为一项普遍征收的税种，其影响对于任何行业任何企业是一致的，所得税税率已经作为一个形成社会平均（净）利润率的因素而存在。所得税税率的变动，改变的将是社会贴现率。对于具体的资源产业的企业，比如矿业企业来说，所得税税率对于私人贴现率的影响并不显著，因为所得税税率是作为一个外生的因素存在的，除非出现所得税税率变动，改变了社会贴现率并相应地使得私人贴现率与之差异也发生变化，一般并不能发挥改变矿业企业私人贴现率的作用。所以，作为一项针对具体资源产业而设的税种，资源税对于降低资源产业中的私人贴现率有着不可替代的作用。

3.4 税负转嫁模型下的征税方式设计

征税方式（从量税还是从价税）的制度设计必须充分考虑资源商品税负转嫁与归宿问题。因此，本节首先构建税负转嫁的局部均衡分析框架，然后从应税资源商品（例如煤炭、石油产品）出发对资源课税进行局部均衡分析。

3.4.1 局部均衡分析与税负转嫁一般原理

对资源税的税负转嫁与归宿进行局部均衡分析时，必然会涉及需求弹性和供给弹性两个重要的变量，因为对商品和生产要素的课税能否转嫁及转嫁多少，在很大程度上是由供求弹性决定的。根据消费者行为理论，供给弹性一般为正值，当供给弹性系数大于1时，被认为富有弹性，反之，则被认为缺乏弹性，而需求弹性一般为负值，当需求弹性系数绝对值大于1时，被认为富有弹性，反之，则被认为缺乏弹性。

要考察商品供求弹性与税负归宿之间的关系，我们必须从征税引起的均衡数量与价格的变化入手。我们结合图3－10和图3－11探讨政府征税时资源商品供求弹性与税负变化之间的关系。

首先分析不同的资源商品需求价格弹性与税负转嫁关系。如图3－10（A）所示，假设资源商品在征税前需求曲线为D，完全无弹性；供给弹性为S，有弹性。对资源商品供给者征税以后，供给曲线S向左上方平行移动至S′，由于需求无弹性，生产者不改变产出数量，仍为Q_0，资源购买者支付的资源价格由P_0升至P_1。但征税后供给者收益和征税前收益相同，因此，向前转嫁可以完全实现，税收全部由购买者负担。图3－10（B）则正好表明了相反的情况，资源商品在征税前需求曲线完全富有弹性，需求曲线D是一条与横轴平行的线，对供给者征税以后，供给曲线S向左上方平行移动至S′。由于需求完全具有弹性，购买者的购买量会因价格的提高而减至Q_1，因此征税后均衡价格仍为P_0，均衡数量由Q_0下降至Q_1（资源供给者实际得到的净价格由P_0降至P_1）。但税后购买者收益与税前收益相同，因此，税收全部由供给者负担。①

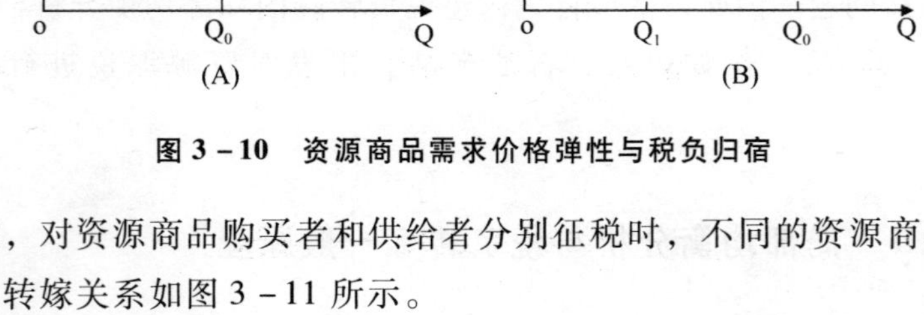

图3－10　资源商品需求价格弹性与税负归宿

同理，对资源商品购买者和供给者分别征税时，不同的资源商品供给弹性同税负转嫁关系如图3－11所示。

① 萨拉尼著，陈新平译：《税收经济学》，中国人民大学出版社2005年版。

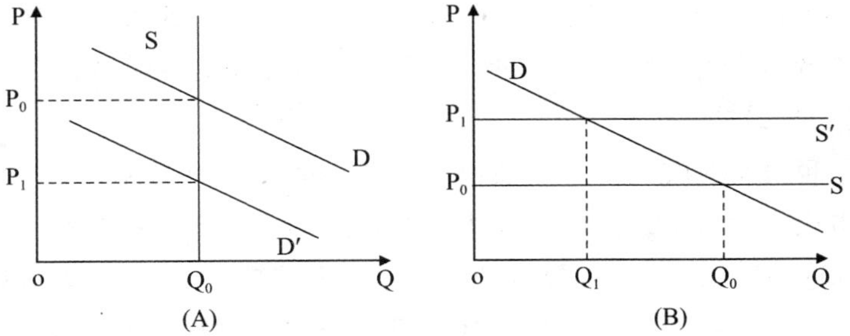

图3－11　资源商品供给价格弹性与税负归宿

在图3－11（A）中，资源商品在征税前供给曲线为S，完全无弹性，需求曲线是D，有弹性。对资源品购买者征税以后，需求曲线D向左下方平行移动至D′。由于供给无弹性，征税不改变资源产出数量，仍为Q_0，也不改变购买者的资源商品价格，但税后供给者得到的价格由P_0减少为P_1，税收全部由资源品供给者负担。在图3－11（B）中，资源商品在征税前供给完全有弹性，供给曲线是一条与横轴平行的线，征税以后，供给曲线S向上平行移动至S′，税后均衡价格由P_0升至P_1，供给数量由Q_0下降至Q_1。由于供给完全具有弹性，资源商品供给者的供给量会因价格的提高而减少至Q_1。因此，资源供给者将所承担的税收负担通过提高价格的方式全部转嫁给购买者负担。①

综上所述，我们可以总结出以下两条重要结论。

首先，供给与需求之间，弹性越大的一方承担的税收负担越小。在购买者对资源商品需求完全无弹性时，税负全部由购买者承担，说明购买者对商品需求弹性和税负归宿成反向运动。需求弹性越大，税负倾向于供给者承担；需求弹性越小，税负倾向于购买者承担。而在供给者对资源商品供给完全无弹性时，税负全部由供给者承担，说明资源供给者对资源商品供给弹性和税负归宿成正向运动。供给弹性越大，税负倾向于购买者承担；供给弹性越小，税负倾向于供给者承担。从更一般的角度来讲，税收负担是由对价格变化不太敏感、需求或供给数量不易进行调整的一方承担。购买者用其他资源商品替代征税资源商品的能力越强，就越容易实现税负的转嫁。同样地，如果供给者没有固定要素，能够离开征税领域的话，其供给曲线是具有完全弹性的，税收负担则必须由购买者来承担。因为一旦供给者被迫承担税收，

① 王国清：《税收经济学》，西南财经大学出版社2006年版。

他们的报酬率将会低于正常水平，从而使其减少生产。因此，在新的均衡状态中，供给者得到与征税前相同的生产价格，而税收是由购买者支付价格的上升来承担的。

其次，税负转嫁及归宿不受征税对象的影响。不同征税对象（纳税人）的选择可以引起供给者所面对的需求曲线的移动（对购买者征税，减少了购买者的实际可支配收入，因而需求曲线向左下方移动），或者消费者所面对的供给曲线的移动（对供给者征税，提供了资源商品的供给成本，因而供给曲线向左上方移动），但这两种方式所形成的均衡结果是相同的，即无论是对资源商品的购买者征税还是对生产者征税，其实际影响是一样的，税收对价格和产出效应以及税负归宿与资源商品供给者纳税还是资源商品购买者纳税无关。

3.4.2 不同征税方式与税负转嫁的关系

在研究局部均衡分析框架下的税负转嫁一般原理基础上，我们来探讨不同征税方式与税负转嫁之间的关系。①

征税方式的不同影响着税负转嫁及税负归宿的结果。下面通过比较分析从量计征和从价计征这两种征税方式，探讨不同征税方式下的税负转嫁及归宿的差异。

从量税是按商品销售的实物量定额征税，而从价税是按商品销售的价值量比例征税，两种征税方式的表现形式不同。从量征收的方式在上面的图3－10和图3－11中已有说明，在此不赘述，我们重点分析从价征收方式所引起的资源产品的税负转嫁与归宿的问题。

从图3－12的分析中可以看到，如果政府对资源商品的购买者课以从价税，与上述分析相同，同样在购买者所支付的价格与供给者实际得到的净价格之间打上了一个楔子。但与从量计征方法所不同的是，在从价计征的情况下，税收是价格的函数，即商品的价格越高，征税额度越多，对购买者可支配收入的影响越大，因而征税后需求曲线会向内旋转，其斜率会发生变化，即需求弹性增大。新的均衡点处所决定的购买者支付的价格为 P_2，供给者实际得到的价格为 P_1，两者之间的差额等于政府对每单位商品征收的税收。在征收价内税时，政府征税的税率为（P_2-P_1）/P_2；在征收价外税时，政府

① 杨志勇：《税收经济学》，东北财经大学出版社2011年版。

征税的税率为 $(P_2 - P_1)/P_1$。而且随着销售量的增加，单位资源商品的税收数额是下降的。由此可见，在从价计征情况下，税收仍然是由供给者和购买者共同负担，只是在从价计征的情况下，由于需求曲线发生位移，而且斜率有所变化，即需求弹性增大，因此，税收负担在供给者与购买者之间的分配比例与从量计征情况下也有所不同。此外，在通货膨胀情况下，随着价格上升，从价税税率不变，税额上升，而从量税税额不变、税额占销售收入比例下降。因此，相对于从价税而言，从量征税的商品价格较低，资源供给量大，税额少，税负轻，存在着减税效应。

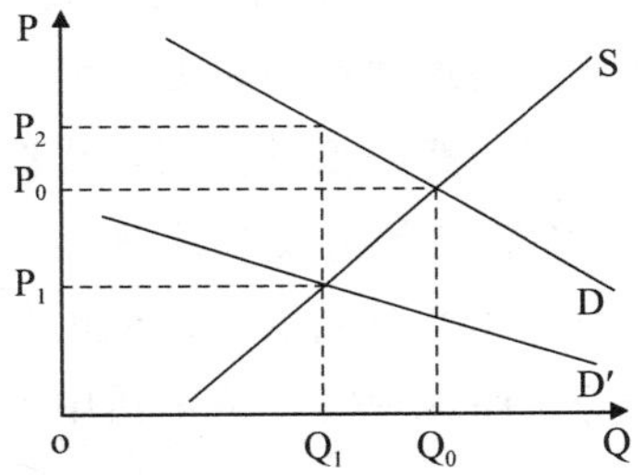

图 3－12　从价税与税负转嫁

资源商品的税负转嫁与归宿的局部均衡分析，主要以税收对资源商品或要素本身的供给与需求以及价格水平的直接影响为分析对象，旨在建立对资源商品或要素收入课税时，分析税负经济归宿和法定归宿差异、影响税负归宿的主要因素以及不同市场的税负特点等的理论框架体系。然而，不可否认，这些假设排除了一些重要的效应。税负归宿局部均衡分析只考虑税收对征税商品和要素的影响，而没有考虑税收对非征税商品和要素、资源税对要素市场、要素税对商品市场的连锁反应影响，即没有进一步考察资源税收的一般均衡分析问题。而在现实经济生活中，各种商品或生产要素的供给、需求以及价格水平，都是相互作用、相互影响的。也就是说，只要有一种商品或生产要素的价格发生变动，就会在整个经济链条中引起一系列的连锁反应，于是我们不得不探究局部均衡供给曲线背后隐含的基本需求和供给，所以在对本书的中心点——资源税课征前后的税负转嫁与归宿问题的分析有必要引入税负转嫁与归宿的一般均衡分析理论。一般均衡分析部分的内容不作详细的阐述，而在本书的第 8 章中以宏观的视角进行概述性的描述。

3.4.3 最优征税方式的制度设计

1. 从价税优于从量税

如前所述，在从量计征情况下，由于税收不是按商品价值量，而是按商品实物量征收，税收会影响商品比价，而当实行统一比例税率时，税收不影响商品比价。[①]如果税收影响商品比价关系，征税必然会引起购买者或供给者寻找替代商品消费或生产，从而使得价格弹性在税负转嫁过程中发挥作用，税负归宿则取决于供给弹性和需求弹性的相关比率（例如石油产品的需求弹性明显小于供给弹性时，表明消费者很难找到替代商品消费，所以税负很容易被转嫁到消费者身上）；从量税在税收不影响商品比价关系时，征税不会引起购买者或供给者寻找替代品消费或生产，税负归宿取决于价格弹性以外的其他因素，如收入弹性等。而在现实经济生活中，税收通常会通过直接或间接的方式作用于价格，从而对不同经济主体产生影响。[②]

2. 价外税优于价内税

对于价外税和价内税而言，从长远来看，价外税更有利于资源型企业的发展。因为，价外征税的税金是生产价格的附加，提高资源税的征收幅度并不影响资源商品供给者的生产价格，但却普遍地提高了购买者的购进价格，加重了购买者的税收负担，从而在一定程度上抑制加工工业的盲目发展及其对资源所形成的需求膨胀，既可以弥补价格机制的不足，又可以对产业结构的调整起到一定促进作用。相反，在征收价内税的情况下，随着价内提高资源税征收额度，加重了矿产品生产企业的负担，减少了利润，使其生产发生困难。由此可知，价外税更有利于提高资源使用效率、促进资源型企业的发展。

---

① 陈虹洁：《我国资源税调整后的税负转嫁与归宿问题探析》，江西财经大学 2006 年。
② 莫里斯著，王俊译：《福利、政府激励与税收》，中国人民大学出版社 2013 年版。

第4章

资源收费制度模式优化分析

国家是自然资源的所有者，国家的代理机构——政府凭借国家的资源所有权取得所有权权益的同时，对资源开采活动收取特许权价格即使用费。

4.1 资源收费制度目标及评价准则

4.1.1 资源收费制度的设置目标

资源收费制度的目标可以分为短期、中期和长期目标。

1. 短期目标

从收费制度对资源开发利用及经济产生的影响和发挥作用程度来看，短期目标也可以看作直接目标，资源收费的中期和长期目标是通过短期和直接目标来体现的。短期目标可以包括以下几个方面：一是保护自然资源基础，确保不可再生的矿产资源生产和消费的有序模式；二是激励矿产企业以保证矿产和副产品最大可能的回收率的方式进行采矿经营活动；三是确保矿业企业对环境的破坏最小化并合理地赔偿因矿业经营所产生的环境破坏；四是确保采矿作业能导致采矿技术和知识的转让，特别是使当地人有最大可能的机会参与矿业活动各阶段的运营和管理；五是调节因资源品质差异而造成的级差收入，促进企业之间的公平竞争。

2. 中期目标

在资源收费制度设计的短期目标基础上，中期目标的设置应考虑以下几点：

首先，面向国民经济和社会发展需求，通过征收资源的勘探、开采等环节相应的费用，全面提高资源对经济社会可持续发展的保障能力，切实巩固保障全面建设小康社会的资源基础；其次，加大矿产资源勘查力度，规范矿产资源开发，提高资源开发利用效率，不断增强矿产资源持续供应能力；再次，经过收费制度的合理调节，基本形成绿色矿山格局，显著改善资源地质环境状况，不断提高矿山废弃地土地复垦程度；最后，全面提升各种自然经济资源宏观管理能力，完善以市场为主导的自然资源优化配置机制，规范适应市场经济规则的矿业等资源开发运行机制和管理制度，全面提高矿产资源为主的各种经济资源的合理利用水平。

3. 终极目标

收费是政府的重要融资手段之一，但是除了实现资源价值补偿这一基本功能以外，在矫正市场失灵时也可以成为政府有效配置资源的手段。由此，某些收费制度的终极目标与宏观经济目标应该是相一致的，即现在主流经济学所公认的宏观经济四大目标——充分就业、价格水平稳定、经济增长和国际收支平衡。但就目前经济学研究的趋势和各国政府的实践来看，将资源节约和环境保护列为政府的第五大宏观经济目标是一种方向。因此，资源收费制度的终极目标要充分体现这一趋势。

4.1.2 资源收费制度合理性评价准则

一般意义上而言，政府对某些经济活动收费，是为了将这些收入用于支付提供特定服务或特许权的全部或部分成本。

就资源开采部门的收费制度而言，政府的目标与资源开采投资者的目标是基本一致的。比如，虽然在收入分配问题上有些出入，但两者都希望资源开采项目产生高额剩余收入；两者都希望提高资源勘探能力和回收率，因为这些问题都牵动着政府和资源开采企业的共同利益。因此，合理的资源收费制度评价准则应包括以下几个因素：

首先，促进地方政府在资源勘察和开采活动中所获得的收入的现值最大化。其次，使环境损害和企业对其开采活动而造成的损害补偿最小化。再次，促进矿业生产与地方经济的相互联系，包括促进当地人就业、带来增值的投资、在当地采购原料和技术转让等机会。最后，在资金用途上应关注矿山所在地民众的社会和文化需求，包括他们在矿山关闭后的经济和社会生存能力。

4.2 资源收费环节的制度设计

不论是资源所有权权益的实现还是资源勘探开采权转让利益的实现，资源的收费制度的设置环节与资源的价值构成密切相关。因此，探讨资源收费环节的制度设计首先应分析自然资源价值构成问题。

4.2.1 资源价值构成因素

结合西方经济学中的机会成本理论和资源价值学说，资源的价值应当等于资源的边际机会成本（Marginal Opportunity Cost，MOC）。[①]资源的边际机会

① 中国环境与发展国际合作委员会编：《中国自然资源定价研究》，中国环境科学出版社1997年版，第78～107页。

成本又分为三个部分，即

$$P = MOC = MPC + MUC + MEC$$

上式中，MPC 为边际生产者成本（Marginal Productive Cost），也称为边际直接成本，在矿产等不可再生资源开发活动中主要表现为勘探、开采成本。MUC 为边际使用者成本（Marginal User Cost），又称为资源自身价值或原始价值，它反映了自然资源稀缺程度变化的影响。MEC 为边际外部成本（Marginal External Cost），是资源开发过程中引起的对生态环境系统的损害以及对他人造成的不利影响。

MPC、MUC、MEC 这三个部分分别对应着矿业权（勘探权、开采权）价值、所有权价值与民众环境权价值。与资源收费制度密切相关的是前两项的价值实现问题。对于最后一项民众环境权价值来说，其价值的实现方式主要是征税的形式，这部分内容我们已经在资源税收制度设计中做过详细的讨论，在此不再赘述。

4.2.2 资源收费环节设计

如同资源产权理论中分析的那样，自然资源的领域，通过缩小权能的范围，把所有使用者的产权束拆分，让各个使用者通过竞价来决定使用，才能享有更大的收益。正如洛克所说：“文明的趋势就是产权界定越来越细化的过程”。就矿产等不可再生资源而言，将矿产资源的多重属性加以分割、让渡，能够实现更大的总价值，同时，提高矿业开发效率，并适当分散矿产资源的勘探与开发活动中包含的自然风险和经济风险。

1. 所有权价值的实现环节

矿产等不可再生资源是经过漫长的地质年代天然形成的。谁拥有了稀缺的矿产资源，谁就拥有了获得未来收益的权利，从这一点上说，矿产资源具有原始价值。这一原始价值也可以看作对资源所有者将资源保存至今的一种报酬。如果所有者直接对所拥有的资源进行勘探、开采等经营活动，那么，他的收益就以经营收入或利润的形式来体现，但是，资源所有者不进行直接的经营活动，而是将这种经营权让渡给他人，那么，其所有权在经济上的实现将以租值的形式体现。在确立了排他性的所有权的情况下，矿产资源的所有者会向勘探、开采者征收相当于未来收益贴现值的租金。

所有权价值的实现形式——租金（或费）对于资源耗竭补偿的意义是很明显的。首先，缴纳租金的规定，意味着资源所有者与矿业权人之间事前的利润分享方案。这是一种分担风险的理想方式，它可以引导采矿权人去寻找资源，减轻机会主义行为。其次，矿产资源资产让渡后由于开采而发生存量损耗，基于这一点，所有权人应该向采矿权人索取租金，以用于对“破坏”的资源实体的补偿。最后，竞争性均衡状态下租金的征收有利于优化资源在多个使用者之间配置。

2. 探矿权价值的实现环节

探矿权是矿业权的重要组成部分。除了探矿权外，矿业权还包括采矿权。矿业权是从资源所有权中派生出来的特许物权，是对矿产资源进行勘探、开采等一系列活动并从中享有所得收益的一种排他性的权利。矿产资源的勘察和开采是两个前后相继的过程，探矿权和采矿权的价值是通过不同的渠道分别补偿。

对于探矿者来说，只有得到资源所有者许可，同资源所有者签订勘察的契约，并向其交纳各种法定的、协定的费用后，方可取得对矿产资源进行勘察或其他的经营活动的权利。如果资源所有权在政府手中，那么探矿权价值就通过缴纳费用或转让利润的方式得到补偿。

3. 采矿权价值的实现环节

与探矿者类似，当采矿人从资源所有者手中取得资源各项产权权能中的“可获得产权束”时，即采矿者只有得到资源所有者许可，同资源所有者签订勘察或开发利用的契约，并向其交纳各种法定的、协定的费用后，方可取得对矿产资源进行开发、使用和经营的权利。政府拥有资源所有权时，采矿权人也是通过缴纳费用或转让利润的方式补偿采矿权价值。

4.3 资源收费比率的制度设计

合理制定资源的所有权权益、探矿权权益和采矿权权益的补偿额度是资源收费制度设计中的重要环节。矿产资源勘探、开采活动涉及复杂的地质测量技术，正确的核算出上述各种权利的补偿价值需要掌握相关地质勘探专业知识，因此，这里尽量从经济学的角度去解释资源收费额的测算过程。

4.3.1 所有者权益的价值补偿比率

资源的所有者权益补偿一般表现为资源补偿费，资源补偿费相当于绝对地租，用于资源耗竭补偿。按照新古典经济学的解释，“租（rent）”是对使用固定的生产要素所支付的报酬，又称作“产权使用费”（royalty）。马克思曾经指出：“地租是为了取得使用自然力或（通过使用劳动）占有单纯自然产品的权利而付给这些自然力或单纯自然产品的所有者的价格。实际上，这也就是所有地租最初表现的形式”。[①] 那么，如何量化所有者权益的价值补偿额度？当前，学术界比较成熟的和常用的测算方法是逆算法和使用者成本法，而逆算法可视为使用者成本法的一个特例，即在折损期间和折现率都为零时的特殊情况，因此，我们利用使用者成本法来测算所有者权益的价值补偿额度。

使用者成本法（User Cost Approach）最初是由美国经济学家 El Serafy 在 1981 年提出来的一种考察真实收入的方法。[②] El Serafy 以石油这种不可再生资源为例，认为开采收入不能全部作为收益，同时指出石油的开采成本由两个部分组成，即资源损耗（折旧）和增加值。其中，资源损耗是指用于维护原有资本存量完整的支出，必须从毛收入中予以扣除，剩下的增加值则构成真实收入（true income），即不减少资源资产存量，并能无限期维持的消费水平。

El Serafy 的使用者成本法的数学表述如下：

$$V_0 = \sum_{t=1}^{\infty} \frac{R}{(1+r)^t} = \frac{X}{r}$$

上式中，r 为利率，即折现率，R 为每年的毛收入（假设为常数），X 为每年的真实收入，V_0 则表示无穷时期的真实收入 X 的现值。

---

① 《马克思恩格斯全集》（26 卷），人民出版社 1973 年版。

② El Serafy. Absorptive Capacity, the Demand for Revenue and the Supply of Petroleum. *Journal of Energy and Development*, 1981 (1).

对于给定的某种资源，在其有限的开采年限（T）内，每年的毛收入R的现值为：

$$W_0 = \sum_{t=1}^{T} \frac{R}{(1+r)^t} = R\frac{1}{r}(1 - \frac{1}{(1+r)^T})$$

El Serafy的假设，在有限的时间内开采可耗竭性资源所得到的收入用于投资时，令上述两个式子相等，则得到真实收入X为：

$$X = R - \frac{R}{(1-r)^T}$$

若使用者成本记为毛收入R与真实收入X之差，则对某一特定资源，使用者成本就等于$\frac{R}{(1-r)^T}$。El Serafy也将该项称为折耗因子（depletion factor）。

El Serafy的使用者成本法起初用于不可再生资源资产价值折耗的测量方面，目前也被广泛用于可再生资源价值折耗的估算中，并在“绿色GDP”指标核算中起着重要的作用。

4.3.2 探矿权费用的征收比率

探矿权费用是探矿权人因排他性的占有矿山的使用权而支付给矿山所有者的合理补偿，是有偿取得资源勘探权的重要组成部分。从勘探主体的角度来看，矿产资源具有潜在性，必须通过地质勘察才能被发现。探矿权拥有者投入资金和人力，通过勘察、测量，寻找具有经济价值的矿床，以保障矿产资源的持续供给。因此，矿产资源发现和地质勘探过程中会发生一定的费用，而这种费用应通过矿产资源的交易活动得到补偿。

经过勘探活动后，探矿权的经济价值的实现可以分为三种类型：一是未查明矿产资源，这意味着探矿权人虽然行使了权利，却没有得到收益；二是部分查明了矿产资源，探矿权人可以转让探矿权或继续行使探矿权；三是全部查明了矿产资源，探矿权将被采矿权所取代。若探矿权人取得了有价值的地质勘探信息，这种成果以地质勘探资料这种无形资产的形式体现其价值。此时，探矿权人要么自己开采，要么进一步转让开采权利。如果自创自用，则探矿权的收益将在以后的矿产资源产品的开采与交易活动中得到补偿；如果将地质勘探成果连同矿产资源一同转让，则探矿权的价值从交纳税费和转让利润中得到补偿。

用公式表述探矿权价值如下：

$$P = C \times [1 + r \times (1 + \rho)]$$

式中，C 为勘探始末的总投入现值（开始勘探到发现有价值的不可再生资源为止）；r 为合理投资回报率；ρ 为勘探风险系数。

由上式可知，勘探投资与投资收益之间可能存在三种情况：一是探矿权价值 P 等于地质勘探投资 C，则风险投资回报率 r 等于 0，表示不盈不亏；二是探矿权价值 P 大于地质勘探投资 C，则风险投资回报率 r 大于 0，获得风险溢价；三是探矿权价值 P 小于地质勘探投资 C，则风险投资回报率 r 小于 0，表示投资亏损。

如果个别探矿权人不能实现探矿权价值，就会对资源所有者的探矿权权益的实现构成威胁，但探矿权人可以通过风险与收益动态结合的运作模式，补偿探矿权价值。

4.4.3 采矿权费用的征收比率

采矿权费用与探矿权费用的性质基本相同，是采矿权人因排他性的开采矿产资源而支付给矿产资源所有者的合理补偿，是有偿取得资源的重要组成部分。采矿权人是利用、开采矿产资源的直接承担者，除了在前期投入一定成本基础上，进一步追加物质资本和人力资本进行开采活动，最终将矿产资源与其他商品一样投入到市场交易环节中。从采矿权人的角度来分析，其向资源所有者缴纳的采矿权相关费用通过正常的经营活动得到补偿。可以运用收益现值法的基本原理来说明采矿权人费用的补偿过程。收益现值法的基本原则下，利用公式描述采矿权价值如下：

$$V = \sum_{1}^{n} \frac{R_i - C_i}{1 + r_i}$$

式中，V 为采矿权价值；R_i 为第 i 年的资源产品销售收入；C_i 为经营成本和年社会平均利润之和；r_i 为第 i 年的行业折现率；n 为矿业权年限。

采矿权费用也可以通过公共经济学中的“拥挤成本”原理来进一步加以说明。我们借助图 4－1 来分析使用费的制度设计理念。

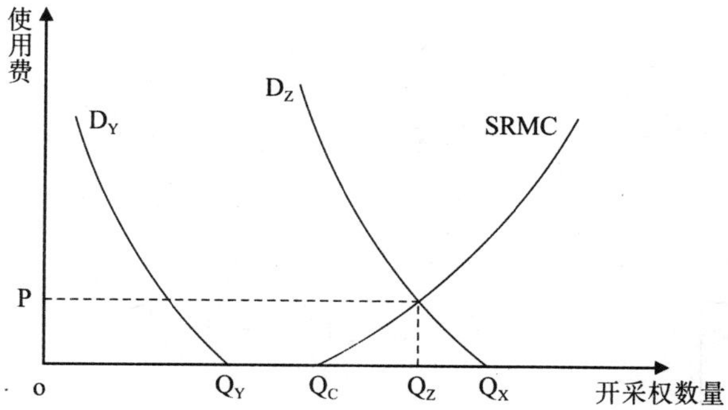

图 4-1　使用费的设计

在开采权需求量少于 Q_C 时（即需求曲线为 D_Y 时），即使资源开采企业增加也不会给原先的资源开采企业造成任何成本，此时，这种资源开采实际上还不是“拥挤的”，可以不收取使用费。当开采权需求数量超过 Q_C 时，表明开采企业的增加会给其他开采企业造成拥挤成本。此时，这种开采权需求为 D_Z，使用费为 P，开采权需求数量为 Q_Z。在 Q_Z 这一开采权供给数量上，最后一个取得开采权的企业的边际使用费等于该企业给其他企业造成的边际成本。倘若不收使用费，开采权使用量就有可能是 Q_X，这种资源的开采权就会消费过度，也就是它“太拥挤了”。

第5章

资源税费制度国际比较与借鉴

自然资源较为丰裕、市场经济体制较健全的国家，在资源管理环节所使用的财税手段并不具有统一和固定的模式，税或费（租）的界限也不是十分明确，而且除了从事矿产等资源的勘探、开采企业独立征收的税种以外，还普遍设立了针对资源型企业的企业所得税、增值税的特殊规定。这些对考察国外的资源税费制度造成了一定的难度。本章主要从分析各国针对资源专门征收的资源税费入手，系统研究国外的资源税费制度。

5.1 资源税收制度的国际比较

5.1.1 资源开采环节的税收制度

各国的自然资源课税纷繁复杂，即使在同一个国家内不同的地区（州或省）资源课税方式都不一样，甚至在同一个地区内对不同资源的课税也各有不同。为简化描述可以把现有的资源税形式归为三种类型：一是产出型资源税（output - related taxes），二是利润型资源税（profit taxes），三是财产型资源税（property taxes）。

产出型资源税以加工过的矿石或未经加工的原矿为课税对象，或者从量定额征收或者从价定率征收。从性质上看我国的现行资源税也属于产出型资源税。在产出型资源税中，最为典型的是跨州税（severance tax）。利润型资源税以开采企业的盈利为课税对象对亏损企业不征税，而财产型资源税以矿产这种财富作为课税对象，按该财富的价值征收，因此实际上是一种从价税。①

1. 资源开采税

不少国家或地区对资源开采活动按资源开采量或价值征收属于间接税性质的开采税。税率往往因不同资源类型而不同。如安哥拉按矿产类型及项目的重要性就矿产资源的价值征收2% ~5%税率不等的税（钻石在安哥拉作为这一税种的一个税目被课以5%的税）；美国路易斯安那州则对不同的自然资源分别开征开采税，如对石油征收石油开采税，对天然气开采征收天然气开采税，对煤炭、矿石、盐、硫等征收非石油矿产资源开采税。其中除了石油开采税实行从价定率征税以外，其他的实行从量定额征收。挪威则对石油（不包括气）开采者按产油量价值的8%征收产品费（production fees），这一产品费根据标准价计算。如果一个月（30天）平均产量达到规定水平时，则按其总产量价值征收递增的费率（6500立方米/天为10%，16000立方米/天为12%，35000立方米/天为14%，55000立方米/天为16%）。但是，新政策规定从1986年以后实施开发计划的油田不征收产品费。

除此之外，俄罗斯、印度等我国周边国家也在征收此类税收。2001年，俄罗斯进行了全面的税制改革，建立了自然资源利用领域新的税制系统。从2002年1月1日起开始征收矿产资源开采税，替代了原先存在的三种税费形式：矿产资源开采使用费、矿物原料基地再生产提成和石油、凝析气消费

① Robert F. Conrad, R. Bryce Hool, Taxation of Mineral Resources, Lexington Books, D. C. Health and Company Lexington, Massachusetts Toronto, 1980.

税。[①]印度也对资源产品征收资源开采税，2014 年 9 月对该项税制做了重大调整，决定将印度铁矿石从价开采税率从此前的 10% 上调至 15%，这一举措对钢铁生产企业产生重大影响，将影响钢铁生产成本，并波及钢铁购买者和用户。

2. 跨州税

根据美国、加拿大、澳大利亚等联邦制国家的经验，由于各州拥有自主的税收立法权，那些资源丰富的州往往在本州的自然资源输往其他州的时候，就该种矿产品征收跨州税，通过这种办法最大可能地分享自然资源租值。跨州税的纳税人虽然是在本州从事矿山开采的居民或企业，但其负税人却是资源的需求者或消费者。由于自然资源在各州的分布是极其不均衡的，因此跨州税的收取使某些州凭借自然资源的优势，从其他州聚集了大量的税收收入，这是导致资源丰富的地方征收与资源匮乏的地方政府之间财政能力不平衡的重要原因。

跨州税在资源丰富的联邦制国家比较盛行。美国从 20 世纪 80 年代开始关注由于资源税收而引起的区域财政能力差距问题。但随着石油价格管制的规定被解除以及 1979 ~ 1980 年能源价格的上涨，路易斯安那州率先对联邦控制的外大陆架上的天然气征税，蒙大拿州也开始对煤征收 30% 的跨州税。跨州税给地方政府带来了丰厚的财政收入，1972 年为 8 亿美元，1981 年就增长了 8 倍，达 64 亿美元，其中 1980 ~ 1981 年间就增长了 50% 以上。结果是自 20 世纪 70 年代早期以来，在州的全部税收收入中，来自跨州税的部分增加了 2 倍。这种收入上的增长很大程度来源于资源价格的上涨，而非资源产量的增加。跨州税的征收主要集中在某些地区。德克萨斯州曾经取得了全美跨州税的最大份额。1981 年，它的份额刚好低于 35%，路易斯安那州占 13%，俄克拉荷马州占 8%。阿拉斯加州的跨州税增长最快，在 1978 ~ 1981 年间，增长了 10 倍达 12 亿美元，接近人均3000 美元的水平。相比之下，蒙大拿州、怀俄明州和北达科他州主要对煤征税，而这些在全国总的跨州税中只占不到 5% 的份额。难怪跨州税因此引起了美国大多数公众的注意、诉讼和有关限制的立法提案。

加拿大也是联邦制的资源大国，省际间由于资源禀赋不均而造成的财政

---

① 资料来源于《经济参考报》，2007 年 1 月 9 日。

能力不平衡的问题也十分突出。20 世纪 80 年代，加拿大由于其财政平衡机制中缺乏对自然资源因素的考虑，并且按规定用于平衡区域财政能力差距的资金由联邦政府的一般性收入中开支，所以，20 世纪 70 年代由 OPEC 引起的能源价格的上升不仅使那些拥有能源资源的省份，如阿尔伯塔（Alberta）省以消费者的利益损失为代价，获得了一笔飞来横财也给加拿大联邦与省政府间关系带来了紧张的因素。因为，当阿尔伯塔省得到了额外收入时，联邦政府就得从其一般性收入中增加用于平衡的支出，以支援那些贫穷或缺乏资源的省份。

3. 暴利税

1980 年，美国总统吉米·卡特（Jimmy Carter）对石油企业开征暴利税（超额利润税或意外利得税 windfall profit tax），以避免石油企业从“两伊战争”造成的高油价中获利过多。美国的暴利税是针对高油价时期矿山企业超过平均投资收益水平以上的利润征收的税收。高油价时期结束，石油价格一度下跌，因此，1991 年美国政府取消了暴利税。其实，最早提出暴利税这一资源税征税理念的国家是澳大利亚。澳大利亚政府在 1973 年首次提出此税时将此税命名为资源超额利润税。开征此税的目的在于通过国家的干预，调节因不同矿山企业的资源丰度等自然条件不同而造成的采矿权人收益的显著差距，促使采矿权人在同等条件下公平竞争。这种税主要是由政府针对海上石油开采企业而制定的。

除了美国和澳大利亚外，巴西对按照一定公式计算的超额利润征收 10% 的资源附加利润税；加拿大新布伦瑞克省除了征收矿业企业所得税和权利金外，对纯利润超过 10 万加元的超额利润征收 16% 的采矿税，其性质与暴利税是完全一致的；巴布亚新几内亚规定，如果现金流量的收益率超过 20% 或超过利润的 12%（由纳税人选择这两种利润超标衡量方式中的一种），在矿业企业回收期初始投资后，征收 35% 的资源附加利润税。

此外，自 1973 年澳大利亚首次提出该税种以来，对暴利税合理性的争论一直未停止过。有些观点认为，对石油企业征收暴利税，将打击它们寻找更多石油的积极性，因为生产石油的利润很大一部分将被政府税收形式拿走，石油产量下降，从而使禁令取消增加石油供给的效果大打折扣。美国的国会研究处（Congressional Research Service，为国会提供研究报告的智库）的一项评估显示：税收使国内石油的产量大幅缩减，并使进口石油大幅增加。因此，1987 年美国国会废止了暴利税。但是，自从 2005 年卡特里娜飓风使得汽油价格上涨开始，美国国会议员们试图通过立法，对石油企业再次征收暴利税。

一国征收暴利税对石油产量的影响非常明显，这有利于缩减石油使用量，从而抑制使用石油带来的全球变暖和其他的环境污染，但是，当一个石油生产大国减少其石油产量时，由于石油供给减少，导致世界油价继续上扬。若其他国家因油价上涨而增加石油产量时，全球变暖和全球污染状况不会因为一国减少石油产量就得到很大的改善。

4. 资源租金税

资源租金税（RRT）有的国家也称之为“资源税”、“附加利润税”、“与矿山利润有关的权利金”、“资源租金权利金”、“消费税”、“超权利金”、“附加权利金”和“净利润权利金”等，可以看作比例所得税的延伸。从本质上讲，资源租金税是源于矿产资源所有权的，是采矿人因开采自然禀赋特别好，能产生级差地租的矿产资源而向所有权人的“支付”，它是一种超权利金。资源租金税是矿产工业中使用的一种税收制度，其目的是对采矿作业所产生的经济租金或超常利润（指从企业收入中扣除为吸引矿业部门新的项目私人投资所必需的最低收益之后的利润）征税。在具体的计征上，它类似于一种递进的所得税。

5. 税收优惠

虽然一些国家反对给予矿业企业特殊财政待遇，但目前有些国家还是对矿业实施一些税收优惠，主要优惠政策包括：资本设备折旧、折耗补贴、环形篱笆①、税收稳定计划、勘察支出结转、环境、复垦和闭坑成本的税收优惠、税前贷款利息扣除、免税期、亏损向前或向后年度结转等。

其中受关注度较高的是折耗补贴。折耗补贴是计算应税收入的抵扣项，它的含义类似于资本设备折旧。采用折耗补贴的国家通常是矿产资源属于私

---

① “环形篱笆”这个术语专指当一个公司有几个应纳税项目时，需要每个项目分开核算所得税额的计税方法。例如，一家企业在一个地区经营两座矿山，而且税法规定设置环形篱笆，那么其中的一个矿山的成本和收入不能同另一个矿山进行合并来核算该公司的纳税额。除了我国、印度尼西亚、哈萨克斯坦、南非等国家外，大多数国家并没有设置税收环形篱笆，即很多国家允许一家公司合并其所有经营业务的成本和收入，而不论这种经营活动是否属于采矿活动。

人所有而非国家所有，因此，政府需要给采矿设备指定一个使用年限，纳税人可以在该年限中将设备成本从其每年应纳税所得额中扣除。只有极少数国家仍实行折耗补贴制度，如坦桑尼亚和美国，大多数国家已经放弃了折耗补贴制度，因为大多数国家的矿产资源属于国家所有，而采矿设备一般属于私人，所以因国家资源的耗竭而补偿矿业权人是不合理的；现阶段，矿业已实现了全球化，矿业权人极有可能转向其他国家寻求勘察，而这就会合并投资勘察资金。因此，折耗补贴的实际效果可能给那些具有竞争力的国家的勘察活动提供了补贴。由此，大多数国家用更为直接的方法来鼓励勘察，而放弃了折耗补贴这种优惠形式。

此外，采取亏损结转、免税期、资源扣除和加工扣除、再投资扣除等税收激励机制也是一种国际惯例。亏损结转通常是指矿产资源开采活动所产生的亏损可以在更长的年限内结转以冲抵应税所得。如挪威规定，石油生产和管道运输所产生的亏损，可以往后结转几年，在某些情况下，财政部甚至允许更长的结转年限，但一般企业的亏损只能结转 10 年。西班牙也对石油企业实施亏损处理优惠，即其经营亏损可往后无限期结转但每年不超过 25%，一般企业亏损只能结转 7 年。免税期是另一个普遍实行的税收鼓励。如巴西给予合格的矿产企业 10 年的免税期，而一般企业只有 5 ~ 8 年的免税期。在特别给予矿产企业的税收鼓励中，值得注意的是加拿大的资源扣除和加工扣除。这些扣除是从采矿利润基数中所作的附加扣除。资源扣除按法定资源利润的 25% 计算。给予加工扣除的目的在于保证矿产税仅对来自矿石开采的利润征收，而不对来自相关矿产品加工活动的利润征收。加工扣除每年按所有加工资产的原始成本计算，由加工扣除所抵消的所得的百分比取决于资产的相对重要性和该项活动的盈利能力。在中等水平的盈利能力时，仅可实际抵消所得的 15% ~25%，铜可抵消所得的 30% ~50%。最后一种税收优惠政策就是再投资扣除。在诸如埃塞俄比亚和巴布亚一新几内亚的这些国家里，矿产企业有权就相当于其在其他矿产经营或投资项目中取得的毛利润的 5% 部分从应税所得额中扣除。在秘鲁，全部再投资都允许纳税前抵扣，且没有限额。

5.1.2 资源消耗环节的税收制度

资源从自然原始状态经过开采进入消费领域后，针对资源消费征收的税种较多。虽然世界发达国家已经完成了能源结构的两次转换,① 现阶段面临如何应对第三次能源结构转换的挑战问题，但是矿物资源依然是主要的一次能源来源。在矿物能源中，原油的各种加工产品，如汽油、柴油等能源产品的消耗量在全部能源结构中占据高额比重。因此，本书重点围绕石油消费相关税收——燃油税进行系统分析。

从1909年英国第一个开征燃油税以来，燃油税已经进入了世界上近2/3以上国家和地区的税收体系当中，其功能定位也从原先的取得财政收入为主，逐渐转变为突出节能降耗和环境保护为目的的税收杠杆效应上。

1. 国外燃油税制度的演进

燃油税作为有效的财政调节手段，已在世界各国广泛开征。在国外，燃油税一般称为汽车燃油税、燃油消费税和汽油税等，从税收种类来看，它属于使用费性质的消费税。引入此税以后的很长一段时间里燃油税发挥着受益税的性质，征税对象主要是公路用油，而农业、渔业、工业等非公路用油不负担燃油税。大部分国家的燃油税为中央和地方共享，征收方式分为价内税和价外税两种。

英国是世界上最先开征燃油税的国家。随后，1919年美国奥里根州开征汽车燃油税，到了1929年，美国所有的州都开征了燃油税。日本也于1953年设置了汽油税。据不完全统计，到目前为止世界上已有130多个国家和地区开征了燃油税。从各国的经验来看，各国在导入燃油税初期其功能定位具有明显的受益税属性，征收方式最鲜明的特色就是体现了“用路者交税，多用路者多交税”的原则，即公路使用者根据其对公路的使用程度而负担与此相应的使用费，而燃油消耗就是衡量其对公路使用程度的标志。燃油税的税收收入纳入公路建设基金，专款专用，专门用于道路建设和汽车运输的环境治理。例如，美国于1956年颁布了《联邦资助公路法案》和《公路税收法案》，并设立了“联邦公路信托基金”，燃油税、车辆购置税、轮胎税等纳入该基金。日本也建立了“道路建设改善特别预算账户”，将石油消费税、

① 到目前为止，人类利用能源大致经历了三个时期：薪柴时期、煤炭时期和油气时期。第一次能源结构转换从薪柴转向煤炭，前后经历了130年。第二次能源结构转换从煤炭转向油气（石油、天然气），前后经历了100年。显然，能源结构转换周期是漫长的。面对日益枯竭的化石能源和不断恶化的生态环境，人类需要进行第三次能源结构转换，从矿物能源向可再生能源转换，用可再生能源替代矿物能源，用无碳能源、低碳能源替代高碳能源。实现第三次能源结构转换面临一系列挑战。

道路使用税和液化气税等纳入该账户，专门用于道路建设和环境治理。

进入20世纪60年代以后，发达国家的高能耗和随之产生的环境污染问题严重制约着本国乃至全球经济的发展，各国纷纷寻求政策上的解决方案，与此同时，燃油税所具有的降低社会能耗和减少环境污染的功能日益凸显，逐渐成为了重要的、必不可少的节能环保的经济调节手段之一。此外，1990年芬兰第一个依据石油等能源中含有的碳素含有量课征碳素税以来，挪威、瑞典、丹麦及其他国家纷纷效仿，开始广泛征收以节约能源和环境保护为目的的能源税。各国能源税课税对象主要包括燃油、燃气、煤炭、电力及一些金属类产品，其中燃油税课税品目多，税收收入占GDP的比重也最高。

2. 国外燃油税制度实施现状

如上所述，各个国家开征燃油税，最初的政策意图是突出受益税功能、增加财政收入来充裕道路财源。但是开征燃油税影响了汽车使用者的支付价格，而这一结果很好地抑制了燃油及汽车消费量，由此燃油税作为环境保护政策调节工具的性能逐渐显现出来。20世纪90年代以来部分发达国家燃油税收制度实施情况如表5－1所示。

表5－1　　部分发达国家燃油相关税收政策演进情况

国家	燃油税名称
挪威	燃料税
美国	石油税、州燃油税
瑞典	碳素税、燃料税
荷兰	燃料税、能源税
英国	烃油税、气候变动税
德国	能源税（2006年之前为矿物油税）
意大利	矿物油税
法国	石油产品国内消费税
日本	挥发油税、地方道路税、石油煤气税、石油煤炭税、飞机燃料税，地方轻油交易税

资料来源：IEA《能源价格与税》，2007年上半年。

从燃油相关税收的种类来看，各国对不同燃油产品的消费设置了种类繁多的税目。

除了英国以外，美国是较早征收燃油税的国家，从1919年俄勒冈州开征汽车燃油税为开端，到1929年所有的州都开征了燃油税。除了州政府征收燃油税以外，美国联邦政府也征收一定的燃油税。燃油税在美国各州呈现出不同特点，征收办法也各不相同。美国联邦燃油税征税对象主要是燃油以及其他各种燃料，包括普通汽油、乙醇汽油、煤油、柴油、压缩天然气、液化石油气、航空燃料等。按照按照燃油的不同种类分别课征生产者销售税、零售者销售税、石油税、州燃油税，并对州的零售业者征收州销售税。

具体来讲，生产者销售税的课税对象包括汽车及飞机用汽油、轻油、灯油、商业及非商业飞机用喷气式燃料，税率依据课税对象不同设置差别税率；零售业者消费税的课税对象包括柴油、液化天然气、液化石油气，柴油按照汽车、列车及长途客车等不同用途设置差别税率；石油税的课税对象为国内开采的石油以及进口的石油产品；州燃料税，以纽约州为例，主要课税对象为汽油、轻油；州（包括市）的零售业者销售税的课税对象则包含全部石油产品。

英国对燃油征收烃油税和增值税，其中烃油税的课税对象为汽油、轻油、重油，不同课税对象适用不同税率，汽油按照用途和铅、硫磺含有量设置差别税率。对石油适用增值税标准税率17.5%。

德国对燃油产品征收能源税和增值税。能源税的课税对象为汽油、轻油、轻质重油（供热用）、重质重油（供热用），税率依据课税对象的不同而有区别，其中汽油又按照硫磺含有量设置差别税率。增值税的课税对象包括全部石油产品，并适用标准税率19%。

法国对石油课征石油产品国内消费税和增值税。石油产品国内消费税的课税对象为汽油、喷气式燃料、轻油、灯油、供热油、重质重油，与其他国家相同，依据不同税目设置差别税率。增值税适用标准税率19.6%。

日本可以说是对燃油课征的税目最多、征收范围在发达国家中最广的国家，原因在于日本能源极度匮乏，且政府十分重视节能。日本对石油产品课征的税种可分为国税和地税。国税包括增值税、挥发油税、地方道路税、石油煤气税、石油煤炭税[①]、飞机燃料税，地税包括轻油交易税。

从收入的用途来看，燃油税专门用于公路建设和养护的特定支出，例如

---

① 石油煤气税以汽车用石油煤气为课税对象，石油煤炭税则是以原油、进口石油产品、烃油及煤炭为课税对象。

挥发油税收入充当国家的公路基金财源；地方道路税、石油煤气税、轻油交易税则充当地方的公路基金财源。

从征收方式来看，日本所有的燃油税都采取价外征收，从量定额。其中汽油税和地方道路税的征税对象是汽油，以“升”为计量单位。道路使用税以出厂的石油产品为税基，同石油消费税一并征收。柴油税的征税对象是使用柴油的汽车，也以“升”为计量单位。天然气税的征税对象是液化天然气，天然气税是对石油消费税的扩大和补充。日本的燃油税税率若干年规定一次。

在征收环节和收入归属上，日本的汽油税和地方道路税是汽油从仓库装运时征收；柴油税是使用柴油的汽车所有人在购买柴油时征收。燃油税属中央和地方共享，燃油税一半归中央，用于公路建设和维护；一半归地方，用于地方维护公路。日本对燃油税的减免主要包括：对出口、煤油、飞机专用油、石油化学用油免汽油税；对船舶动力源、铁路车辆、农林经营用、钢铁、电力或化学工业原料免柴油交易税，其收入大部分归入国土交通省交通局的道路特定财源账户中，并专款专用于道路建设。

3. 各国燃油税制度特征

各国燃油税制度的特征结合图5－1和图5－2进行分析。这两幅图分别比较了2000年1月1日和2007年1月1日的部分国家汽油税和柴油税的标准税率。从图中可以分析得出各国燃油税的以下几点特征：

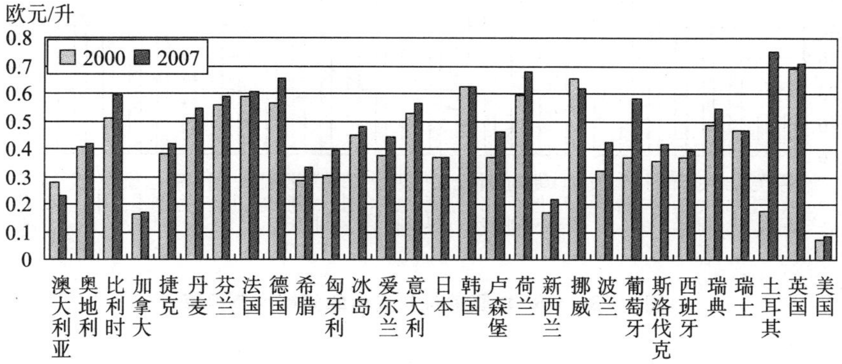

图5－1　部分国家汽油税税率

注：加拿大和美国的柴油税税率包含联邦和州（省）的税率。

资料来源：OECD环境部门官方网站（www.oecd.org/env/）。

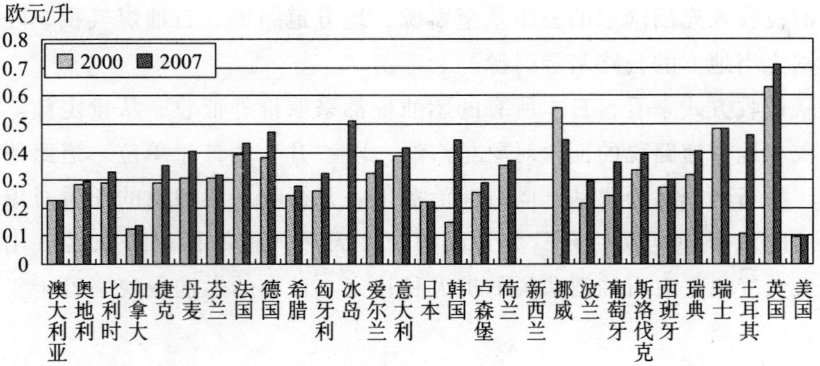

图 5－2　部分国家柴油税税率

第一，横向来比较，对汽车燃料课征的税率各国有很大差异。例如，北美的加拿大和美国对汽油和柴油课征的从量税率与欧洲国家相比处于较低的水平。以 OECD 成员国为例，在其成员国中，汽油税税率最高的是土耳其，而柴油税税率最高的则是英国。以 2007 年 1 月 1 日的汽油税从量税率为例，土耳其的税率是美国的 9.5 倍，英国则是美国的 9 倍。税率的不同导致了税收负担的差异性，图 5－3 反映了 2006 年第二季度 OECD 成员国的每升汽油的增值税及其他间接税（能源税、碳税等）的税收负担情况（各税在能源价格中所占的比重）。各个国家增值税和其他个别税的具体税率参见附录 6。

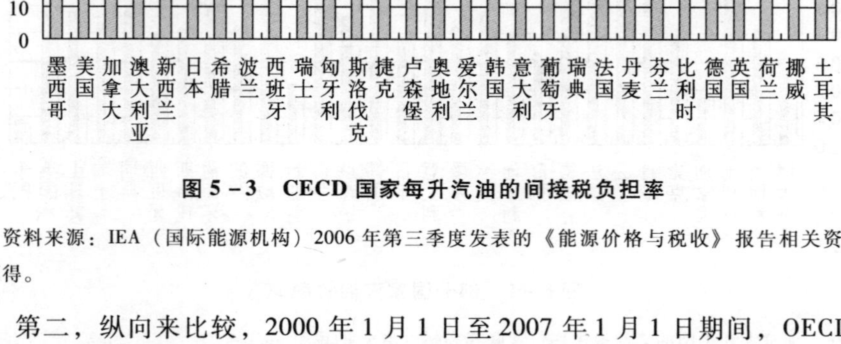

图 5－3　CECD 国家每升汽油的间接税负担率

资料来源：IEA（国际能源机构）2006 年第三季度发表的《能源价格与税收》报告相关资料整理而得。

第二，纵向来比较，2000 年 1 月 1 日至 2007 年 1 月 1 日期间，OECD 若干个国家的燃油税税率有显著的增减变化。按照各个成员国的本国货币来计算，税率明显提高的国家是：捷克、丹麦、德国、匈牙利、新西兰、波兰、葡萄牙及斯洛伐克，而挪威则与此相反，汽油和柴油的税率在 2000 年和 2007 年期间均明显下降。税率有显著上升倾向的国家中，匈牙利、捷克、波兰、斯洛伐克则作为 2004 年欧盟第五次扩大中的新成员国，主要是为了迎合欧盟协调能源税与电力的指令而提高了燃油税税率。

第三，从燃油税两大重要税目——汽油和柴油的税率方面来看，大多数国家在设置税率时柴油税税率要比汽油税税率低很多，但也有几个国家例外，如澳大利亚（2000 年）、冰岛（2007 年）、瑞士（2000 ~ 2007 年）、美国（2000 ~ 2007 年）。这些国家之所以将柴油税税率设置的比汽油税税率高是因为，它们认为柴油汽车引发大气污染，同时产生的噪音比使用汽油的汽车大，即柴油的使用带来的环境负荷大于汽油的使用带来的环境负荷。另一方面，从消费者的角度来看，1998 年到 2007 年之间，世界的原油价格与石油产品价格大幅度提高，大多数 OECD 国家的居民强烈反对提高燃油税税率，这给政府造成了一定的政策压力。

第四，各部门的燃油消费与其税收负担没有成正比。这里的各部门主要是指制造业、服务业和家庭部门。具体来讲，包括燃油在内的能源消耗量最多的制造业所承担的税收负担远比家庭部门要低得多。表 5 - 2 与图 5 - 4 中所列举的若干国家三部门的能源消耗与能源税收负担率充分说明了这一问题。一般情况下，家庭部门的能源消耗平均水平为 20% 左右，而其所承担的

表 5 - 2　OECD 部分国家三种部门能源消耗与能源税收负担率比较

国家	部门	能源消耗比例	能源税负担率
瑞典	制造业	39%	11%
	服务业	43%	31%
	家　庭	18%	58%
挪威	制造业	47%	2.5%
	服务业	33%	41.5%
	家　庭	20%	56%
芬兰	制造业	68%	12%
	服务业	14%	33%
	家　庭	18%	55%
丹麦	制造业	55%	5%
	服务业	20%	30%
	家　庭	25%	65%

资料来源：OECD 环境局官方网站（http：//www.oecd.org/env/policies/database）。

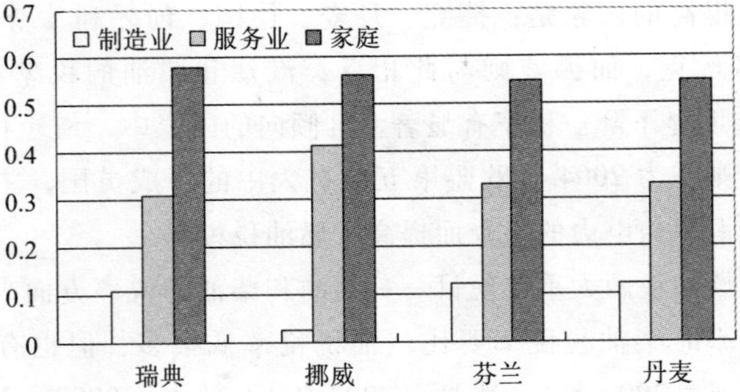

图 5-4 OECD 部分国家不同部门能源税负担率（%）

能源税税收负担平均值为 58.5%；制造业则与此正好相反，其能源消耗量为 52.25%，而其能源税收负担率则为不到 10%，仅为 7.6%。造成部门之间能源使用与税收负担倒挂的原因主要是制造业通过各种途径得到政府的各项能源补贴或转嫁税收负担，而家庭成为了最终的、直接的能源消耗的纳税对象。

5.1.3 资源回收再利用环节的税收制度

在国外，资源回收再利用环节的税收制度主要体现在各国废弃物处理环节的相关政策方面，废弃物税收制度对于有效抑制废弃物的排放、提高资源回收利用率、保护环境等方面起到了重要的作用。从税收的名称上来看，有些国家称作固体废弃物税，此税的课税对象包括工业用包装物、饮料包装物、废纸和纸制品、旧轮胎等。课征固体废弃物税的国家主要有美国和比利时。而有些国家则课征垃圾税，此税起源于荷兰，主要是为收集和处理垃圾筹集资金。其征收方式是以单个家庭为征收单位，人口少的可以得到一定的减免。芬兰和英国也于 1996 年开征了垃圾税。日本等国家则征收产业废弃物税，此税是针对含重金属的产业废弃物的排放环节设置的税收制度，对于减少产业废弃物排放，促进资源循环再利用起到了积极的作用。下面重点分析国外产业废弃物税的制度设置。

国外的产业废弃物税一般作为特定目的税，是环境税的重要组成部分，其以生产过程中排放的废金属制品、废油、废塑料制品、污泥为课税对象，主要起到抑制产业废弃物的排放、促进循环生产等作用。产业废弃物税为政府筹集资源回收技术开发等活动所需经费的同时，可以减轻生产活动对环境带来的负荷，彻底改变大量生产、大量消费、大量废弃型的现行经济运行体制，从而实现“环保和经济发展良性循环的工业生产体系”，达到“无害化、减量化、资源化”的政策目标。

如表5-3中所示，各国政府对产业废弃物末端处理过程设置差别税率，例如，奥地利依据废弃物处理设施的效率高低，即能否回收沼气（Methane）来设置差别废弃物处理税；日本按照废弃物的种类设置了差别税率；丹麦对于废弃物的管理方式有两种：一是征收废弃物税；二是实施抵押金返还制度，对不同的废弃物处理方式——焚烧处理和填埋处理之间设置差别税率，即填埋废弃物比焚烧废弃物课征更高的废弃物处理税，同时又对不同性能的焚烧设施设置差别税率。此外，在能够回收循环利用资源的设施中处理废弃物时适用较低的税率。这些差别税率措施在不同的废弃物处理活动中影响废弃物处理服务价格，影响不同税率废弃物的流动，刺激不同效率的处理设施之间形成价格差异，从而更好地反映出各类废弃物管理制度对环境和循环型社会建设过程中的利弊。据欧盟分析，此项税收政策使奥地利、丹麦、荷兰等一些欧盟国家的废弃物再循环利用率已经达到60%。

表5-3　　部分国家废弃物最终处理税率

国　家	处理方式	税　率
英　国	基本税率	16欧元/吨
	不易起化学反应的废弃物	3欧元/吨
丹　麦	填埋处理设施	50欧元/吨
	其他处理设施	44欧元/吨
	处理后可发电设施	38欧元/吨
奥地利	无效处理	59欧元/吨
	一般处理	30欧元/吨
	有效处理	15欧元/吨
挪　威	填埋处理	37欧元/吨
	焚烧且可回收50%能源	25欧元/吨
	焚烧且可回收75%能源	17欧元/吨
日　本	基本税率	1000日元/吨
捷　克	基本税率	1欧元/吨
芬　兰	地方政府填埋设施	16欧元/吨
瑞　典	基本税率	30欧元/吨

注：各国定额税率为2006年的数值，日本的则为2007年改革后的数值。

资料来源：与环境相关税的OECD/EU数据整理而得。

上述发达国家利用税收手段治理废弃物的经验对于我国有较大的借鉴意义，其中日本的地方政府开征的产业废弃物税对提高废弃物的回收利用率、发展循环经济方面的成效尤为显著。下面进一步分析日本的产业废弃物税。

日本国土面积狭小，矿产资源贫乏，主要生产用资源绝大部分依赖进口，而产业废弃物处理又面临场地不足的难题。因此，从20世纪90年代，日本政府就提出了地区协调、加强金属资源循环利用和环境保护的方针。其内容主要是：对废弃物进行彻底的再资源化、无害化和减量化，并将回收的资源供应当地。

日本的各大城市中大约有77%的城市固体废弃物被焚烧处理，废弃物回收占13%，废弃物填埋占10%2000年，日本政府在对《废弃物处理法》及《再生资源利用处理法》进行重新修订的基础上，还制定出了一批新的废弃物相关法律，如《推动建设循环型社会基本法》、《容器包装再循环法》、《家电再循环法》、《建筑工程材料再资源化法》、《食品循环资源再生利用促进法》及《国家等调配环境物品促进法》，这些法律有的已于2000年开始施行。与此同时，2000年实施“地方分权一体化”改革以来，在47个都道府县中以三重县为首的一半以上的地方政府开征了产业废弃物税。①

日本的生产企业担负着合理处理废弃物的责任和义务。从事废弃物处理的部门可以分为中间处理业者和最终处理业者。按照第三章介绍的产业废弃物处理流程可知，企业将金属废弃物、污泥、动物尿粪、碎瓦石类及其他产业废弃物搬入处理场所以后，有的经过处理烧却、粉碎、中和等“中间处理”，有的则直接进行“最终处理”——填埋，此外有些废弃物是直接或间接（通过中间处理）得到再生利用。

日本的废弃物循环利用率高达50%以上，有赖于地方政府开征的产业废弃物税。作为地方税的产业废弃物税，课税对象是搬入废弃物处理场所的各类产业废弃物；课税标准为废弃物的重量为依据实施从量税率，此税率由相对具有独立性的各地方政府自由制定，但考虑到各地区税负的均衡性，2007年各地方政府将此税的基本税率从原先的660日元/吨提高为1000日元/吨；纳税义务人是将废弃物搬入处理场所的企事业单位或从事废弃物中间处理的企业；征税的目的是抑制产业废弃物的排放及减量化，并为促进循环利用资

---

① 2002年4月，三重县最早引入此税，此后其他各地方政府纷纷效仿，未实施此税的自治体也积极拟定开征此税的各项方案。

源以及确保有效处理产业废弃物的各项政策筹集资金。

据日本环境部门 2007 年最新统计资料显示，日本的产业废弃物税收制度在资源回收再利用方面起到了重要的作用。2004 年日本产业废弃物排放量大约为 4.17 亿吨，其中，中间处理量约 3.14 亿吨（占全部的 75%）；直接再生利用量约 9100 万吨（22%）；直接最终处理量约 1300 万吨（3%）。中间处理的产业废弃物中约 1.77 亿吨得到减量化；约 1.23 亿吨得到再生利用；约 1300 万吨进入最终处理阶段。[①] 日本近年废弃物处理情况详见表 5－4。

表 5－4　日本近年废弃物排放及治理情况　单位：亿吨

年度	废弃物排放总量	再生利用率	最终处理率
1998	6.16	48.7%	11.5%
1999	4.00	55.3%	15.3%
2000	3.80	60.8%	11%
2004	4.17	52%	6%

资料来源：据何建坤等著的《自然资源可持续利用战略与机制》（中国环境科学出版社 2006 年版）和相关日本官方网站整理而得。

从产业废弃物处理的最终结果来看，排出的全部产业废弃物中的 52% 相当的约 2.14 亿吨得到再生利用，6% 相当的 2600 万吨得到最终处理。再生利用量比 2003 年提高了 2 个百分点，减量化率即最终处理率减少了 1 个百分点。

5.2 资源收费制度的国际比较

5.2.1 权利金

权利金是西方国家对资源开采活动征收的最古老的租金之一。早在中世

① 中间处理是对企业、事业单位排放的废弃物进行适当处理，分离出可再利用资源、不可再利用资源，同时削减废弃物总量。

纪，大陆法系的一些国家就开征了这种权利金，到了20世纪初，英美法系国家也开始采用权利金制度，从此权利金制度成为矿产资源勘查开发过程中普遍接受的国际惯例。

权利金（royalty）是开采者因开采矿产资源向资源所有权人支付的补偿。从英文字面意义上理解，权利金是皇家、王室的意思，由此派生的矿产资源的“权利金”的含义是皇家、王室将其拥有的矿产授予私人开发而收取的一种费用。有的国家称之为“矿业税”、“采矿税”、“采掘税”、“采矿权特许权费”、“地下资源使用付费”等，是指采矿权人因开采和耗竭不可再生资源而向所有者支付的费用，其征收的目的在于使国家从采矿人采出及销售的矿产中得到合理的收益，是所有者经济权益的体现，它反映的是绝对地租的概念，但随着征收依据和形式的变化，权利金也体现了一部分资源的级差收益。权利金在性质上相当于我国的矿产资源补偿费。

值得注意的是，虽然各国普遍征收权利金，但也出现了弱化权利金的基础地位的趋势，各国按照“支付能力”原则对资源开采行业开始征收以利润为基础的税种。从目前的权利金实施情况来看，有些国家完全取消了矿产资源权利金制度，有些国家则降低了权利金的重要性（见表5－5）。

表5－5　若干国家政府权利金制度的实施情况

国家或地区	有权利金制度	无权利金制度
阿根廷	○	
玻利维亚	○	
加拿大安大略省		○
智利		○
中国	○	
加纳	○	
格陵兰		○
印度尼西亚	○	
科特迪瓦	○	
哈萨克斯坦	○	
墨西哥		○
巴布亚新几内亚	○	
菲律宾	○	

续表

国家或地区	有权利金制度	无权利金制度
秘鲁		○
波兰	○	
瑞典		○
坦桑尼亚	○	
美国（地方）	○	
乌兹别克斯坦	○	
澳大利亚西澳大利亚州	○	
津巴布韦		○

注：美国、加拿大和澳大利亚等国家虽然取消了联邦政府权利金制度，但有些地方政府仍征收权利金。

资料来源：IGRPM 税收调查表和美国科罗拉多矿业学院统计数据。

通过表 5－5 可知，有 6 成以上的国家仍然保留了权利金，但是美国、加拿大等资源大国以及瑞典包括在内的发达国家权利金不是由中央政府而是地方政府征收。中央政府不征收权利金的国家主要是通过利润为基础的税收体系来体现对资源开采企业的调节。这也体现了当今资源税制改革的总体趋势是向以利润为基础的税收体系改革。绝大多数保留权利金的国家对征收此费用的理论依据也非常充分。因为，这些国家矿产资源属于国家所有，如果一家企业开采国家的资源，国家认为必须因矿产资源的消耗而得到某些补偿。矿业企业不是总能实现应税利润，因此以利润为基础征收的税收无法保证国家肯定会因矿产资源消耗得到以利润为基础的资源税收。

有些国家出于就业问题的考虑，允许矿业企业开采、销售国家的资源，但是如果经营亏损，可以不用向国家支付任何费用，即在国家资源的损失与就业等利益之间权衡之后，倾向于确保后者的利益。但是大多数情况下，国家为了取得至少是名义上的资源补偿，在资源利润税基础上加征权利金。

受 20 世纪几次重大的财税体制改革的影响，权利金的征收模式也发生了很大的变化，现阶段，权利金的计算主要有从量定额计征、从价定率计征和以利润为基础计征三种方式。从量定额计征的权利金虽简单便利，但由于与价格无关，弹性小，所以西方国家较少运用，仅适用于建筑材料等大宗产品，印度尼西亚则仍然沿用此种计征模式（见表 5－6）。对石油、天然气、煤炭等一般采取从价定率计征的方式，而对一些大型、特大型或对国民经济发展有特殊意义的矿床，有时还规定了特殊的征收方式，即以利润为基础征收权利金，因此，从价计征和以利润为基础计征的权利金较为常见。

表 5－6　　　　印度尼西亚按产量定额征收的权利金

煤		金	
征收依据	征收标准	征收依据	征收标准
产量≤100000 吨 产量＞100000 吨	45 美元/吨 55 美元/吨	产量≤2000 千克 产量＞2000 千克	225 美元/千克 235 美元/千克
铜		铁矿石	
征收依据	征收标准	征收依据	征收标准
产量≤40000 吨 产量＞40000 吨	0.50 美元/吨 0.55 美元/吨	产量≤80000 吨 产量＞80000 吨	2.70 美元/吨 2.90 美元/吨

从权利金征收比例来看，一般费率为 2%～8%，重要的矿产资源则会更高。如对石油、天然气等矿种的权利金费率，美国为 12.5%，澳大利亚、马来西亚为 10%。各国政府通常规定最低的权利金征收比率，如美国，磷酸盐矿产一般为 5%，开采 10 年以上的矿山 6%，平均每吨不得低于 0.25 美元；油气权利金征收比率为进口价值的 12.5%；对煤炭，露采者适用比例为 12.5%，坑采者为 8%。一些国家重要矿产的权利金费率见表 5－7。

表 5－7　　　　一些国家权利金费率对比表　　　　单位：%

国家	有色金属	贵金属	石油和天然气	煤炭	化工矿产
美国	5	10	12.5	露采 12.5 井采 8	硫 12.5，磷 5 钾 2
挪威			石油 8～16 天然气 12.5		
泰国	铅 2～15 锌 2～10 钨 0.5～20	10	5～15		
英国			12.5		
印度尼西亚	铜 3.75	1～2	20	13.5	
马来西亚	1～2	5	10		
澳大利亚西澳洲	2.6～7.5	2.5	10	7.5	5

从各项费用征收份额来看，各国对矿业企业征收的税费中，权利金占的比重较高。如对美国海上开采矿产的情况来看，1989～1998年间权利金占矿业税费总额的77%、租金3%、红利18%，而其他税收仅占2%（详见图5－5）。

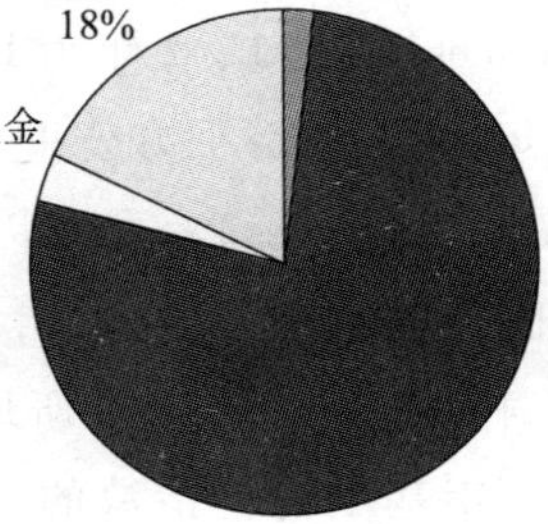

图5－5 美国海上资源税费机构

值得关注的是，有些国家取消了权利金，如秘鲁、智利等国家，但这不表明这些国家完全放弃了权利金这一国家对矿产资源的财产权收益的征收，而是将所有权收益与行政权收益（主要是资源税）合并征收的结果。

5.2.2 矿区使用费

多数国家对资源开采征收矿区使用费（surface fees 或 area fees）或类似性质的税费。矿区使用费主要采取两种方式：一种是按照产量（价值）来征收，另一种是按照面积来征收。

按照产量或价值来征收矿区使用费的国家中安哥拉规定在其境内除卡宾达（Cabinda）以外的地区从事勘探，生产石油、天然气和其他石油产品的企业，根据产量征6.67%的矿区使用费；以色列则征12.5%的矿区使用费；阿根廷除按开采量的价值征收12%的矿区使用费外，还按照面积（每平方公里）征收固定费；印度尼西亚则对采矿企业征收矿区使用费和定额租金；葡萄牙除了按照资源开采量或其货币价值（扣除经营中自用部分）的12.5%[①]分季度征收矿区使用费（征收现金或实物）外，还征收矿区年租金，由财政

① 但在某些情况下，按下列标准征：开采计划被正式批准以前，石油副产品和天然气：16.66%；原油和液化气：24%。开采计划正式批准后，原油和液化气：16.66%。

部门、工业部门和能源部门在每平方公里1000～40000元（葡萄牙货币）之间确定，并每3年根据葡币贬值情况进行调整；德国则对不同地区开采不同种类资源征收不同费率的矿区使用费。

按照面积不同征收矿区使用费的国家也较多，当然此时受矿区面积在不同资源开采许可年度有效期的限制。例如，安哥拉对采矿许可证持有人按下列数额征收矿区费（Surface fees）：第1、2年为1美元/平方公里；第3年为3美元/平方公里；第4、5年为4美元/平方公里。挪威只对采油许可权人按油田的面积征收矿区使用费（Area fees）。费率因许可时期长短而异。在许可权初期（前10年），不征收矿区费，以后时期（许可证通常长达30年），正常费率为7000挪威克朗/平方公里，每年有所增加，最高限额为70000挪威克朗/平方公里，同时每5年基于物价指数的变化调整一次。这种矿区费与前面提到的阿根廷的固定费、印度尼西亚的定额租金、葡萄牙的矿区年租金等相比，虽然名称不同，但实质上并无差别。

从矿区使用费的管理来看，大部分国家由中央政府征收，但也有一些例外，如澳大利亚和加拿大。澳大利亚由各州政府以租金、特许权使用费等形式对某些矿产和石油开采征收；加拿大由各省对石油、油气征矿区使用费或矿产税，且不能在联邦税中扣除。

5.2.3 矿业权租金

矿业权租金也称矿业权出让金或矿业权使用费，是指矿业权人取得矿业权而向国家支付的费用。它调整的是国家与矿业权人之间的经济关系。市场经济国家由政府将矿业权授予（出让）给矿业权人时，矿业权人必须向国家支付矿业权租金。它反映的是矿产地租的概念，即在土地所有权的地表权与地下权分离的前提下，为取得经营地下含矿空间而征收的费用。矿业权租金性质上相当于我国的探矿权使用费。

大多数国家矿业权租金分为探矿租金和采矿租金。探矿租金是按矿产区域个数分年支付；采矿权租金是按面积分年支付。为了鼓励矿业权人尽可能减少占地，同时尽可能快地通过勘查工作退出自己认为没有远景的地区等避免无效占用土地行为的发生，在征收矿业权租金时一般采用逐年递增的办法。部分国家的矿业权租金情况详见表5－8。

表5-8 一些国家矿业权租金

国家或地区	探矿权租金	采矿权租金
澳大利亚		
西澳洲	80澳元/区块	9.3澳元/公顷
北部地方	第1~2年每区块10澳元，第3年20澳元，第4年40澳元，第5年80澳元，第6年160澳元	10澳元/公顷
昆士兰州	81.25澳元/区块	31.4澳元/公顷
新南威尔士州	21澳元/区块	—
南澳洲	3澳元/平方公里	21澳元/公顷
塔斯马尼亚州	第1~5年15澳元/平方公里，第6~10年6~10澳元/平方公里	10澳元/公顷
美国	第1~5年2.5美元/英亩，第6~25年内5美元/英亩	同左
泰国	6铢/泰亩（合0.4英亩）	20铢/泰亩
缅甸	20美元/平方公里	—
巴基斯坦	250卢比/平方公里，逐年增加，到第9年为3000卢比	3000卢比/平方公里

注：每区块相当于3万平方公里。

资料来源：财政部经济建设司2006年关于资源税收制度国际比较课题的研究成果的相关内容。

5.2.4 矿业权申请费

矿业权申请费，主要是国家矿产资源行政主管部门对矿业权人在申请各类矿业权，在矿业权登记、发证、展期、变更、转让以及针对各项政府服务所收取的手续费。矿业权申请费性质上相当于我国的矿产资源勘查、开采登记费。

大多数国家在管理矿业权申请时都要求矿业权申请人一次性缴付金额不等的申请费。例如澳大利亚的昆士兰州申请费为50.8澳元，西澳大利亚则为824澳元；美国阿拉斯加州为确保矿业权人在租赁期内发现和开采所有矿产有效期可达55年的排他性权利，矿业权申请人缴纳初始费用为155美元，以后每年还需进行至少100美元的评价工作；泰国非排他性勘探许可证申请费为100泰铢，排他性勘探许可证申请费为500泰铢，特别勘探申请许可证申请费为1000泰铢。

5.2.5 红利

在市场经济高度发达的国家，还有所谓“矿产资源红利”。红利（bonus）是指在矿业权的竞争性招标拍卖中，对一些资源潜力较高、远景较明显的地区的矿业权的出让所收取的、由中标人向所有人一次性支付的现金。我国的探矿权价款与红利性质类似。

收取矿产资源红利的典型国家是美国。美国公有土地上矿产的勘查开发执行分类管理制度，其中的可租让矿产的矿业权出让方式主要是招标租让。在竞争性招标中，对那些赋有已知矿床或前景较明朗地区的矿产资源，通过招标拍卖方式出让矿业权，中标者要支付全部现金标金超出法律规定的权利金的那一部分标金。这种红利收入在美国一度相当可观，近几年美国每年红利收入在5亿~10亿美元之间。除美国之外，巴西、印度、瑞典、土耳其等国家在转让以前年度发现的矿床时收取的费用也具有红利的性质。

5.3 资源税费制度国别分析及启示

5.3.1 资源税费制度国别分析

1. 美国

美国是一个矿业大国，自1872年《矿业法》问世以来，已经有130多年的矿业开发历史。美国矿产管理体制和土地所有权关系密切。美国法律规定地下矿产资源属于土地所有者拥有。联邦政府的矿产管理体制涉及多个政府部门，有内政部、能源部、美国贸易开发署、美国进出口银行、商务部、农业部、环境保护部、国家科学基金、国防部等。其中，最主要的是内政部和能源部。内政部负责资源管理、矿业权管理以及权利金征收管理；能源部则主要负责能源政策、能源产业、石油储备等。能源矿产的勘查、开采以及权利金的征收，则由内政部负责。

从各级政府的分工来看，联邦政府主要负责制定矿产战略、确定竞争规则和维护资源的可持续开发，为本国矿产业提供经济、技术和制度上的框架。同时，负责联邦所有土地内矿产资源的勘查、开发。州政府负责州所属土地和私人所有土地内矿产资源的勘查和开发。私营企业通过参加政府公开招标租售程序获得矿产开发和生产权，政府不直接干预私营企业的生产和经营。

美国与矿产资源勘查开发有关的法律法规几乎都是 1872 年的《通用矿业法》演化而来的。19 世纪末及 20 世纪初，美国经济发展中重点推动了矿业发展，其标志是 1872 年规定的自由进入、让渡特权及免征权利金制度的矿业法，到 20 世纪中叶，美国的国防生产法与战略储备法甚至对一些根本不盈利的矿山出于国防的考虑仍以国家补贴的形式开发。然而，20 世纪六七十年代环境运动的兴起遏制了美国矿业迅速发展的势头，其标志是 1969 年的国家环境政策法。

美国政府为鼓励矿业发展采取过的矿业税收优惠措施，包括耗竭补贴（即百分比允许折耗）、矿产勘查和开发支出扣减以及鼓励性的投资回收制度等等。然而，近几年来这些措施的执行有所削弱。目前，美国采矿业的收益率已经相当低。此外，1993 年克林顿政府增加收入计划中的碳税（二氧化碳排放征税，如 120 美元/吨等）及 BTU 税（热能消耗征税，以英热单位 BTU 计算）对矿业发展也有明显的影响。碳税等新税种通过增加生产成本而削弱了美国矿业的竞争力，防碍了经济增长，减少了就业机会，扭曲了燃料能源之间的内部竞争，对耗能极大的炼铝业打击更大。总之，除了 1972 年矿业法修正案的讨论（征收权利金、取消特许权让渡，提高环境标准）之外，近期美国在矿业环境保护、土地准入及税收问题上法律规定的变化正在朝着限制矿业发展方向发展。

从 2003 年 9 月以来，国际石油价格一路走高，为缓解能源紧张的压力，美国国会参众两院于 2005 年 7 月底分别通过了能源法案，美国总统布什于 8 月 8 日的签署使之正式成为法律。其主要内容包括在今后 10 年内给予传统能源和核能源企业 145 亿美元的减税优惠和补助以鼓励它们增加能源生产，其中给予石油和天然气企业、电力企业以及煤生产企业的减税额达 90 亿美元，对提高能效和再生能源计划的补助额不足 50 亿美元。法案还包含鼓励提高能效和扩大再生能源计划以及鼓励生产乙醇等汽油添加物等内容。

对于美国资源税的具体运行情况而言，美国政府为降低自然资源的采伐与提升自然资源利用效率，50个州中已有38个州开征了资源税性质的税收，主要类型包括开采税（Severance Tax），针对石油、天然气、林业产品的开采税称作特许权税（Privilege tax）。①

下面详细介绍美国的资源税费征收项目。

（1）矿产地租金

矿产地租金是矿产地质勘探和采矿单位租用矿地需要预付的年租金。矿产地租金随工作程度的加深而提高。这一年租金根据探矿和采矿许可证获准的土地面积乘以每英亩年租金来计算，每英亩年租金则是根据土地的用途、使用期限、矿产资源种类规定的，并在投标过程中调整租金。美国一般在探（采）矿的前5年内每年付2.5美元/英亩，第6～25年每年付5美元/英亩，不同矿种间略有差异。

（2）权利金

通过征收权利金实现矿产资源的有偿开采。权利金是采矿者向矿产资源所有者（国家或个人）定期交纳的费用，一般按矿产品销售收入（或销售量、利润）一定比例计算。美国联邦公有土地的矿产资源权利金由内政部矿产管理局负责征收和管理。美国对联邦土地上可租让矿产的权利金费率为：石油、天然气、煤炭（露天矿）为12.5%，地热为10%～15%，其他矿产多为5%。美国1996年2月8日宣布调整重油权利金征收比例的条例以及减少边际天然气的权利金的提案，规定对于加权平均API度为6的重油，仅征收0.6%的权利金，而对于API度为20的轻质原油，征收12.5%的权利金。同时，对边际天然气田的权利金实行减免。

（3）红利

红利是矿业权的出让收费。它是在矿业权的竞争性招标拍卖中，政府对一些资源潜力较高、远景较明显的地区的矿业权的出让所收取的、由中标人向所有人一次性支付的现金。

（4）开采税

开采税（有的州称资源税或矿产税）是由州政府对开采煤炭、石油、天然气和其他矿产资源的行为开征的一个税种。开采税收入只为各州收入的1%～2%，并非各州的主要收入源泉，但税率却不低。各州自行制定开采

① 刘晓凤："美国资源税的经验借鉴"，《地方财政研究》2011年第11期。

税，课税对象为卖到州外的石油、天然气、煤炭、非金属矿石和林业产品。目前，有一半以上的州开征开采税。各州开征开采税的征税对象和具体名称五花八门：阿拉斯加州征收石油和天然气税；路易斯安那州征收天然气税；俄克拉荷马州征收石油和天然气税；得克萨斯州征收原油和天然气税；田纳西州征收天然气税；犹他州征收石油和天然气税；怀俄明州征收矿产税等。

2. 加拿大

加拿大是一个由十个省份和两个地区组成的联邦国家，其矿业管理部门分为两极，即联邦和省，除环境和矿山复垦等涉及社会公众利益或省际协调的问题外，分别按各自的立法管理权限履行职责。作为联邦制国家，加拿大的12个省（区）在管理自然资源方面享有很大的权利。按加拿大现行宪法，联邦政府在一定的范围内享有对矿产的直接控制权，如铀矿的勘探、开发管理；西北地区和领海的矿产资源（主要是油气资源）管理。对于全国的矿产资源，联邦政府主要是从科技、劳动和环境保护角度管理，通过制定政策和法律，维护经济的可持续发展，控制矿业活动对环境的影响，从宏观上控制加拿大矿业。采矿业一般由省级政府管理。但加拿大三个少数民族地区的矿业活动由联邦政府通过派驻观察员或直接管理的方式行使管理权。

加拿大矿业管理部门主要有：自然资源部（及其能源总部）、自然资源部国家能源委员会以及各省矿业管理专门机构。矿产资源税费制度体系复杂，到2012年为止，与矿产资源相关的税费制度共有13种（1个联邦、10个省级和2个自治区）。具体而言，主要包括以下三个方面：联邦政府所得税、省级政府所得税和省级开采税或权利金。联邦一级税收由加拿大海关及税务机构来征收，省一级税收由各省财政部门征收。联邦政府自然资源部监督税收制度运行状况。

（1）联邦税费项目

联邦税收包括所得税，大企业（资本）税、能源消费税和商品与服务税、权利金等。有些地方政府还有财产税。在计算联邦所得税时所有的勘查和开采成本将被扣除。

权利金是采矿者开采矿产资源时向矿产资源所有者支付的费用。由于加拿大是联邦制国家，对矿产资源的税费，联邦政府和十个省两个地区都有不同的法律、法规，对矿产资源的税费从名称、征收比例和征收的有关政策都不完全相同，所以权利金在各省都有不同的名称，如在不列颠哥伦比亚省称为矿产税、采矿税，在安大略省称矿产税，但其性质都是相同的。

1998 年 1 月修改后的矿产资源税法规定，权利金的征收有两种方式，一种称为净当期收益税，税率为 2%；另一种是按利润征收的部分，当矿业企业在收回全部投资并取得利润后才征收，征收比例为利润的 13%。

（2）省级税费项目

省级税费主要有：所得税、采矿税（有的省也叫权利金）、能源消费税等。省级政府税制总体上套用联邦税制，但税率略有不同。省级采矿税是专门为矿产开采业设立的单独的税收制度。采矿税税率一般为 18% ~20%。例如，在安大略省矿业企业除向联邦政府和省政府交纳 42.5% 的所得税（联邦政府 29%、省政府 13.5%）外，还要交纳 20% 的采矿税（矿产税）。采矿税是根据利润计算的。法律规定矿业企业在矿业开采生产三年内免征采矿税，三年后如果利润在 50 万加元之内也免交采矿税，50 万加元以上的利润，税率为 20%。

2007 年 3 月 22 日开始安大略省实施了针对采矿企业的重大税费改革，其境内的钻石矿业不再向政府缴纳钻石矿业税，而是缴纳钻石权利金，它按某一财政年度净产出的一定比例计算，这里的净产出是指某一财政年度的钻石销售收入（不包括期货套期保值的收益和损失）扣除若干成本费用，如：年末和年初库存市场价值的差额；洗矿、分类、评估、营销和销售费用；保险、储存、处置和交易费用；采矿和加工费用；修理和维护费用；财产、雇员和运营发生的一般性和间接成本。具体说来，钻石权利金取以下计算结果的较小值：（a）某一财政年度净产出价值的 13%；（b）某一财政年度的净产出在 1000 万美元以内不用缴纳权利金，1000 万 ~4500 万美元之间按 5% ~13% 的累进比率征收，4500 万美元以上者按 14% 的比率征收。除上述三种税费外，加拿大的马尼托巴、新斯科舍、魁北克和安大略四省还征收地方资本税。不过，这些地方的资本税已于 2012 年 7 月 1 日被取消。①

（3）资产税

资产税是矿业企业在生产过程中向联邦和省政府交纳的又一重要税种。联邦政府规定，投资超过 1000 万加元，需交 0.225% 的资产税。安大略省规定交 0.3% 的资产税。

---

① 财政部网站关于《加拿大矿业资源税费情况介绍》中的相关资料整理，http://gjs.mof.gov.cn/pindaoliebiao/cjgj/201304/t20130409_813508.html。

（4）矿业税收优惠政策

在加拿大从事矿业活动，可享受联邦和省级政府的各种税收优惠政策，使得税率和应税收入大幅度降低，从而有效防范了矿业企业的风险，保障矿业投资权人的正常获利。具体税收优惠项目有：

①资产成本补贴（折旧扣除）。一是基于矿业投资的高投资及高风险性，从收入中快速扣除用于矿产开采经营的机器、基础设施及矿山开采等的投入，折旧年限一般为4～5年。二是允许新矿山或产量增加25%以上的矿山从其最大经营利润中扣除。这有效地消除了经营一个新矿山需缴纳的任何联邦所得税，直至经营收入偿付了资本投资。

②损耗补贴。加拿大对部分矿产的开发实行损耗补贴。损耗的概念只适用于层状工业矿床的所得税，层状矿床被认为是可贬值的资产。按照补贴条款规定，这种损耗可以在税收中扣除。这类矿床主要有：有色金属和贵金属矿床、煤矿、沥青砂矿和沥青页岩矿以及管理机构规定的其他一些矿床。

③资源补贴。1976年后，规定了计算所得税收入时折扣资源补贴。资源补贴扣除额一般为资源利润的25%，即允许企业在缴纳所得税前，将投入矿业的符合条件的费用，以每年不超过25%的部分从收入中扣除。在加拿大对国外金属矿石进行初始加工的收入可以纳入采矿收入以便获得损耗折扣，但不能纳入资源利润来获得资源补贴。这种收入不可作为制造和加工费用减免税金。

④勘探费用税前扣除。允许所有加拿大境内勘探费用及10%国外勘探费用税前扣除，在计算税基时，扣除对生产能力达到60%且持续生产6个月的开采性投资。扣除上述各项优惠后，联邦矿山所得税有效税率由28%降为21%。

3. 澳大利亚

澳大利亚联邦最早负责矿产和能源的部门是1950年3月成立的澳大利亚国家发展部，1973年成立了矿产和能源部，负责澳大利亚全国的矿产和能源的开发和管理，该部于1979年与国家发展部合并组成澳大利亚国家发展和能源部。1983年澳大利亚又单独成立了联邦资源和能源部。1987年该部与联邦初级产业部合并组建成初级产业能源部；1998年初级产业能源部与澳大利亚工业、科学和旅游部合并组成工业、科学和资源部。2001年又更名为澳大利亚工业、旅游和资源部。与矿业直接相关的机构是由秘书长直接负责的地球科学局和由一位副秘书长负责的资源局和能源环境局。澳大利亚政府

（包括州和领地）逐步形成了一套法律体系，包括1981年采矿条例等近10个法律、法规。

澳大利亚矿业发展度很高，但政府一般不拥有和参与矿产资源的商业勘探和开发。政府在矿业开发中的作用是宏观政策制定和管理。澳大利亚矿业资源的管理体制与政府体系相对应，分为三个层次，联邦政府、州或领地政府、地方政府在其中分别拥有不同的职责和分工。

澳大利亚实行联邦、州和地方政府三级课税制度。税收立法权和征税权主要集中在联邦，联邦税收收入是全国税收收入的最主要部分。为鼓励企业从事高成本、高风险的资源勘探和开发活动，政府采取了相应措施，制定了矿业勘探和开采税制，其中一些税制比其他发达产业的税制更优惠。政府主要通过一系列税收政策的调节达到对矿产资源开发的调控作用。澳大利亚税制在矿产勘探与开发方面同其他矿业大国一样，基本上由两大部分组成，一部分是包括矿业在内的所有工业企业都适用的普通税收政策，另一部分是矿业特有的税费政策。

具体而言，澳大利亚政府针对本国的矿产资源勘查和开采活动的特殊性，制定了三项特有的矿业税制：

（1）权利金

权利金是矿业权人开采和耗竭了矿产资源所有权人的不可再生的矿产资源而支付的费用。除铀矿和海上油气资源外，权利金制度均由各州政府制定与征收。西澳大利亚多数矿产的权利金费率为5%，南澳大利亚权利金费率为2.5%。西澳大利亚州的部分矿产品权利金率见表5－9。

表5－9　　西澳大利亚州权利金率

矿产类型	权利金
煤炭	出口煤为销售价格的7.5%；国内销售煤为2.29澳元/吨
铜	矿石实际价值的7.5%，或精矿实际价值的5%，或铜金属实际价值的2.5%
金	从1998年7月1日起实行1.25%的未单列税率，如果金价超过450澳元，则在2000年7月1日起税率提高到2.5%，否则这一税率一直沿用到2005年
铁矿石	矿山块矿离岸收入的7.5%，粉矿离岸收入的5.625%，精选矿离岸收入的5%，特别协议可用于单个厂商
锌	矿石实际价值的7.5%，或精矿实际价值的5%，或锌金属实际价值的2.5%
金刚石	实际价值的7.5%，或会计利润的22.5%，两者之间取其高者

（2）资源超额利润税

资源超额利润税就是对矿山企业超过基本的投资收益水平以上的利润征收的税收，其目的在于通过国家的干预，调节因不同矿山企业的资源丰度等自然条件不同而造成的采矿权人收益的显著差距，促使采矿权人在同等条件下公平竞争。这种税主要是由联邦政府针对海上石油而制定的。自 1975 年澳大利亚首次提出该税种以来，对其争论一直未停止过。

（3）矿业权租金

矿业权人取得探矿权或采矿权后，按年度、面积向国家缴纳探矿权租金或采矿权租金。

近年澳大利亚对矿产资源税费做了重大调整。2013 年 10 月 24 日，工党政府领导下的澳大利亚财政部发布废止矿产资源租赁税（MRRT，简称矿产税）立法草案，决议于 2014 年 7 月 1 日起正式废止矿产税，停止使用由矿产税支持的财政支出项目，这项税收针对开采煤炭和铁矿石的利润征收 30% 赋税，澳大利亚大型矿业公司，例如 Fortescue Metals Group、Xstrata 等都反对这项矿产资源租赁税，这些公司认为该税会影响他们的竞争力，并且影响未来的投资。基于这些问题，澳大利亚参议院投票决定废除矿业税。因此，目前该法案正交由澳大利亚众议院等待通过。①

4. 俄罗斯

俄罗斯是一个资源大国，矿产资源禀赋丰厚。在叶利钦时代，资源税费名目繁多，多头征收，资源勘探开采活动效率低下。普京上台以后实施的强权政治和民主政策在矿业税费政策上也得到了充分的体现，矿业政策发生了巨大变化，矿业税制迅速简化，形成了相对刚性而又独具特色的矿业税费体制。虽然刚性税费不利于矿产资源有效利用，但俄罗斯通过协议方式规定了资源使用者保护矿产资源方面的义务和责任，并明示矿产资源监管的有效途径和手段，并将其与矿产资源开采税和奖惩直接挂钩。监管部门与征收部门的权利相互分离，这不仅提高了征管效率，而且还起到预防政府官员寻租的作用。

改革后的俄罗斯的资源税费由联邦政府统一征收，矿产资源税费压缩到矿产资源税和矿业权资产权益金两种，其中矿产资源税税率在 4% ~10% 之

① 环球网的相关报道，http：//finance. huanqiu. com/view/2014 -09/5127520. html。

间，而矿业权资产权益通过拍卖或竞标的方式转让，防止政府官员寻租行为。此外，还附加征收转让矿产资源技术资料时的资料性地质费用。除了上述三项专门针对矿业企业征收的税费以外，还征收与一般生产流通企业相同的税收，如18%的增值税、1%～2%的财产税、30%的社会统一税（工资税）、进出口关税，对于水资源则征收自然资源税——水税。但是，对外国企业投资设立的矿产企业的财产税制度和进出口关税制度不够健全，资源出口环节增值税退税制度也不够明朗。

从征税范围而言，俄罗斯资源税征收范围广，土地、森林、草原、滩涂、海洋和淡水等自然资源都被纳入资源税的征收范围，同时做到"专款专用"，以水资源税为例，水为课税对象的资源税税目包括4种类型，使用地下水资源税、开采地下水的矿物原料基地再生产税、工业企业从水利系统取水税、向水资源设施排放污染物税，这些相关税收收入专门用于水资源的保护和开发，有效地提高了水资源的利用效率。①

资源税收入在各级政府之间的归属而言，俄罗斯资源税的中央税性质较强。例如，在2002年以前，征收的水资源税有60%左右缴入国库，其余40%～50%归属于地方政府；2002年以后水资源税则全部上缴中央财政。

5. 印度

印度的权利金等矿产资源税费由印度专门的资源管理机构——矿产能源部征收。征收权利金是印度矿产能源部管理矿产资源的一项重要的职能。印度对矿产资源征收的税费主要有权利金、矿业权租金。

（1）权利金

印度的权利金制度是1957年颁布的《矿山和矿产法》而设置的，该法中规定采矿权人在获得采矿租约后要拿出其采出矿产品的一部分支付给矿产资源所有权人，主要为从量计征，少数矿产适用从价法。权利金每年或每半年缴纳一次。

（2）矿业权租金

在印度有时把矿业权租金也叫做死租费，其征收标准是第一年免征，第2～5年，每年每公顷12.50卢比，第6～10年，每年每公顷25.00卢比，第

① 资料来源于中国环境网的新闻，2011年12月9日。

11年以后，每年每公顷37.50卢比。

此外，印度对以前年度发现的矿床进行转让时还收取一定数额的费用。

而从资源税的收入归属问题上，与俄罗斯不同的是，印度资源税采用地方税的收取模式。具体操作方法是采矿权利金和税收由中央政府征收，但直接支付给地方的各邦。

6. 巴西

巴西矿产和能源部是巴西矿产归口管理部门，该部成立于1960年7月。矿产能源部是一个决策机构，负责制定资源开发政策，它与财政部、矿业工会一起起草矿产税收政策。其主管范围包括地质调查、矿产资源和能源资源、水文动态观测和水文资源、采矿、石油工业、电力工业及核能工业。矿产能源部设有国家矿产生产局（DNPM）、国家石油管理局（CNP）、国家水电能源局等。此外，国家核能委员会（CNEN）也挂靠在该部，分别主管各有关方面工作。

（1）联邦矿产勘探许可费

在巴西，勘探矿产资源必须要持有矿山能源部和国家矿山管理局颁发的勘探许可证。矿业权转让必须经过巴西矿产管理局或矿山能源部的同意。勘探许可证由巴西国家矿产管理局的第一负责人依法授予，并规定勘探区内的不动产不得防碍勘探工作。每一个勘探许可权的范围都要由巴西国家矿产管理局确定。具体的勘探许可权规定为：金属、煤、金刚石、沥青岩，泥炭等矿的每块勘探区面积不大于2000公顷；建筑材料、宝石（除金刚石以外）、矿泉水的勘探面积不大于50公顷；其他矿的勘探面积可达1000公顷。为了取得这些勘探许可证，采矿企业必须交纳相应的联邦矿产勘探许可费。

（2）权利金

在巴西权利金称之为经济补偿。这种经济补偿对矿产销售的净价值征收，但不包括商业性税收、运输及保险费。联邦和州（地方）政府都征收权利金，但征收比率各不相同。州征收的地方权利金为矿产品净销售额变化率的0.2%和0.3%，大多数矿产品的税率为2%。其中65%支付给矿产开采地，23%支付给联邦地方政府，12%支付给DNPM，然后分配2%给环境保护部门。联邦政府的矿产资源权利金比率详见表5-10。

表 5-10　　巴西一些矿产资源联邦权利金比率

矿产资源	权利金
铝、锰、氯化钠、钾	3%
铁、肥料矿产、煤及其他	2%
金（仅指企业开采的，不包括淘金人）	1%
宝石、工业金刚石、惰性金属	0.2%

(3) 盈利税

巴西矿产资源盈利税主要同矿产开采企业的盈利水平相挂钩，不以资产或其他与盈利无关的指标作为征税标准。其盈利税税率为18%，低于拉美主要矿产品出产国（如阿根廷、智利、哥伦比亚、秘鲁、玻利维亚等）的平均税率。

(4) 红利

巴西政府对现有采矿项目征收的红利税规定了最高不得超过11%的标准税率，这一税率分别高于阿根廷和哥伦比亚红利率的4个和2个百分点。

(5) 资本税

巴西矿产资源资本税率是拉美主要矿产出产国中最高的国家，目前实行的资本税税率为10%，高于哥伦比亚、委内瑞拉等国资本税税率近8个百分点。

世界若干国家矿业税费制度安排见表5-11。

表 5-11　　若干国家矿业税费征收项目一览

国家或地区	税			费		
	开采税	超额利润税	税收优惠①	权利金	勘察地表租金	采矿地表租金
阿根廷			○	○	○	○
玻利维亚		○	○	○	○	○
加拿大			○	○	○	○
智利			○		○	○
中国	○	○	○	○②	○	○
加纳			○	○	○	○

① 税收优惠主要考察采矿设备的特殊折旧。

② 我国的矿产资源补偿费相当于国外通行的权利金。

续表

国家或地区	税			费		
	开采税	超额利润税	税收优惠	权利金	勘察地表租金	采矿地表租金
印度尼西亚			○	○	○	○
哈萨克斯坦			○	○	○	○
墨西哥					○	○
巴布亚新几内亚			○	○	○	○
秘鲁			○		○	○
菲律宾			○	○	○	○
波兰			○	○	○	○
南非			○			
瑞典			○		○	
坦桑尼亚			○	○	○	○
美国①	○	○		○		
乌兹别克斯坦				○	○	○
澳大利亚		○	○	○	○	○

5.3.2 国外资源税费制度借鉴与启示

1. 资源开采环节税费制度借鉴与启示

对于资源开发相关的税费制度而言，绝大多数市场经济国家按照扶持矿业、合理利用矿产资源为原则，以权利金为核心，形成了一套促进矿业发展的矿业税费制度。从总体上看，各国在设计其矿产资源税费制度时，一般均对矿业经济行为和税费的征收效应进行了认真的研究，对社会经济发展阶段、国情、资源禀赋情况给予了充分的考虑。各国的矿产资源税费制度均是特别复杂的，这里仅对矿产资源较为丰裕的美国、加拿大、澳大利亚、印度、巴西的情况做一概括的介绍。

(1) 资源管理实行分权制

通过上述分析可以看出，各国资源管理机构健全，国家一级政府利用政

① 美国的资料是亚利桑那州的矿产资源税费情况。

策和法律保证宏观管理的权威性，省级政府通过对采矿业的直接管理发挥地方政府的管理能动性和自觉性。各级政府的管理宗旨和目标一致，权限划分和利益分配明确，管理内容具体且各有侧重；管理中以服务矿业活动为根本，有效减少了管理层次，管理程序透明；扩大监督范围，减少收费项目。

（2）经济管理机制积极灵活

首先，用政策机制吸引矿业投资者；其次，用经济杠杆调控矿业经济活动；再次，根据矿业生产的特点设计税制及不同内容的优惠措施，在坚持规模经济的前提下，鼓励矿产品精加工、深加工。

（3）充分体现了可持续发展战略意图

通过建立地质勘查相关的基金，扶持地质勘查活动，加强基础性、公益性、前瞻性的地质和探矿工作，获取基础地质资料，建立全国性地质资料数据库，以保证商业化地质工作的顺利开展，进而保障可采矿物（化石）能源、资源的储备。同时，采取加工补贴政策，刺激矿产品深加工，增加附加值。建立严格的矿山环境保护和复垦措施，促进循环经济的发展。

（4）税费收入管理科学规范

国外主要矿产资源大国严格按照法律规定征收各项矿业税费，取得的资金统一纳入国库管理，资金分配使用方向明确。以美国为例，美国内政部的矿产管理局所征得的收入全部上交国库，其使用和分配法律上有明确规定。对陆上开采的矿产所征收的权利金等项收入，50%分配给矿床所在的州政府，40%作为国家的土地和水保护基金（此基金由财政部门管理），10%交入国库（普通基金）。但阿拉斯加州例外，对这个由美国所“购买”的州，按阿拉斯加建州法，90%的收入归州政府。对海上开采的矿产所征收的权利金等项收入，27%分配给沿海各州，其余进入国库的普通基金、历史保护基金、土地和水保护基金、恢复基金等。印第安人保留地内的收入，基本上全部还给印第安人部落。

（5）权利金为主、其他税费为辅的税费体系

西方市场经济国家资源税费的主体是权利金，且富有弹性，而权利金以普遍征收为原则，体现了资源开采者向资源所有者支付的因开采不可再生资源而进行的赔偿。例如，美国的海上开采矿产的权利金占矿业税费的77%，占去了绝大部分，其他市场经济矿业大国权利金占矿业税费的比例也都占大头，大致在70%～80%。

西方市场经济国家资源权利金的税率随市场、资源赋存情况而变化。以

美国为例，过去数十年中，石油的开采曾取得惊人的利润，美国政府也因此在租约中把石油的权利金费率提高到计征收益的百分之几十的程度，经过数次法令的调整才固定到目前的外海石油 16.7%，内陆石油 12.5%，露采煤炭 12.5%，坑采煤矿 8% 的税率水平上。

在征收权利金的基础上，各国还设置了若干资源税收制度。例如，美国的跨州税在矿藏资源从州内输出到州外时，按照输出矿产品的产量征收，通过这种办法可以最大可能地分享自然资源租值，增加本州的财政收入。跨州税的纳税人是在本州从事矿山开采的居民或企业，但实际负税人是本州外的资源的需求者或消费者。由于各州的自然资源的分布是不均衡的，资源丰富的州利用跨州税从其他州获得了大量的税收收入。我国的现行资源税实质是矿产资源税，同美国各州的跨州税一样也属于产出型资源税；区别在于我国的资源税课税对象是不区别省内、省外消费的。

（6）资源税收优惠制度健全

市场经济国家一般都有健全的资源开采企业税费优惠制度，通过优惠制度鼓励资源有效开采的同时，形成了政府与企业分摊资源开采风险的风险分散机制。例如，美国、澳大利亚、加拿大、智利、印度尼西亚、马来西亚、南非等实施的资源开采设备的特殊折旧制度以及原先备受关注的资源耗竭补偿制度等。完善的税收优惠制度使得各国矿业开发者在进行矿产勘探开发时不会过分依赖本国矿产资源，降低了矿业开发者在海外的勘探风险，同时保证了企业勘探开发投入资金。

（7）构建了资源税费与环境优化联动体系

众所周知，资源开采会对环境和生态造成严重的破坏，所以各国在制定和完善资源税费制度的过程中，都比较好地考虑到了环境问题。具体说来有两个方面：一是对于资源开采者所发生的任何环境保护或恢复支出在计税时给予相当有利的扣减；二是政府通过环境税（如许多国家对煤炭生产所征收的“黑肺税”，对黄金生产所征收的“氰化物补偿税”等）以及矿地恢复保证金制度等，对矿业活动征税，以此来治理矿业对环境的破坏。

但是，国外的资源开采环节的税费体系也有其负面效应。例如在美国和加拿大，各州一直在收取自然资源的权利金（royalty）、跨州税以及其他税收。由于自然资源在各州分布是极不均衡的，由此产生了州和省之间的财政能力不平衡问题，美国的一些重要能源生产州的人均财政能力大大高于全国平均水平。特别是 20 世纪七八十年代能源价格大涨，由于美国和加拿大的各州是根据资源的市场价值课税，所以区域的财政能力的差距越发拉大。例如，1981 年人口只有 41.2 万人的阿拉斯加州，每人年均来自石油生产的收入约 8000 美元。资源税费导致的区域财政能力失衡，引发了包括资源配置效率问题（资源丰富的州会利用得自自然资源的收入发展本不具有自然优势的产业）、社会平等问题（生产资源的州获得了巨额利益，其成本由消费资源的州来承担，显然后者感到不公平，有的州甚至制定了针对开征跨州税的州的报复性税法）等经济、政治、法律问题。为此，联邦政府不得不通过财政转移支付以补助资源较少的州的财政。基于此，美国的财政学者马斯格雷夫主张，国内分布极不均衡的税源应该由中央来征收。

2. 资源消耗环节税收——燃油税制度借鉴与启示

一些发达国家，例如美国和日本的燃油税制度已经运行了很长时间，经过多次改善，比较成熟。这些国家燃油税的基本含义和所要达到的目的是“公平和效率”。在“公平和效率”原则下，各个国家依据自己的国情，确定征税范围、方式、幅度。发达国家的燃油税制度对于我国相关税制改革有如下几点启示：

首先，征税范围较广，除了汽油和柴油以外，煤油、液化气和重燃油等石油产品也是燃油税的征税对象，从而避免了利用汽油、柴油的替代品避税投机的行为。

其次，税率设置来看，各国高低相差很大，如美国对汽油征收 30% 的税率，日本却高达 120% 。燃油税税率的设置应考虑的是消费者负担和对能源稀缺的认识问题。美国地域辽阔，是一个以汽车为主要交通工具的国家，如果税率太高，交通负担就比较重。日本在设置税率时主要考虑能源稀缺的问题。

最后，税收收入归属问题上，国外一般实行中央和地方共享燃油税收入的政府间收入分配模式，各级政府将这笔收入主要用于公路养路费用支出上。

3. 废弃物排放及资源回收再利用环节税收制度借鉴与启示

国外的废弃物相关环节的税收制度强调废弃物分类、资源化、教育、市民参与及环境管理。在国外，废弃物税作为环境税体系的一个重要税种，充分体现了“税收约束与税收激励并重”的征税原则。开征产业废弃物税将增加企业的生产成本，不仅可以遏制企业的固体废弃物排放，而且也可以起到遏制对资源的过度利用的作用。同时，我国应借鉴国外经验，注重发挥废弃物税的激励机制，减轻各方压力。例如，政府与企业签定合约，对于达到废弃物排放要求的企业给予税收优惠或者减免政策。此外，政府也可运用政策优惠手段，减少或免除低收入者和特定行业的税收负担。

第6章

我国资源税收制度现状及改革思路

资源税收制度的完善关系到资源高效利用、生态环境保护及可持续发展问题。对于我国的资源税收制度改革，不仅要着眼于开采环节的资源税制度完善问题，而且还要充分考虑资源开采、加工后的消耗环节和回收再利用环节的税收制度改革问题。

6.1 资源税收制度现状

6.1.1 资源税现状

新中国成立后，我国的第一部资源税法规是在1984年工商税制改革和第二步利改税时出台的。当时为调节开发自然资源的企业（单位）因资源结构和开发条件的差异而形成的级差收入，以正确反映开发单位的劳动成果，妥善处理国家与企业之间的分配关系，国务院于1984年10月1日颁布了《中华人民共和国资源税条例（草案）》，开始对自然资源征税。征收范围仅为原油、天然气、煤炭和铁矿石，开采金属矿产品和非金属矿产品的企业暂缓征收资源税。资源税设立的初衷仅仅是调节级差收益，只要没有获得12%以上的销售利润，企业或个人就可以无偿开采国有矿产资源。计征原则采用从价超率累进税率，以产品销售收入作为计税依据（见表6-1）。

表6-1　　1984年资源税税率表

应税产品销售利润率	资源税税率
0 < 应税销售利润率 ≤ 12%	不征收
12% < 应税销售利润率 ≤ 20%	销售利润率每增加1%，税率增加0.5%
20% < 应税销售利润率 ≤ 25%	销售利润率每增加1%，税率增加0.6%
应税销售利润率 > 25%	销售利润率每增加1%，税率增加0.7%

当时经过近两年的征收，资源税在调节级差收入、处理好国家与企业利润分配方面发挥了一定作用，但也暴露出一些问题。第一是因资源条件不同而形成级差收入的矛盾在几乎所有的矿种中都普遍存在，而仅对三个矿种征收资源税，显然不合理。第二是以销售收入作为计税依据，按销售利润率确定征、免的标准，造成经营管理水平越高的企业税负越重，即"鞭打快牛"。第三是对于自产自用的部分资源免税，不仅造成财务计算上的麻烦，也带来级差收入在企业内部转移的弊端。

为解决上述问题，财政部先后对资源税的征收规定作了几次修改：1986年9月25日，财政部发布《财政部关于对煤炭实行从量定额征收资源税的通知》，其中规定计税方式由"按应税产品销售利润率超率累进计算征收，改为按实际销量定额征收。"同年，对原油、天然气征收资源税的计税方式也做了同样修改，实行结果，从量定额征收方法由于摆脱了价格波动的因素，随着产、销量的增长而增长，较之从价征收的方法，其收入具有可靠性、稳定性。在1984年《资源税条例》草案中虽已将金属矿产品、非金属矿产品纳入资源税征收范围，但由于当时矿产品价格偏低、产品利润率达不到资源税条例规定的12%的起征点，所以暂免征资源税，随着经济的发展，矿产品价格随之进行改革，取消了利润率超过12%的起征点。

1994年税制改革时颁布了新的资源税法规。在这一资源税制度运行了十几年后，2011年9月30日，国务院公布了《国务院关于修改<中华人民共和国资源税暂行条例>的决定》，2011年10月28日，财政部公布了修改后的《中华人民共和国资源税暂行条例实施细则》，并于2011年11月1日起同时施行。

资源税从定义上而言是对在我国境内开采应税矿产品和生产盐的单位和个人，就其资源级差收入，征收的一种税收。它实行的是“普遍征收、级差调节”的原则，征税范围包括应税矿产品（原油、天然气、煤炭、其他非金属矿原矿、黑色金属矿原矿和有色金属矿原矿）和盐两大类，纳税人包括所有开采应税矿产品和生产盐的单位和个人。资源税实行从量定额办法征税，计税依据就是对所开采的资源销售量或自用数量按规定税额征收。其单位税额因资源赋存状况、开采条件、资源等级、地理位置等客观条件的差异而规定了幅度定额税额，一个矿区一个税率。纳税人具体适用的税额是由财政部商国务院有关部门根据其开采的资源状况在幅度内确定。[①] 对于中外合作开采石油、天然气，目前按照规定征收矿区使用费，暂不征收资源税，它属于非税财政收入。征收方式和归属由国家税务局和地方税务局负责征收管理，所得收入由中央政府和地方政府共享。

对于金属矿产品的改革历程来看，1994年制定的新资源税制度中，将原先暂缓征收的金属矿产品纳入了资源税的征收范围。这主要是考虑到当时应税产品的国际市场价格、相关企业的具体情况，国家曾于1996年7月1日开始对有色金属矿的资源税减征30%，即按规定税额标准的70%征收。而对铁矿石资源税则按规定税额标准的40%征收，这种减征资源税在当时促进了有关行业的发展。为促进冶金矿山发展，平衡不同类型企业的资源税负担，鼓励公平竞争，财政部、国家税务总局于2002年2月9日发布通知，自2002年4月1日起对冶金联合企业矿山（含1993年12月31日后从联合企业矿山中独立出来的铁矿山企业）铁矿石资源税，减按规定税额标准的40%征收。对于由此造成地方财政减少的收入，中央财政将予以适当补助，减征资源税促进了有关行业的发展。

随着我国经济的快速发展和对矿产资源的需求的不断加大，矿产品市场价格不断走高的形势下，相关企业的效益也开始好转。但是，目前国内资源

---

① 曹新元：《2004中国国土资源可持续发展研究报告》，地质出版社2005年版。

利用效率普遍偏低，资源的供需矛盾也日益加大，为了有利于促进资源的保护和合理利用，更好的发挥和利用经济手段和税收政策，财政部、国家税务总局陆续出台了各种矿产资源的资源税税额调整方案。调整前后的资源税税率见表6－2。

表6－2　　1994年和2005年资源税税目、税率明细表

税　目	1994年税率	2005年调整税率
原油	8～30元/吨	14～30元/吨
天然气	2～15元/千立方米	9～15元/千立方米
煤炭	0.3～5元/吨	2～4元/吨
其他非金属矿原矿	0.5～20元/吨或立方米	0.5～20元/吨或立方米
黑色金属矿原矿	2～30元/吨	铁矿石减征40%
有色金属矿原矿	0.4～30元/吨	钼矿石上调至4～8元/吨
固体盐	10～16元/吨	10～16元/吨
液体盐	2～10元/吨	2～10元/吨

如表6－2所示，近5年来，我国的资源税进行了一系列的调整。从2004年起，陆续调整了煤炭、原油、天然气、锰矿石等部分资源品目的资源税税额标准。2006年，财政部、国税总局又取消了对有色金属矿产资源税减征30%的优惠策，恢复全额征收，并且调整了对铁矿石资源税的减征策，暂按规定税额标准的60%征收，同时调高了岩金矿资源税税额标准，统一了全国钒矿石资源税的适用税额标准。2007年2月1日，财政部、国税总局又上调了全国主焦煤资源税的计征标准，并对盐资源税税收政策进行了调整，2007年8月1日起，又大幅上调了我国铅锌矿石、铜矿石和钨矿石的资源税。近几年国家对资源税的调整是自1994年税制改革以来调整范围最广、幅度最大的一次。

针对石油开采企业的超额收益，依据《国务院关于开征石油特别收益金的决定》和财政部下发的《石油特别收益金征收管理办法》规定，财政部从2006年3月26日起，我国政府对国产原油销售价格超过一定水平所获得的超额收入按比例征收石油特别收益金。石油特别收益金实行5级超额累进从价定率计征，按月计算、按季缴纳。石油特别收益金征收比率按石油开采企业销售原油的月加权平均价格确定。原油价格按美元/桶计价，起征点为40美元/桶，直至60每桶美元以上，征收比率从20%～40%。同时，为调节石油企业过高的利润，在不断调整资源税的前提下，不得已又出台“石油特别收益金”制度，即人们通常说的“暴利税”。2011 年 11 月 1 日起，将石油特别收益金起征点提高至 55 美元，这是 2006 年以来首次调整起征点。起征点上调以后，今后国际油价在 55～60 美元/桶时，中石油、中石化、中海油三大石油央企将按 20% 上缴石油特别收益金；60～65 美元/桶时，税率为 25%；65～70 美元/桶时为 30%；70～75 美元/桶时为 35%，75 美元/桶以上时为 40%。①

按照 2011 年 11 月份最新实行的资源税条例，我国资源税的税目和税率调整如表 6－3 所示：

表 6－3　2011 年 11 月 1 日资源税的税目税额幅度表

税目		税率
一、原油		销售额的 5%～10%
二、天然气		销售额的 5%～10%
三、煤炭	焦煤	每吨 8～20 元
	其他煤炭	每吨 0.3～5 元
四、其他非金属矿原矿	普通非金属矿原矿	每吨或者每立方米 0.5～20 元
	贵重非金属矿原矿	每千克或者每克拉 0.5～20 元
五、黑色金属矿原矿		每吨 2～30 元
六、有色金属矿原矿	稀土矿	每吨 0.4～60 元
	其他有色金属矿原矿	每吨 0.4～30 元
七、盐	固体盐	每吨 10～60 元
	液体盐	每吨 2～10 元

近年资源税各年征收情况及资源税各主要征收项目税收收入如表 6－4 和图 6－1、图 6－2 所示。

表 6－4　近年资源税收入及其占地方税收入的比重　单位：亿元

年度	资源税	地方税合计	资源税占比（%）
2002	75.08	7406.16	1.01
2003	83.3	8413.27	0.99
2004	98.8	9999.59	0.99
2005	142.2	12726.73	1.12
2006	207.11	15228.21	1.36

① 资料来源于中国新闻网，2012 年 1 月 6 日。

续表

年度	资源税	地方税合计	资源税占比（%）
2007	261.25	19252.12	1.74
2008	301.76	23255.11	1.60
2009	338.24	26157.43	1.29
2010	417.57	32701.49	1.28
2011	595.87	41106.74	1.45
2012	855.76	47319.08	1.81

资料来源：国家统计局及《中国财政年鉴》各年数据计算而得。

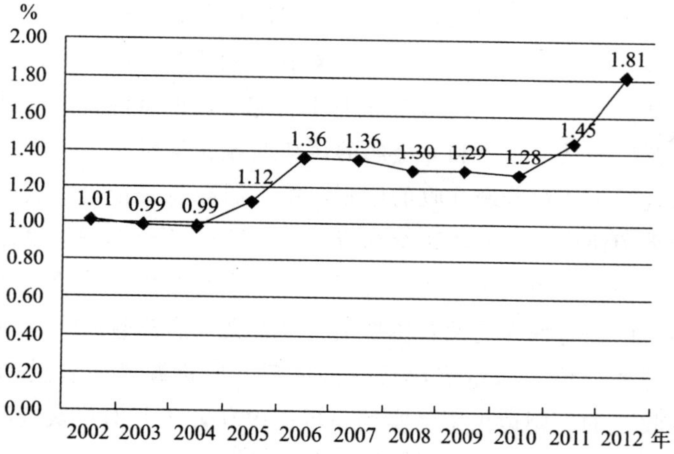

图6－1　资源税占地方税收收入比重

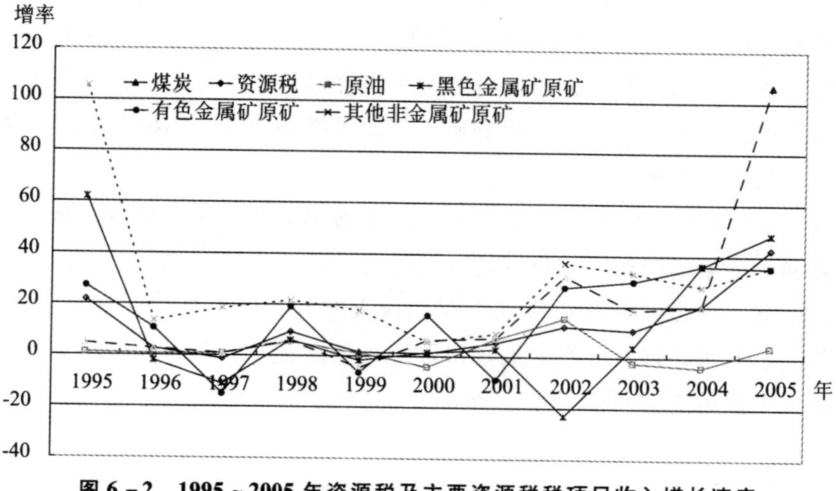

图6－2　1995～2005年资源税及主要资源税税项目收入增长速度

1. 资源税征收原则

我国资源税是既体现资源有偿使用，又体现调节资源级差收入，发挥两种调节分配作用的税种。现行资源税主要遵循“普遍征收，级差调节”的征收原则。

在资源税具体实施过程当中，“普遍征收”原则具有两层含义。第一层含义是指对在我国境内开发的纳入资源税征收范围的一切资源征收资源税。1984年10月1日《资源税条例（草案）》颁布实施时，考虑我国当时矿产品价格不够合理，采掘业困难较大，征收资源税的经验不足等因素，对原油、天然气、煤炭三种矿产品先行开征了资源税，对其他非金属矿产品和金属矿产品暂缓征收；1992年1月1日，对在金属矿产品中具有代表性的矿种——铁矿石开征了资源税；1994年1月1日起实施的资源税新税制取消了对尚未开征资源税的其他金属和非金属的缓征照顾，从而对矿产资源全面征收资源税，以进一步体现普遍征收的原则。第二层含义是指每一资源税应税产品的所有开采和使用者都要依法交纳资源税。1984年资源税制度运行初期采用按率征税的办法，还规定了具体的起征点，没有达到资源税起征点的不纳入征税范围之内，这种规定没有体现出完整意义上的普遍征收原则；1986年资源税改按按率征收为从量定额征收办法后，使资源税向着贯彻“有偿开采、普遍征收”的原则迈出了坚实的一步；1991年1月对煤炭资源税定额进行调整后，对煤炭资源开采者全面征收资源税；1992年1月1日开始征收的铁矿石资源税，将所有铁矿石开采者纳入了资源税的征收范围，更进一步体现了普遍征收的原则。2011年11月开始实施的新的资源税条例中对资源税的征收原则做了细微调整，即按照“资源条件好、收入多的多征；资源条件差、收入少的少征”的原则，根据矿产资源等级分别确定不同的税额，以有效地调节资源级差收入。①

资源税原则中的“级差调节”是指因资源品质优劣等资源自身条件上的客观差异而产生的资源级差收入通过资源税的征收来进行调节。不同种类的资源以及同一种类的资源在客观上存在很大差异，例如品质的好坏、贫富、赋存状况、开采条件及分布的地理位置等，加之某些自然资源的有限性，尤其是优等资源的有限性，使得较优的资源只能被某些企业的经营者占有开

① 财政部2012年12月发布的关于《深化资源税改革研究开征环境保护税》的资料整理。

发，其他企业和经营者只能占用中等或劣等资源。为使资源产品能够满足社会的需要，要求资源产品的价格水平必须能使开发经营劣等资源者从其取得收入中补偿生产成本，并获得社会的平均利润来维持和发展生产，这就使得那些占有中、优等资源的企业和经营者在按同等价格销售产品时，就可以获得一部分超额利润，即资源级差收入。资源税对应税产品普遍征收的同时，根据各种矿产品及同一矿产品各矿山的资源状况确定相应的税额，一般地说，对资源级差小的确定低税额，对资源级差大的确定较高税额。①

2. 资源税征收范围

资源税的征收范围应当包括一切开发和利用的国有资源。但考虑到我国开征资源税还缺乏经验，所以，《中华人民共和国资源税暂行条例》及2011年10月31日公布的实施细则中规定的资源税征税范围，只包括具有商品属性（也即具有使用价值和价值）的矿产品、盐等。

矿产品包括原油、天然气、煤炭、金属矿产品和其他非金属矿产品等。其中，原油指开采的天然原油，不包括以油母页岩等炼制的原油；天然气指专门开采和与原油同时开采的天然气，暂不包括煤矿开采的天然气；煤炭，指原煤，不包括以原煤加工的洗煤和选煤等；金属矿产品和其他非金属矿产品均指原矿，金属矿产品原矿指纳税人开采后自用、销售的，用于直接入炉冶炼或作为主产品先入选精矿、制造人工矿，再最终入炉冶炼的金属矿石原矿。

盐指固体盐、液体盐。具体包括：海盐原盐、湖盐原盐、井矿盐等。这里需要强调说明的是，盐税作为一个独立的税种，在我国具有相当古老的历史，这种地位持续维持了两千多年，但经过我国几次税制改革后，将盐税作为资源税的一个目，纳入了资源税的征收范围内，同时对盐征收增值税。

此外，对金属、非金属矿产品及其深加工产品规范或实施增值税制度以后，出于平衡各种矿产品税收负担的考虑，通过征收铁矿石、有色金属矿石、非金属矿资源税的形式调整了这些矿产品的税收负担，从而扩大了资源税征收范围。但总的来看，资源税仍只囿于矿藏品，对大部分非矿藏品资源都没有征税。

① 参考了贾康发表的《资源税改革有望成电力体制改革攻坚克难的切入点》一文。

3. 资源税纳税义务人

根据《中华人民共和国资源税暂行条例》（以下简称《条例》）的规定，资源税的纳税人应包括从事应税资源开采或生产而进行销售或自用的所有单位和个人，《中华人民共和国资源税暂行条例实施细则》对《条例》所说的单位和个人作出了具体解释，《条例》所说的单位是指国有单位、集体企业、私有企业、股份制企业、其他企业和行政单位、事业单位、军事单位、社会团体及其他单位；所说的个人，是指个体经营者和其他个人。这里需要强调的是，其他单位包括三资企业，也就是说除国务院另有特殊规定以外，三资企业也一律按规定征收资源税，同时对1994年前仍缓征、减征的天然气和几个小油田的原油全部按《资源税税目税额明细表》规定的税额标准征收资源税。

此外，盐税纳入资源税的征收范围后，将分配销售盐的运销单位、国家指定的盐收购单位、改变减免盐税用途的单位、动用储备盐的单位、进口盐的单位，一律从盐资源税的纳税人中剔除出去，确定了以盐场为盐资源税的唯一纳税义务人，改变了以往缴纳盐税与盐场脱节的状况，为真正实现盐资源税的就场征收和调动盐场纳税的积极性创造了有利条件，同时，从税制上能够确保盐资源税的源泉控管，而不必再专门指定单独的盐的稽征管理办法，来对盐的生产、运销、储存、使用等诸多环节进行税收监督和管理，从而大大简化了日常征管工作，堵塞了易偷漏盐税的漏洞。

4. 税额和税率

为体现资源税具有调节资源级差的作用，在应税资源品种之间以差别定额税率的方式制定税额，即资源条件好的税额高些，条件差的税额低些。纳税人具体适用的税额，由财政部根据纳税人的资源状况在规定的税额幅度内确定。

在资源开采行业，不同矿产品之间和同一矿产品不同开采者之间的资源级差相当大。如铁矿石，采出品位从百分之十几到百分之六十几，百分之六十几的矿石，一吨半原矿选一吨精矿，百分之十几品位的矿石六吨多原矿选一吨精矿，可见相同品种之间的价值也相差悬殊。又如钨矿石原矿品位是百分之零点几，几百吨原矿才能选一吨精矿，而金矿石品位才几克每吨，上万吨原矿才能选一吨精矿。由此可见，由于金属含量高低的不同、稀缺程度及采选条件的不同，使不同品种之间的资源级差也相当悬殊。

应税品种之间和主要品种不同开采者之间的差别，除组织专家根据资源的赋存状况、条件、资源自身的优劣、稀缺性、价值的高低等多项经济、技术因素划分矿山资源等级，并根据等级相应确定差别税额外，其税额高低，还考虑了一部分金属和非金属矿产品的深加工产品实施增值税或规范增值税后转移过来的税负，有些深加工产品的税负前移到矿产品的过多，考虑其矿产品税负承受能力，将其前移的部分税负转由同类的其他矿产品来负担，深加工产品的税负前移到矿产品，以征收矿产品资源税的形式，推动矿产品价格的提高，拿回深加工产品降低的税负。但矿产品税额的确定有一个原则，那就是矿产品的市场价格加上资源税税额，不高于进口同类产品的价格。

取消盐税，将盐纳入资源税课征范围之内，用两碱产品税改征增值税后转移过来的税负，适当提高了工业用盐的税额，统一了工业盐与食盐的税额，并大大简并了税额，将原来盐税的几十个税额档次简并到盐资源税的三个税额档次，克服了以往多税额和工业用盐与食用盐税率差别较大带来的一系列弊端。

资源税实施细则所附《资源税税目税额明细表》和《几个主要品种的矿山资源等级表》，对各品种各等级矿山的税额作了明确规定。对《资源税税目税额明细表》未列举名单的纳税人适用的税额，由各省、自治区、直辖市人民政府根据纳税人的资源状况，参照《资源税税目税额明细表》中确定的邻近矿山的税额标准，在上下30%的浮动范围内核定。

此外，为支持独立铁矿的发展，经国务院批准，从1994年1月1日起对独立铁矿应纳的铁矿石资源税减征40%，即只按规定税额标准的60%征收。

《中华人民共和国资源税暂行条例》第六条对资源税的课税数量作了两条规定：纳税人开采或者生产应税产品销售的，以销售数量为课税数量；纳税人开采或者生产应税产品自用的，以自用数量为课税数量。在《中华人民共和国资源税暂行条例实施细则》和《资源税若干问题的规定》中对《条例》第六条所规定的资源税数量作了如下补充说明：纳税人不能准确提供应税产品销售数量或移送使用数量的，以应税产品的产量或主管税务机关的折算比换算成的数量为课税数量；原油中的稠油、高凝油与稀油划分不清或不易划分的，一律按原油的数量课税；煤炭，对于连续加工前无法正确计算原煤移送使用量的，可按加工产品的综合回收率，将加工产品实际销量和自用量折算成原煤数量作为课税数量；金属和非金属矿产品原矿，因无法准确掌握纳税人移送使用原矿数量的，可将其精矿按选矿比折算成原矿数量作为课税数量。此外，纳税人以自产的液体盐加工成固体盐，按固体盐税额征税，以加工的固体盐数量为课税数量。纳税人以外购的液体盐加工成固体盐，其加工固体盐所耗用液体盐的已纳税额准予抵扣。

为了加快新疆经济社会发展并克服从量定率形式无法反映资源价格变化等不利影响，对资源税的税率模式坐了重大改革。以新疆石油资源为例，1993 年新疆石油价格为每吨 480 元，天然气价格为每千立方米 200 元，按从量定额计税方式计算，当时资源税税额标准为石油每吨 12 元，天然气每千立方米 4 元，折算成资源税税率分别为销售收入的 2.5% 和 2%。此后，受到国际资源价格及国内经济形势的多重影响，到了 2008 年，新疆石油价格已经上涨数倍，达到每吨 4800 元，资源税税额标准虽有所提高，但仍为每吨 30 元，折算成税率还不到 1%。基于此，2010 年，中央决定率先在新疆进行石油、天然气资源税改革试点。2010 年 6 月 1 日，财政部、国家税务总局一则关于印发《新疆原油、天然气资源税改革若干问题的规定》的通知，于 6 月 1 日正式启动新疆资源税改革涉及原油和天然气两大资源，二者资源税实行从价计征，税率均为 5%，从而实现税收与资源价格挂钩。2010 年 12 月 1 日起，又将在新疆实行的石油、天然气资源税改革推广到西部地区的 12 个省、区、市。①

5. 纳税义务发生地

1994 年以前的资源税条例中，将纳税地点规定在核算盈亏的企业所在地。矿务局内部以矿、场为单位核算盈亏的，在矿、场所在地纳税；矿务局统一核算盈亏的，在矿务局所在地纳税。

这种规定在贯彻执行中发现存在弊端：如矿务局统一核算，使得好矿劣矿级差收入相互抵消，起不到资源税的调节作用，能不能征到税，征税多少被企业核算单位范围的变化所左右。许多矿山企业不仅仅是在一个行政区域内，而往往是跨省或虽在一个省内但跨市或跨县，在财政“分灶吃饭”的体制下，企业在盈亏核算地纳税，使得一些核算地不在开采地的企业和当地的

---

① 资料来源于财政部、国家税务总局联合发布的新疆资源税改革相关资料，并参考了资源税改革相关网站内容。http：//www.gcec.com.cn/specialtopics/tax/

关系紧张，因为开采矿产资源要对当地的土地、水源、环境、农业、商品供应、电力等方面造成一定的影响和负担，而地方得不到丝毫利益，就会影响地方同企业建立良好的关系，影响其爱矿护矿的积极性。

1992 年 1 月 1 日开始征收的铁矿石资源税，将纳税地点规定在资源开采地，就很好地避免了上述弊端，执行的情况良好。1994 年 1 月 1 日实施的《中华人民共和国资源税暂行条例》将纳税地点由核算盈亏的企业所在地改为应税产品的开采或者生产所在地，即纳税人应纳的资源税，向应税产品的开采或生产所在地税务机关缴纳。跨省开采的矿山或油（气）田（独立矿山或独立油（气）田、联合企业）其下属生产单位与核算单位不在同一省、自治区、直辖市的，对其开采的矿产品，一律在开采地纳税，其应纳税款，由独立核算、自负盈亏的单位（如独立矿山或油（气）田、联合企业），按照采掘地各矿井的实际销售量（或自用量）及适用的单位税额计算划拨。

1994 年的《条例》将矿产资源纳税地点规定在开采地，克服了旧条例规定纳税地点在企业所在地存在的弊端，照顾到了开采地的利益，调动了开采地爱矿、护矿、支持生产的积极性，解决或者缩小了由于财政体制的“分灶吃饭”与资源税纳税地点不一致的矛盾。同时又考虑到了各省的实际情况。由于矿产品和盐的资源税在开采或生产地缴纳，并按销量或自用量征收，对应税产品出口的一律征税。

综上所述，我国现行资源税主要具有以下几个特点：

首先，具有特定的征税范围。资源是指自然界存在的天然物质财富，因此，它包括的范围十分广泛，如矿产资源、海洋资源、土地资源、水利资源、动物资源、植物资源、太阳能资源、空气资源等。但我国现行的资源税既不是对各种自然资源都征税，也不是对所有具有商品属性的资源都征税，而是主要选择对矿产资源进行征税。在矿产资源中，还是采取了根据矿产品价格和采掘业的实际状况选择品目分批分步实施征收资源税的办法。1984 年 10 月开征资源税到 2011 年 11 月 1 日实行新税制，对所有的矿产资源征收资源税，具体操作时对矿产资源的绝大多数主要矿种采取列举品目的办法征收，未列举品目的矿种税源不大，不具代表性。因此，对这部分品目征收资源税或者缓征资源税的权限适当下放。《中华人民共和国资源税暂行条例实施细则》规定：未列举名称的其他非金属原矿和其他金属原矿，由省、自治区、直辖市人民政府决定征收或缓征资源税，并报财政部和国家税务总局备案。

其次，具有所有权和政治权双重征税依据。从自然资源的所有权关系分析，若课税资源非国家所有，则这类资源课税属于国家单纯凭借政治权力的课税，因而属于严格意义上的税；反之，若课税资源属于国家所有，则这类资源课税虽然形式上也是国家凭借政治权力的课税，但具有资源有偿使用性质，作为国家，它可以凭借对自然资源的所有权向资源开发的经营者收取占用费或租金，它也可以凭借政治权力征税。二者作为财政分配方式都是以国家为主体的，只是分配的依据不同，前者是以资源的所有权为依据，后者以政治权力为依据。在我国这两种权力互不排斥，国家既是自然资源的所有者，又是政治权力的行使者，国家把两种权力结合起来作为分配的依据，代表国家或全民的意志，征收一种名副其实的资源税，实施“普遍征收，级差调节”的原则。资源税征收依据兼有国家政治权力和所有权双重性质，它一方面体现了对国有自然资源实行有偿占有，另一方面，体现了税收强制性、固定性的特征。

再次，具有差别税的特点。如前所述，自然资源在不同品种之间，同一品种各地区之间，同一地区、同一品种各矿山之间，资源自身贫富和赋存状况、开采条件、选矿条件、地理位置等各因素千差万别，造成各资源开发占用者的资源丰瘠和收入的多寡相差悬殊。一些占用开发优等资源的企业和经营者在按同等价格销售资源产品时，就可以获得由于客观资源级差状况造成的除社会平均利润以外的超额利润，即级差收入。因此，资源税除对资源占有、使用课税外，还对资源开发取得的级差收入课税。根据各矿山的资源级差状况，对资源条件好、开采条件优越、资源级差大的，相应确定较高的数额，对资源条件差，开采条件恶劣、资源级差小的，相应确定低税额。因此说，我国现行资源税具有差别税的特点。

最后，具有特定的征收方式。《资源税条例（草案）》规定，资源税实行超额累进税率，以产品的销售收入为计税依据，但在实际执行过程中，根据客观经济情况的变化和完善资源税制的要求，根据六届人大四次会议批准的《关于1985年国家预算执行情况和1986年国家预算草案的报告》的精神，财政部于1986年6月发出通知，决定将原油、天然气和煤炭三种资源税应税产品由比例税率征收改为按差别定额税率从量计征。也就是依据资源品种、资源条件及开采条件确定不同的单位税额标准计算征收。1992年开征的铁矿石资源税也采用这种方法。从量定额征税方式在具有一定的优越性，主要表现为：增利不增税，有利于调动企业加强经营管理，降低开采成本，增加利润的积极性；有利于稳定国家与企业的分配关系，稳定国家财政收入；有利于简化经营手续，减少企业和税务机构之间的矛盾。但是随着资源价格不但飙升，价格与税收之间没有联动性的矛盾突出，为了克服这一矛盾，从2010年新疆资源税改革为起点，启动了资源税从价定率税率改革的重大改革序幕。

6.1.2 资源消耗相关税制现状

1. 增值税中的相关制度安排

1994年税制改革时，金属矿采选产品、非金属矿采选产品增值税税率由17%调整为13%。[①]这是因为当时煤炭产品仍实行计划价格和计划调拨，为保证采掘业的稳定发展而制定的。2009年1月起，在全国所有地区、所有行业推行增值税转型改革的同时，将矿产品增值税税率由原先的13%恢复到17%，即煤炭等产品的增值税税率由13%的低税率恢复至17%，从而增加煤炭行业的税收负担，这一方面有利于确保最终产品所含的增值税总量及国家财政收入总量不因税率调整而受到影响，另一方面也有利于增加煤炭的部分主要下游行业现金流。

2. 燃油税

燃油税是指对在我国境内行使的汽车购用的汽油、柴油所征收的税，实际就是成品油消费税。燃油税是费改税的产物，是取代养路费而开征的，其实质是汽车燃油税。简而言之，就是将现有的养路费转换成燃油税，实行捆绑收费。将原先普遍征收的养路费和其他费用合并成燃油税，通过法律约定整合各部门间的利益关系，从而最大限度地节省能源和基础设施开支。

早在1994年，有关部门就正式提出开征燃油税。1997年全国人大通过的《公路法》，首次提出以“燃油附加费”替代养路费等，拟于1998年1月1日起实施，但迟迟未实施。2007年6月3日国务院颁布了《节能减排综合性工作方案》，此法案规定，中国将制定和完善鼓励节能减排的税收政策，适时出台燃油税。2009年1月1日起实施《成品油价税费改革方案》，国内

---

① 资料来源于中国优税网。

成品油消费税政策实施重大调整：汽油、石脑油、溶剂油和润滑油消费税单位税额由每升0.2元提高到每升1.0元；柴油、航空煤油和燃料油消费税单位税额由每升0.1元提高到每升0.8元。同时，在全国范围内统一取消6种相关税费，即公路养路费、航道养护费、公路运输管理费、公路客货运附加费、水路运输管理费和水运客货运附加费。成品油消费税税率调整情况见表6－5。

表6－5 2009年1月1日成品油消费税调整情况

成品油种类	调整前税率	调整后税率	税率调整幅度
汽油、石脑油、溶剂油、润滑油	0.20元/升	1.00元/升	增加0.80元/升
柴油、航空煤油、燃料油	0.10元/升	0.80元/升	增加0.70元/升

资料来源：根据国家税务总局网站资料整理。

在此次新公布的成品油税费改革方案中，我国提高了燃油消费税税负，即没有提出要开征新的燃油税种，而是提高已有的消费税税负。这种仅是调整原有税种中与成品油相关的税目的税率的改革方式，有利于简化程序，减少改革阻力，降低改革成本。

6.1.3 资源循环再利用税制现状

1. 产业废弃物排放环节税收制度

若干发达国家的产业废弃物管理已经走上法制化的轨道，并且以资源化为目标，促进了废弃物处理的产业化发展，其中产业废弃物税成为了当前以水污染控制、大气污染防治、固体废弃物污染防治为中心的环境保护工作的重要政策工具，其制度安排以资源的高效、循环利用为核心，以"减量化、再利用、资源化"为原则，以低消耗、低排放、高效率为基本特征，从而寻求可持续发展的经济增长新模式。

对于我国来讲，废弃物排放环节虽然设置了收费制度，但废弃物排放和处理的市场起步晚、不够成熟，更没有设置有效的废弃物排放相关税收制度，这种状态势必会加剧我国资源短缺、污染严重的现状。

2. 资源再利用的税收制度

现阶段，我国资源循环再利用环节的税收制度主要体现在增值税和所得税的税收制度中。为鼓励资源节约和循环再利用，我国在增值税制度和企业所得税制度中规定了各项优惠政策。主要的税收优惠政策有：增值税和企业所得税中对资源再利用的纳税人设置低税率、先征后退、即征即退、减半征收和直接减免等。增值税和企业所得税中有关资源循环再利用的优惠政策见表6－6和表6－7。

表6－6　我国增值税中与资源循环再利用相关的税收优惠条款

优惠方式	优惠对象	政策出台时间
低税率	一般纳税人生产的原料中掺有煤矸石、石煤、粉煤灰、烧煤锅炉的炉底渣及其他废渣（不包括高炉水渣）的墙体材料，自己开专用发票	1994年
先征后退	在1995年内，对从事废旧物资经营的增值税一般纳税人，按现行规定计算缴纳增值税后，实行增值税先征后返	1995年
即征即退	在生产原料中掺有不少于30%的废旧沥青混凝土生产的再生沥青混凝土；在生产原料中掺有不少于30%的煤矸石、石煤、粉煤灰、烧煤锅炉的炉底渣（不包括高炉水渣）及其他废渣生产的水泥	2004年
	利用城市生活垃圾生产电力，城市生活垃圾用量（重量）占发电燃料的比重必须达到80%以上（含80%）；对利用煤炭开采过程中伴生的舍弃物油母页岩生产加工的页岩油及其他产品	2001年（2004年修改）
	对企业以三剩物和次小薪材为原料生产加工的综合利用产品（产品按目录列举）	2001年
	对燃煤电厂烟气脱硫副产品，包括：二水硫酸钙含量不低于85%的石膏；浓度不低于15%的硫酸；总氮含量不低于18%的硫酸铵	2004年
减半征收	用石煤生产的电力按增值税应纳税税额减半征收	2004年
	部分新型墙体材料产品；利用煤矸石、煤泥、油母页岩和风力生产的电力	2001年
	对西部地区的企业生产销售列入附件的建筑砌块和建筑板材产品，在2005年12月31日之前不再限定企业的生产规模，均可享受新型墙体材料产品	2004年

续表

优惠方式	优惠对象	政策出台时间
免征	对废旧物资回收经营单位销售其收购的废旧物资	2001 年
	对各级政府及主管部门委托自来水厂（公司）随水费收取的污水处理费免征增值税	2001 年
	对经国家批准进口的金精矿砂暂免征收进口环节增值税	1997 年
	属于对国家鼓励发展的国内投资项目和外商投资项目进口设备，在规定的范围内，免征关税和进口环节增值税	1997 年
	中国再生资源开发公司废旧物资回收经营业务中聘用的下岗人员和社会人员为本单位收购废旧物资的行为	2004 年
低抵扣率	一般纳税人购入废旧物资回收经营单位销售的废旧物资，可按照废旧物资回收经营单位开具的由税务机关监制的普通发票上注明的金额按 10% 计算抵扣进项税额	2001 年

资料来源：根据王国华、马衍伟：《中国：发展循环经济的税收政策选择》中的资料和国家税务总局网站相关政策内容整理。

表 6－7　我国企业所得税中与资源循环再利用相关的税收优惠条款

优惠方式	优惠对象	政策出台时间
免税	企业在原设计规定的产品以外，综合利用本企业生产过程中产生的，在《资源综合利用目录》内的资源作主要原料生产的产品的所得，自生产经营之日起，免征所得税五年	1994 年
	企业利用本企业以外的大宗煤矸石、炉渣、粉煤灰作主要原料，生产建材产品的所得，自生产经营之日起免征所得税五年	1994 年
	为处理利用其他企业废弃的，在《资源综合利用目录》内的资源而新办的企业，经主管税务机关批准后，可减征或者免征所得税一年	1994 年
	对国有林场、国有苗圃的主业收入和综合利用项目收入，在 1994 年和 1995 年暂免征收所得税	1995 年
	对国家经济贸易委员会、国家税务总局联合公布的《当前国家鼓励发展的环保产业设备（产品）目录》（第一批）中的设备（产品）的企业（分厂、车间），在符合独立核算、能独立计算盈亏的条件下，其年度净收入在 30 万元（含 30 万元）以下的，暂免征收企业所得税	1999 年

续表

优惠方式	优惠对象	政策出台时间
投资抵免	在我国境内投资于符合国家产业政策的技术改造项目的企业，其项目所需国产设备投资的40%可从企业技术改造项目设备购置当年比前一年新增的企业所得税中抵免。如果当年新增的企业所得税税额不足抵免时，未予抵免的投资额，可用以后年度企业比设备购置前一年新增的企业所得税税额延续抵免，但抵免的期限最长不得超过五年。实行投资抵免的国产设备，企业仍可按设备原价计提折旧，并按有关规定在计算应纳税所得额时扣除	1999年
加速折旧	企业使用目录中的国产设备，经企业提出申请，报主管税务机关批准后，可实行加速折旧办法	1999年

资料来源：根据王国华、马衍伟：《中国：发展循环经济的税收政策选择》中的资料和国家税务总局网站相关政策内容整理。

6.2 资源税制存在的问题

6.2.1 资源税存在的问题

从税收征管角度来看，现行的资源税制度比较明确，计算简单，征收容易，由税务机关征收，征收手段强硬，收入分配由中央和地方分成，实际上除海上石油划归中央外，其他全部留给地方，因此，地方也有征收的积极性。资源税经过十多年的实施，对增加国家财政收入，促进国民经济发展，特别是地方经济的发展等方面起到了积极的作用。但随着我国国民经济的迅速发展，作为强制性征收的资源税在频繁调整的情况下，国家还出台“暴利税”。这反映出我国资源税税制设计上存在问题，也暴露出资源税在实施中的种种缺陷和不足，表明资源税已越来越不适应我国经济发展和实现经济宏观调控的要求，未能发挥其应有的调节资源“级差”，促进矿山企业公平竞争，保护资源的合理开发与节约利用等作用。主要问题表现在以下几个方面：

1. 计税依据不合理

在2011年改革之前，资源税全部采用从量计征，实行的是递减税，其计税依据是：纳税人开采和生产应税产品销售的，资源税以销售数量为课税依据；纳税人开采和生产应税产品自用的，以自用数量为课税依据。这种计税方式使得对企业已经开采而未销售或使用的不征税、资源税应税额的征收与矿产资源销售价格脱钩、征收税额多少与矿产品市场价格变化及矿山企业的盈利也没有关系，直接造成鼓励企业和个人对资源的无序开采、采富弃贫；造成大量资源的积压和浪费，不利于提高资源的利用率；同时，也不能很好的反映资源资产的真正价值和所有者的权益变化，不利于维护国家对资源性资产的合法收益。从2011年11月1日起，石油、天然气将在全国范围内“从价征收”，税率定为5%。此前的资源税暂行条例，规定对油气资源税实行从价征收，税率在5%～10%，煤炭等其他资源实行从量征收。随后财政部和税务总局确定油气资源税暂按5%征收。除了油气资源实施从价定率征收模式以外，其他资源税品目均按从量定额征收，对课征对象分别以吨或立方米为单位，虽然对黑色金属矿和有色金属矿实行分等级确定税率的制度，但是征收的税额固定，税负与资源价格不挂钩。这在一定程度上导致了资源浪费。

2. 资源税的功能定位不准确

开征资源税的主要目的是通过调节矿山企业因资源的禀赋、开采条件等不同造成的资源级差收入，来促进矿山企业公平竞争，使矿山企业在较为合理的盈利水平的基础上开展公平竞争，促使矿山企业改善经营管理，提高经济效益。同时，作为税收还有筹集财政收入的基本职能。资源税的征收凭借的是国家行政权力，体现的是政府行政管理目标，具有强制、无偿、固定等特点。但现行资源税却被定性为既体现资源有偿使用，又调节资源级差的税收，因此既要发挥筹集税收收入又要发挥收益分配两种不同的功能。这不仅与税收的基本原理相悖，而且混淆了税收与资源资产收益的界限，容易造成资源税与其他资源收费制度的混乱与重复，影响税费各自功能的发挥。从实践结果来看，现行资源税筹集收入功能作用突出，但调节级差的功能作用不明显。政府失去了一种既符合市场规则，又能充分体现国家意志、调控资源开发与合理利用的强制性经济手段。

3. 资源税实际税收负担存在地区差异

实际税收负担是指某一资源品的资源税收入与产量之间的比例。由于我国幅员辽阔，各地区资源的品质、禀赋及开采环境都存在较大差异，且同一资源商品的税率设置也存在差异，因此，导致了我国资源税各地区之间的实际税收负担差异较大的局面。我们可以参考图6-3分析我国石油资源税实际税收负担地区差异。从图中可知，实际税收负担最重的广西省是实际税收负担最小的天津市的近15倍，黑龙江、广西、新疆的实际税收负担率均超过了20元/吨，明显高于我国各地区石油资源税13元/吨的平均实际税负水平。

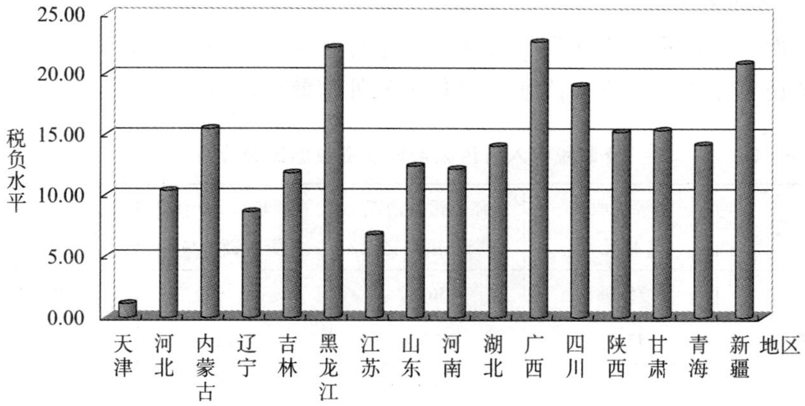

图6-3 2005年各地石油资源税实际税负水平（元/吨）

4. 资源税收入分配不合理

矿产资源属国家所有，但在资源税的收入分配上基本部上留给地方，并作为地方财政的一般收入，一方面容易造成地方政府为了自身利益，产生短期行为，对矿产资源进行过度开发，加剧了生态、环境的破坏；另一方面，中央也失去了通过税收调节地方经济发展的手段，不利于资源战略、规划的实施和资源开发全国一盘棋，不利于资源的合理开采、节约使用及矿业经济的可持续协调发展。同时，属于地方所有的资源税由于其按税务登记管理权进行分配，未实现属地征收，导致资源所在地政府、老百姓不仅没有享受资源开发的实惠，相反还要承受资源开采造成的环境和生态破坏之苦。这也是地方“小矿”屡禁不止、矿业秩序未能根本好转的根本原因，也是造成矿产资源丰富地区经济反而不发达、老百姓抱着“金娃娃”讨饭吃现象存在的原因之一。

5. 税率设计不科学

税率是否合理直接影响着一个税种功能的发挥。目前，我国资源税税率偏低，且税率结构不合理。税率偏低直接导致资源税收入较少，影响到国家治理环境污染投资总体规模。资源税近年收入与国家污染治理投资数额之间的比较以及工业污染治理投资来源见表6-8和表6-9（在目前国家统计局网站中与工业污染治理资金来源构成相关的数据无法取得，故本书列举了2006年的资金来源构成情况）以及图6-4、图6-5。尤其是在煤炭资源资源税方面，尽快推进煤炭资源税从价定率计征方式以外，还要适当增加煤炭资源的税负水平，体现煤炭使用过程中的外部效应内部化原理。

表6-8 资源税收入与污染治理投资数额比较分析

年份	资源税收入（亿元）	环境污染治理投资总额（亿元）	资源税/污染治理投资总额（%）	缺口（亿元）
2002	75.08	1367.2	5.49	1292.12
2003	83.3	1627.7	5.12	1544.40
2004	98.8	1909.80	5.17	1811.00
2005	142.2	2388.00	5.95	2245.80
2006	207.11	2566.00	8.07	2358.89
2007	261.15	3387.30	7.71	3126.15
2008	301.76	4937.03	6.11	4635.27
2009	338.24	5258.39	6.43	4920.15
2010	417.57	7612.19	5.49	7194.62
2011	595.87	7114.03	8.38	6518.16
2012	855.76	8253.46	10.37	7397.70

资料来源：根据2013年《中国统计年鉴》和《中国财政年鉴》各年数据整理。

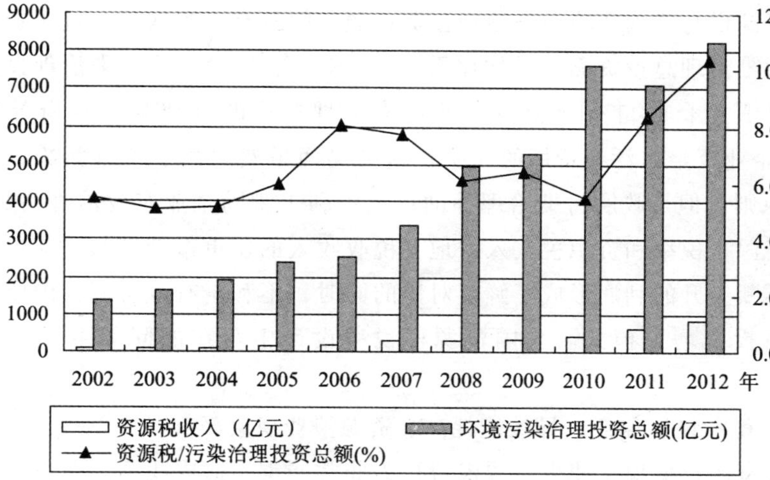

图6－4 资源税与环境污染治理投资经费的规模比较

表6－9 2006年工业污染治理当年投资来源总额 单位：万元

资金来源	排污费补助	政府其他补助	企业筹集		合计
			企业自有资金	银行贷款	
数额	142811	155157	4541517	301030	5140515
比重	2.78%	3.02%	88.35%	5.86%	100%

资料来源：根据2013年《中国统计年鉴》和《中国财政年鉴》各年数据整理。

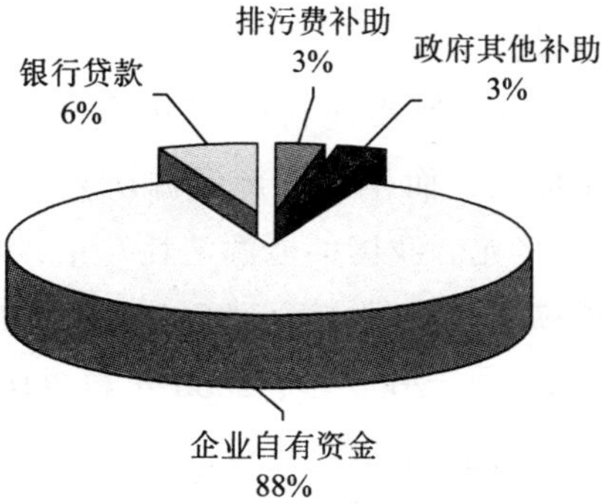

图6－5 2006年工业污染治理投资来源

6. 资源税征收范围较窄

除尽快推进煤炭资源税从价计征并适当提高税负水平外，未来还将适时把水资源纳入资源税征收范围，促进资源节约和环境保护。由上述图表分析可知，资源税与我国环境污染治理投资总额之间具有巨大缺口，近年资源税收入占污染治理总投资额的平均比重不到6%左右。以工业污染治理投资来源结构来看，企业自有资金占工业污染治理费用的近90%，政府补助为5.8%。企业资金占污染费用的大头。这种局面虽然遵循了“谁污染，谁治理”的原则，但是政府污染治理补助过低不利于激励企业有效治理污染物。此外，资源税税率和资源税收入占地方税收收入的比重偏低，与当前资源开采行业不断上升的利润形成了鲜明对比的同时，不利于有效协调我国资源驱动型的高投资增长模式。我国资源税税率设计中存在的问题主要有以下几点：

（1）税额设置偏低，导致能耗高、资源浪费现象严重

现行资源税低税率使得资源浪费行为非常严重，造成我国的单位产品能耗一直居高不下。2013年，中石油实现营业额人民币22581.24亿元，比上年同期增长2.9%；实现归属于母公司股东净利润人民币1295.99亿元，比上年同期增长12.4%。按此测算，日均净赚约3.55亿元人民币。在缴税支出方面，缴纳的特别收益金继续减少。早在2011年，中石油缴纳的特别收益金曾高达1024亿元，但是随着特别收益金起征点的提高，这一“暴利税”目前已经降到700多亿元水平。中石油2013年除所得税外的其他税赋为人民币2480.86亿元，比2012年的2549.21亿元降低2.7%。主要原因是2013年原油价格下降，中石油应缴纳的石油特别收益金从2012年的791.19亿元下降到2013年的727.26亿元。①

相比而言，2005年，中石油实现利润1756亿元，比上年增长36.3%；中石化实现利润395.58亿元，而作为矿产资源所有者的国家当年征收的全部油气资源税仅为28.36亿元。我国的能源消耗总量，1985年为76682万吨标准煤，1994年为122737万吨标准煤，到2007年达到了265583万吨标准煤，20年间提高了3倍以上②；2005年、2006年和2007年我国单位GDP能耗分别是1.22吨标准煤/万元、1.206吨标准煤/万元和1.064吨标准煤/万元，按照这个能源消耗水平，我国比美国和欧盟高出约4倍，比日本高出8倍。

目前我国还存在一个比较突出的问题，即地区资源越丰富，其能耗越

---

① 网易财经报道的相关资料整理，2014年3月20日。

② 资料来源于《中国统计年鉴》2008年版。

高。这是因为资源丰富的地区，资源价格相对较低，那么该地区就更依赖于资源投入实现经济增长。因此，这些资源丰富地区在经济增长的同时发生了严重的环境和生态破坏问题，经济增长质量令人担忧。如山西省和内蒙古自治区的煤炭资源特别丰富，但单位 GDP 能耗也非常高，2011 年两地分别为 1.76 吨标准煤/万元、1.41 吨标准煤/万元，而北京市和广东省，同期同类指标分别为 0.46 吨标准煤/万元、0.56 吨标准煤/万元。其他能耗指标（单位 GDP 电耗、单位工业增加值能耗等）也有类似情况。如贵州省有色资源和水电资源非常丰富，该省很多地区有色资源产品的生产严重依赖于水电资源，但其资源利用效率非常低。在换算成吨标准煤/万元的指标后，2010 年和 2011 年贵州省单位 GDP 能耗分别为 2.25 吨标准煤/万元，1.71 吨标准煤/万元。[①]从国家统计局官方公布的 2005 至 2011 年的各省单位 GDP 能源消耗数据而言，每年都呈现下降趋势。可以说，当前的低资源价格与低劳动力成本共同造成了我国企业长期依赖产品的低价格获得市场，而使企业丧失了研究开发和自主创新的动力。从长远发展上看，这种过度依靠产品低价格来获得市场的方式是缺乏竞争力的。因此，要提高资源品价格，“逼迫”企业通过产品研发和技术创新获得市场，提高企业和国民经济的长期发展动力和国际竞争力。

（2）现有资源税税率的设计没有体现资源稀缺的程度和资源的不可再生性

资源税开征的一个重要理论依据是需要政府来减少资源产品开发中的负外部性，并遏制资源的过度开发，维护代际公平，使资源产品的成本和价格能反映出其稀缺性。但当前的资源税税率水平无法体现资源的稀缺程度和不可再生性，且不可再生资源税率偏低和可再生资源税率偏高的税率结构起到了逆向调节的作用。因此，资源税率的设计应该考虑资源是否可以再生，以及再生成本的高低。

（3）现有资源税税率的设计没有考虑不同资源之间开采回采率的差别

现行资源税按照资源类型对回采率不同的矿山适用同一税率。由于回采率高的矿山成本相对较高，回采率低的矿山成本相对较低，这就造成了一种不合理的局面：在生产同等数量和质量资源产品的情况下，由于资源税税率

① 资料来源于国家统计局《2012 年各省、自治区、直辖市单位 GDP 能耗等指标公报》和《2013 年各省、自治区、直辖市单位 GDP 能耗等指标公报》。

没有考虑回采率，回采率低的矿山由于开发成本低而获得了更大的收益；回采率高的矿山反而获得相对少的收益，因此降低了矿业企业改进采矿工艺的动力，不利于资源的高效开发。

从西方工业化国家的经验来看，这些国家对资源的开发利用已步入了成熟阶段，表现为许多国家普遍征收较高税率的资源税。例如美国石油资源税每吨超过130美元，相当于我国石油资源税的34倍。调整税率有助于提高资源使用效率，节省资源消耗，促进可持续发展战略的实现。

（4）现有资源税从量定额计征的征收方式的调节作用微弱

我国资源税实行定额从量计征，这种税率设计在过去资源价格被国家计划控制、资源产品供求基本平衡、计量单位规范的情况下，可以发挥调节资源级差收入的作用。但是，随着市场化改革的推进，很多资源产品价格已经由市场供求决定，资源税的从量征收方式使得税款缴纳与资源产品的市场价格变化没有任何关联，造成资源税无法调节不同生产企业之间由于市场供求导致的资源产品利润差距。同时，资源税从量计征的税率设置方式使得政府参与初次分配的比重大大下降，减弱了税收在初次分配环节的调控作用，使得资源税收入未能跟上资源价格的上升，进而导致某些资源开采行业及个别企业利润剧增，增加了资源开采行业和其他行业的收入差距。因此，未来资源税的改革方向应该是加强资源税在初次分配中的作用，在初次分配中也要处理好公平与效率的关系。

6.2.2 资源消耗税收制度中存在的问题

从1994年提出适时开征燃油税到2009年1月1日正式实施，燃油税改革已经酝酿了将近15年。燃油税的出台，不仅在中央和地方政府之间重新调整了相关收入归属模式，而且还牵涉到了道路、交通、运输等诸多部门的利益分配格局，同时，普通成品油消费者的费用负担在征税前后也有了明显的变化。由于全国各地养路费收取标准不一仅以北京市为例，说明燃油税征收前后不同型号小汽车的每年税费负担的变动情况见（表6-10）。[①]

---

① 根据财政部财政科学研究所所长刘尚希在2008年解析燃油税费改革后税费负担变化相关资料整理。

表 6-10 燃油税改革前后北京不同型号小汽车每年税费负担比较 单位：元

车型	2万公里油耗	对比	征收前汽油费	车船使用税/年	公路养路费/年	征收后汽油费增加	总计	征税前后变化
吉利豪情1.0	1100升	征税前	7007	480	1320	—	8807	节省440
		征税后	7007	480		880	8367	
飞度1.4	1400升	征税前	8918	480	1320	—	10718	节省200
		征税后	8918	480	—	1120	11518	
凯越1.6	1600升	征税前	10192	480	1320	—	11992	节省40
		征税后	10192	480	—	1280	11952	
宝来1.8	1800升	征税前	11466	480	1320	—	13266	增加120
		征税后	11466	480	—	1440	13386	
迈腾2.0	2200升	征税前	14014	480	1320	—	15814	增加440
		征税后	14014	480	—	1760	16254	
奥迪3.0	2800升	征税前	17836	480	1320	—	19636	增加920
		征税后	17836	480	—	2240	20556	

注：1. 汽油是指93号汽油6.37/升；2. 公路养路费110元/月；3. 征收燃油税后每升增加的税收0.8元；4. 每种车型按照20000公里/年的行程计算（吉利每100KM耗油量5.5L；飞度每100KM耗油量7L；凯越每100KM耗油量8L；宝来每100KM耗油量9L；迈腾每100KM耗油量11L；奥迪每100KM耗油量14L）

与成熟的发达国家的燃油税制度相比，对于起步运行不到半年的这一新制度来说，在征税范围、征税环节等方面存在诸多问题。

首先，纳入征税范围的税目来看，仅包括汽油和柴油两种课税对象。这可能会造成纳税人通过使用不征税的替代性燃料——煤油、液化气等方式逃避税收负担的结果。

其次，在税率设置上，目前的税率较低，有利于减轻纳税人的税收负担，但从节能减排的长远利益来看，应采取分步提高税率的方式适当调整税率。

最后，征收环节的设置不够透明。如汽油的燃油税征收环节设置在生产环节，这不利于汽油消费者了解汽油消费中含有的税收负担，这会降低节能减排的政策效果。

6.2.3 资源循环再利用税收制度中存在的问题

我国现行的与资源循环再利用相关的税收政策中存在的问题主要体现在

以下两个方面：

一方面，从废弃物排放的相关制度安排来看，我国目前没有确立固体废弃物税或产业废弃物税制度，而是对废弃物的排放实施收取处理费的下游管理①政策，即对企业生产过程中形成的污水、废渣、废气、噪音、放射性等污染环境行为实行排污收费制度。从 20 多年实践结果来看，虽然取得了一定成绩，但缺陷也日益显现：①征收排污费变相等于企业得到了排放污染物许可；②征收客体以及缴纳主体范围过窄；③资金用途不明确。

另一方面，从资源再生利用环节来看，①税种选择主要集中在增值税、企业所得税两个税种，而不是整个税收制度体系。②增值税基本上是用了不同税收优惠工具的组合，而所得税的政策工具相对单调，不同政策工具相互协同作用的功能体现不够。③由于增值税属于中央税种，而企业所得税属于中央地方共享税，这样增值税和企业所得税优惠政策实施所带来的收入成本大部分是由中央政府来承担的，地方政府所承担的财政成本非常有限。④税收优惠政策管理和政策贯彻落实层面也存在不少问题，如缺乏对税收激励政策的预算约束机制，非人为因素的征管漏洞等。

6.3 资源税收制度完善对策

6.3.1 资源税完善对策

1. 调整征税范围

资源税的征收范围直接影响到国家税收政策的调控效果，而当前资源税的征收范围使得国家调控政策无法覆盖到一些领域，存在征收范围较窄、“绿化”程度较低等问题，导致了资源税无法调控资源的开发利用，资源过

① 废弃物收费政策与原材料料征税和再生材料补贴政策相比较而言前者为下游政策，而后者可成为上游政策，因为后者可以从废弃物产生的源头抑制废弃物产生。

度消耗、随意破坏资源、乱采滥挖的现象非常严重，这有悖于我国的可持续发展战略。

资源税作为对各种天然存在的自然物质资源开发、使用征收的一种特别税收，应涵盖各种自然资源，如矿产、水流、森林、草原、海洋、野生生物以及风能等。因为，人类经济活动几乎全部覆盖了以上所有资源，而作为经济活动调控工具的税收理应覆盖到以上所有资源产品，但我国现行资源税列入征收范围的资源产品只包括原油、天然气、煤炭、其他非金属矿原矿、黑色金属矿原矿、有色金属矿原矿6种矿产品和盐，其他自然资源均未列入征收范围。例如，与生产生活息息相关的水资源、森林、草原、海洋生物等一些再生周期较长的资源没有包含在课税范围之内。与不可再生资源相比，这些资源开发不需要经过复杂的地质勘探等庞大的投入，因此开发成本相对较低，这导致了生产者对这些资源的掠夺性开发，造成了严重的环境和生态双重破坏。这凸现出我国资源税税收调控还存在一些盲点，影响到政府政策调控的深度、广度和实施效果。

相比较而言，一些西方国家的资源税课税范围比我国宽得多，如俄罗斯、法国、瑞典等国将土地、森林、草原、滩涂、海洋和淡水等自然资源都列入资源税征收范围；荷兰除了燃料税、能源调节税之外还开征了铀税、水污染税、地下水税等。

因此，应进一步适当扩大资源税征收范围，主要改革措施有：①进一步将所有不可再生资源或再生周期较长、难度较大的资源纳入征收范围，包括耕地资源、滩涂资源、地热资源等；②将我国较为稀缺的再生资源纳入征收范围，如针对当前水资源严重紧缺的现实，可将水资源纳入征收范围，包括河流、湖泊、地下水、人工水库等资源；③将资源供给缺乏、不宜大量消耗的“绿色”资源产品纳入征收范围，提高资源税制的“绿化”水平，加大资源税对环境保护的力度，包括草原资源、森林资源、海洋资源等。

2. 调整税率

提高资源税税率水平对资源税税率的设计应该考虑到筹集财政收入、调节负外部性作用和促进可持续发展等因素，并综合考虑我国的稀缺资源类型和现行的税收征管水平。建议对资源税税率做如下调整：

（1）调高现有征税资源产品的税率

①由于原油、天然气、煤炭资源较为稀缺，而且其开采、生产和使用过

程中会产生较大负外部性，因此，要大幅度提高这些资源品的适用税率。②其他非金属矿原矿、黑色金属矿原矿、有色金属矿原矿等资源产品可以实现循环使用，但在对其开采和生产过程中会产生一些“三废”物品，对生态环境造成一定影响，并且这些矿产资源也属于稀缺资源，因此对这些资源产品要适当提高税率。③应该将盐资源产品划分为工业用盐和食用盐。食用盐是普通居民生活的必需品，因此对食用盐的税率应适当调低；工业用盐属于原材料，应该从高适用税率。

（2）新增应税资源品的税率设定

①对再生周期较长的耕地资源、原始森林资源、草场资源、滩涂资源、海洋资源要适用高税率。②对可再生资源和国家鼓励的新型“绿色”能源实行低税率，如地热资源。③对我国相对稀缺的资源实行高税率，如水资源等。④一些用于制造高档消费品的资源产品应适用高税率。如利用原始森林制造实木家具，利用地下水资源制造高档饮用矿泉水等。总之，对于随着经济发展阶段和产业高级化的发展，需求量不断扩大、价格不断攀升的资源产品（水资源等）实行比例税率；对于需求量比较稳定、价格波动不大、主要用于居民消费的资源产品实行定额税率，包括海洋资源、森林资源等则实行定额税率。

（3）综合制定各地区差别税率

在确定基本税率的基础上，可综合某一个地区资源开采单位的回采率和该地区的环境质量指标确定该地区开采单位的资源税适用税率。回采率越高，环境质量越高，则该地区开采单位适用的税率应该越低，反之则适用税率应该越高。

（4）充分考虑资源开采利用对环境的损害成本

环境损害成本一般在资源开采时比较难以计算，但是在资源税率及费率设计中都应该考虑的一个重要因素。目前环境经济学家已经研究出各种方法来评价资源利用中的环境影响，这些方法主要有：生产函数法、离散选择价值评估法、意愿调查评估法等。利用这些方法环境经济学家计算出了有关环境损害成本的资源税税率，例如布基纳法索 1988 年因土地退化引起的庄稼、牲畜、薪柴损失占 GDP 的 8.8%；哥斯达黎加 1989 年因过度砍伐引起的环境损害成本为 7.7%；印度尼西亚 1984 年因土壤侵蚀及过度砍伐产生的损失为 4% 等。

目前我国对这个数值的计算尚有较多的不确定因素。但理论上这个数额应该等于对后代人的补偿基金，也就是因为资源、尤其是不可再生资源的开采和使用影响到后代人使用，后代人必须在该资源耗竭后用其他替代技术得到同样的效用。运用到我国实践，通过对各种资源储量的勘探和对未来各种资源使用的情况确定不同资源的稀缺度。原则上储量越少、未来使用较多、耗竭得越快的资源应该提高税率。用替代技术的价格扣除目前的成本，再按一定的贴现率根据损耗年限进行贴现，就是所要弥补的基金，这些内容我们在第三章资源税收制度设计中已经做了详细的探讨，在此不再赘述。

总之，我国应建立健全对环境成本损失的核算体系，并设置资源核算账户来规范这一体系，利用这一体系对资源的过度开发或利用产生的环境损害进行科学估算后，进行该部分资源税率的设计。

3. 调整征收方式

如上所述，自2010年以来，启动新一轮资源税改革，改革目标确定为由从量改为从价计征。2010年6月1日，财政部印发《新疆原油天然气资源税改革若干问题的规定》，率先在新疆实行原油、天然气资源税从价计征，税率为5%。但是，此次改革并没有将煤炭纳入其中。2010年12月1日，资源税改革试点扩大到内蒙古、甘肃、四川、青海、贵州、宁夏等12个西部省区，煤炭资源税改革仍然未出台。2011年10月10日，国务院正式发布《国务院关于修改〈中华人民共和国资源税暂行条例〉的决定》，并于2011年11月1日执行。《决定》提高了焦煤资源税率，达到8元~20元/吨，其他煤种仍维持0.3元~5元/吨，但煤炭资源税依然为从量计征。

今后，我国资源税改革应全面推进资源价格与税收联动的税率体系，将现阶段从量计征方式改为从价计征，实行弹性税率，充分体现资源税与价格的联动关系。具体操作方法是：分步采取计价征收或考虑价格因素的计量征收，按照各种资源的市场价格，确定不同价格范围的税额标准，也可以考虑按照某种动态的税率标准，对资源的销售总额分别征收资源税。与此同时，资源税应与国际资源价格联动，实行弹性税率，即资源价格上涨时上调税率，资源价格下跌时下调税率。按价计征则应是目前煤炭和石油等主要动力能源的资源税制改革基本方向。首先，这种税制有助于提高资源利用率；其次，它可以避免国外资金低价使用国内资源；再次，它能够对垄断性的高收益进行调节，协调行业之间的不合理差距，体现社会公平；最后，这种税制也可以使国家用增加的税收收入来进行资源保护和建立资源战略储备库。

4. 合理调整资源税负担

调整资源税税率形式应考虑资源价格以及资源开采企业的税收负担问题。以煤炭开采企业为例，我国现行的煤炭资源税采取的是从量征收方式，各省区吨煤资源税在2.5~3.6元。也就是说，即使煤炭价格上涨至数千元，资源税仍以产量收取，这样在其中的占比就微乎其微，但一旦转变成按价征收，则影响巨大。通过分析发现，如果煤炭资源税按10%征收，且假设2009年综合煤价较2008年平均下调5%~8%，西山煤电、开滦股份、神火股份、露天煤业、国阳新能等煤炭类上市公司2009年每股收益将平均减少20%左右。加之，2009年1月1日起，煤炭增值税税率由13%提高至17%，再进行资源税改革，企业的税负会激增。2014年7月，山西、陕西、内蒙古等煤炭主产地先后出台规定，集中清理规范涉煤收费。清费之后，煤炭资源税的税率如何确定，是否执行统一税率，成为企业减负和政府收益之间博弈的焦点。与煤炭承载的沉重税负相比，现行资源税微不足道。资料显示，20世纪80年代起，中国对煤炭从量计征资源税。2004年7月，山西煤炭资源税调整为3.2元/吨，焦煤税率为8元/吨。2011年修改的《资源税暂行条例》中，煤炭资源税保持从量计征，税率未变。① 基于目前煤炭企业面临的现状，从价征收的税率应在3%~10%区间内分阶段、逐步上调。具体改革步骤为：从改革初期开始利用3~5年时间实行较低的从价税率，在制度运行较为成熟，且国际市场上的资源价格走位较为平稳时，适时推出下一步改革方案，进一步提高资源税从价税率，从而使资源税税率逐步达到政策目标值。

6.3.2 资源消耗税制完善对策

资源消耗税制的完善主要涉及的燃油税制度的完善问题。燃油税制度的完善应考虑税收功能定位、征税范围、税率设置等几个方面的因素。

---

① 依据2014年7月新华社关于《中国煤炭资源税改革步伐加快》报道中的观点整理。

1. 明确定位税收的功能

引入燃油税时应明确表明其目的。在制定特别措施时为了达成某些目的要慎重考虑被使用的工具。在充分考虑各种工具的实施成本和效果及现行工具进行评价之后，才能对新的政策工具做出正确的利弊判断。引入燃油税也不例外，在明确了燃油税政策意图和目的之后，才能够在制定具体政策措施时尽量减少人为因素带来的负面效果。

2. 调整征税范围

我国燃油税的征税范围，除了对汽油和柴油征税以外，还可以借鉴发达国家如美国和日本的经验，将煤油、液化气和重燃油等石油产品纳入燃油税征收范围之内，以避免纳税人增加与汽油、柴油具有同样使用价值的替代品的消耗而产生的避税投机行为。

3. 调整税率

逐步调高燃油税税率。在设计税率时，应借鉴美国的燃油税经验，因为，美国与我国都具有能源总量较为丰富、地域辽阔的特征。因此，在考虑消费者的税收负担承受能力的前提下，分步提高税率，调整后的税率应在20%～30%之间。此外，按照不同石油产品设置差别税率，鼓励清洁油品的消费，如制定柴油的税率低于汽油的税率等。

此外，还应该考虑燃油税带来的收入分配效应和税种之间的搭配使用问题。大多数调查结果显示，燃油税特别是能源税对家庭部门所得分配产生了累退性效果。燃油税的免税措施以及税率下调等政策降低了环境方面的有效性。因此，政府应减少现阶段实施的对低收入阶层的补偿措施，而是更多地注重所得税减免或改变社会保障制度等更为直接的方式来解决燃油税种存在的累退性问题。而燃油税与其他政策手段搭配使用问题上，一般情况下单独利用燃油税的效果低于与其他政策手段搭配使用时的效果。例如税和强制性规制手段一同实施时，这种组合会给环境以及经济带来更大的利益。因此，引入燃油税的同时，应适当调整传统的命令规制等其他政策调节手段，使得各种手段有效地相互配合，综合发挥各自应有的效果。

6.3.3 资源回收再利用税制完善对策

1. 适时出台产业废弃物税收制度

将我国现阶段的排污收费制度逐步取消，开征产业废弃物税。产业废弃物税，首先可以有效克服排污收费制度中存在的弊端，使污染者在依法承担缴纳污染税义务以后，杜绝其进一步取得与相应的排污权限。其次可以明确纳税人的责任，若废弃物排放量超过了法定的标准，应依法承担一定的罚款、限期改正、禁止继续排污等法律责任。此外，国家在向所有的污染者行使征税权后，有责任用此税款维护、治理好环境污染；产业废弃物税收入列入国家财政收入的一部分，并在政府预算中进行统一安排。

总之，产业废弃物税明确了各行为主体在环境污染和治理方面的权利与义务，使治理污染、减少污染以及资源循环利用的长效机制得到了有力的保障。引入产业废弃物税在有效治理工业生产环节产生的“副产品”——产业废弃物的同时，还能够促进节能和资源再生利用事业的发展，有效改善我国环境质量。

2. 完善资源再利用税收制度

完善资源再利用环节的税收制度，不仅有利于环境保护，而且也有利于资源使用效率的提高。目前，我国资源回收利用的潜力很大。由于开采和利用方式粗放，我国资源利用率低、浪费严重，每年可以回收而没有回收利用的再生资源价值达300亿~350亿元。据测算，我国每年约有500万吨左右的废钢铁、20多万吨废有色金属、1400万吨的废纸及大量的废塑料、废玻璃等没有回收利用。

应根据我国再生资源行业的状况和企业实力，从我国资源永续和保护环境促进再生资源开发利用的角度，对再生资源行业实行各项优惠政策以鼓励纳税人的资源循环再利用的积极性。

在具体政策制度的安排上，除在税收方面给予再生资源企业免征增值税的政策外，还应在其他税种方面出台一些优惠政策。同时，要加强废旧物资回收行业的税收管理，必须从税收政策上加以具体明确和规范，统一执法政策和标准，尽快制定出操作性、实用性、针对性强的废旧物资回收行业税收管理办法，便于各地执行和掌握，将政策落到实处。与此同时，将废旧物资回收行业全面纳人纳税评估的范围，要切合实际设置一些参数、权数、指标，有针对性地收集其基础信息资料和行业特点情况，制订相关警戒指标，通过人机结合的方式，可先实行联网稽查其销售发票并予以稽查比对，及时发现其存在的问题，及时加以处理，防患于未然。

第7章

我国资源收费制度现状及改革思路

在我国，不论是周代的“山泽之赋”，还是现阶段较为完善的资源收费体系，资源产权制度一直是与资源收费体系紧密相连的重要因素，是国家凭借资源所有权征收各种与资源开发相关费用的重要依据。

7.1 我国资源产权及收费体系概述

7.1.1 我国资源产权制度

新中国成立后，我国自然资源产权制度从计划经济向市场经济的制度变迁过程中发生了重大的变化。这种渐进的变迁过程大致可分为三个历史阶段：

1. 产权完全公有阶段

从1949年到20世纪80年代初期，我国的自然资源产权制度处在公有产权完全所有阶段。1954年的第一部宪法在规定全民所有制是“国民经济的领导力量和国家实现社会主义改造的物质基础”的同时，明确“矿藏、水流、由法律规定为国有的森林、荒地和其他资源，都属于全民所有”[①]。显然，自然资源的国家所有产权制度从一开始就占据垄断地位。其主要特征表现为：第一，自然资源成为国家和集体所有权的专有物，自然资源产权交易丧失；第二，政府供给、分配、经营、管理自然资源；第三，自然资源成为无主物；第四，行政管理制度替代了法律制度。[②]

这一时期，我国对矿产资源实行的是无偿开采制度，矿业领域基本上是国有制一统天下，制度设计者认为：矿产资源的所有者、勘探开采者和开发经营者的利益是一致的，没有必要去划清各自不同的财产权利。因此，国有资源企业成为国家经营自然资源的车间。国有资源企业占有大部分条件较好的自然资源，企业的生产与经营活动全部由政府安排、包揽，企业的宗旨就是完成上级下达的生产指标和任务，无偿使用自然资源。企业间不存在经济换算关系，企业内部也不存在经济核算关系，对资源的渴求成为普遍心态。

2. 无偿授予阶段

1980年起，我国自然资源产权制度发生了从行政管理制度向法律制度的变迁，国家颁布了一系列自然资源产权的法律法规：《宪法》第九条和第十条共六款（1982），《民法通则》第八十条、第八十一条、第八十三条共七款（1986），还有七个单行法律：《森林法》（1984）、《草原法》（1985）、《渔业法》（1986）、《矿产资源法》（1986）、《土地管理法》（1986）、《野生动物保护法》（1988）、《水法》（1988）以及大量行政法规、地方法规和行政规章。通过这些法律、法规和规章正式安排我国自然资源产权制度，表明在我国已经形成了以自然资源品种法律为基础的法规体系以及各种资源产权

① 1954年《中华人民共和国宪法》第五、六、七条。

② 肖国兴，“论中国自然资源产权制度的历史变迁”，《郑州大学学报（哲学社会科学版）》1997年第6期。

制度，我国资源行政管理由此进入法制化阶段。然而，这些法律及其作出的产权制度安排，在具体明确自然资源由国家和集体所有，保证自然资源由政府供给的同时，却规定自然资源可以使用但使用权不能交易。如《民法通则》规定“土地不得买卖、出租、抵押或者以其他形式非法转让。”还规定“国家所有的矿藏、水流，国家所有的和法律规定属于集体所有的林地、山岭、草原、荒地、滩涂不得买卖、出租、抵押或者以其他形式非法转让”。产权不能交易，市场必然只能继续以公有产权垄断的形式存在。虽然这些法律在使用权的规定上有了一定突破，规定国家所有和集体所有的自然资源可以由单位和个人依法开发利用（包括使用、权益、采伐、勘探、开采、捕捞等活动），并规定了各种开发利用产权（如使用权、承包经营权、矿业权、渔业权、林业权等），但由于使用权无法交易，产权机制和价格机制就无法在自然资源使用中发挥作用，使自然资源成为“免费午餐”，浪费现象严重。

值得注意的是，这一时期也是我国实施改革开放政策的初期，在资源对外合作开采领域里，为了与国际惯例接轨，1982 年 1 月国务院发布了《中华人民共和国对外合作开采海洋石油资源条例》。该条例第九条规定：“参与合作开采海洋石油资源的中国企业、外国企业，都应当依法纳税，缴纳矿区使用费”。这里的矿区使用费，可以看作是我国矿产资源开采进入了有偿开采的萌芽阶段。

3. 有偿使用和交易阶段

随着向市场经济转型步伐的加快，我国法律对自然资源的制度安排也相应发生了一些变化。1994 年对 1982 年《宪法》第十条第四款修改为“任何组织或者个人不得侵占、买卖或者以其他形式非法转让土地。土地的使用权可以有偿转让”。这对我国自然资源法律制度变迁具有重要意义，标志着我国自然资源产权可交易制度安排已正式在法律上得到确认。1996 年，我国又对《矿产资源法》进行修订，安排了探矿权、采矿权交易制度，从而使矿业权成为我国第二个可以进行产权交易的自然资源法律制度。明确了探矿权、采矿权的财产属性，投资主体由无偿服务变为有偿服务，投资者投资的积极性大大提高。国家作为行政管理者和资源的所有者，除了收取资源税和资源补偿费，还可以在转让矿业权的同时，收取矿业权使用费，使得国家矿产资源的所有权进一步得到体现。

但《矿产资源法》同时又对矿业权的交易作出严格限制，禁止牟利性交易。牟利是交易的原因和驱动力，交易者之间如果不能牟利，交易将没有任何经济意义，把禁止牟利性交易与企业可交易矿业权并列起来是个经济学悖论。与此同时，在一些法律空隙里，自然资源产权交易在经济运行中还是或明或暗地进行。以“五荒”产权为例，20世纪90年代中期，我国地方政府拍卖“五荒”产权的举措接连出台，在政府管制下自然资源产权的交易制度安排成为法律制度限制之外的一种适应性变迁。虽然这种制度变迁的动力里包含着满足地方政府官员的寻租动机，但它直接反映了经济发展和生态保护中的制度变迁要求。①

1994年2月，国务院发布了《矿产资源补偿费征收管理规定》，同年4月1日起施行。《规定》具体落实了1986年《矿产资源法》中写明的有偿开采原则，并在《附录》中列出了我国当时已发现的全部173种矿产及其补偿费率。矿产资源无偿开采到此结束，覆盖了全部矿种的有偿开采制度从此奠定了基础。此外，在1993年全国财税体制改革中，对1984年第一代资源税制度作了重大修改，形成了第二代资源税制度。其主要内容是，把盐税并入资源税，扩大征收范围，出原油、天然气、煤炭外，还对黑色金属矿原矿、有色金属矿原矿和其他非金属原矿等征收资源税；不再按超额利润征税，而是按矿产品销售量征税，并且为每一个课税矿区规定了适用税率。与1984年的第一代资源税制度相比，1994年的第二代资源税制度出现了一个明显的逻辑矛盾，即对没有获得超额利润、没有达到平均利润以致出现亏损的企业，也要征收体现“级差收益”（1984年第一代资源税制度的宗旨）的资源税。或者说，从1994年开始，资源税已经成了一种国家的财产性收益，成了我国资源有偿使用制度的重要组成部分。

总之，我国传统自然资源产权制度的类型主要是公有制基础上的工资契约关系和集体产出分成契约关系，其本质都属于多层次代理经营关系。产权设计是板块式的，不能有效分解和有偿流转。生产者执行计划的灵活性极少；使用者享有资源增值的收益，但不承担资源损失的责任；指挥者作出决定所依赖的信息既不及时也不充分。改革开放以后，特别是近几年来，逐步实行了简政放权、承包经营、风险投资，所有权、经营权、使用权“三权”分离以及自然资源使用权流转交易等制度偿试，出现了产权主体多元化、产权形式多样化的趋势，产权交易逐步得到承认，经营权和使用权价值初步得

① 王万山、廖卫东，“中国自然资源产权市场应如何‘转轨’”，《改革》2002年第6期。

以实现。但是，应该说，我国自然资源产权市场经过50余年的制度变迁，至今没有真正走出公共所有、政府管制的计划供给模式。第一是自然资源产权市场运行基本上还停留在“公”权市场阶段，“私”权进入和自然资源产权交易仅局限于一些狭小领域。单纯的公共产权配置大大地增加了交易成本和机会成本。第二是所有权主体虚置或缺位，即在界定自然资源产权过程中，没有真正代表所有权利益的主体作为代言人，各利益主体之间的利益界定不清，难以保证自然资源的公平有效配置。第三是自然资源经营权、使用权的“公有”、“公营”、“公用”制度安排产生了严重的效率损失。第四是自然资源产权市场还没有真正发育起来，交易权安排短缺使市场价格信号的信息价值和市场竞争的动力作用全部或部分丧失。第五是所有权在经济上得不到充分的体现，其收益由多种途径和渠道转化为一些部门、地方、企业甚至个人的利益。

我国目前的不可再生资源产权制度安排与各种收费体制见图7－1①。

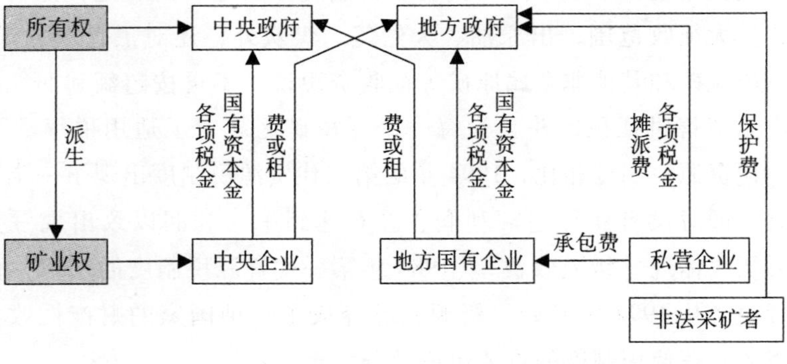

图7－1　我国矿产资源产权制度与各项税费构成

由图7－1所示，我国矿产资源的所有权是由中央和地方政府共同行使并共享权益，国家只委托中央政府作为国有产权的唯一主体，地方政府只是国有资源产权的一级管理主体。我国矿产资源管理规范性文件中如下表述对产权的制度安排：“国务院代表国家统一行使国有资产所有权，中央政府和地方政府分级管理国有资产……”。

对于矿业权来说，我国从事经营矿业的企业可分为中央企业、地方国有企业、私营企业及非法采矿者。中央和地方的国有企业除了缴纳增值税、企

① 张云：《非再生资源开发中价值补偿的研究》，中国发展出版社2007年版。

业所得税、资源税、资源补偿费、矿区使用费等税费以外，还需向政府的国有资产出资人——国有资产监督管理委员会交纳国有资本金收益。私营企业与地方国有企业之间多数存在挂靠或承包关系，向其交纳承包费或租赁费，同时还需向地方政府缴纳各种摊派费用。至于非法采矿者来说，虽然不拥有矿业权，但事实上进行着非法的开采活动，因此无法纳入国家正规管理范围，也无需向国家交纳任何税金或费用，但需要向某些地方政府“寻租者”交纳所谓的“保护费”。

7.1.2 我国资源收费体系

国家法律、法规以及地方规章规定的矿业企业相关费用主要有 12 种，即土地使用费、教育费附加、基本养老保险费、基本医疗保险费、失业保险费、工伤保险费、矿产资源补偿费、矿区使用费、石油特别收益金、探矿权使用费、采矿权使用费和土地复垦费（保证金）。其中，探矿权出让费、采矿权出让费非政府收取，土地复垦保证金非完全意义费用。狭义矿业企业（矿山、油气开采企业）在中国归类为第二产业，其上游矿产勘查企业被归为第三产业，即服务业。主要资源费用、租金发生在矿山、油气开采阶段，即狭义矿业企业是矿业费、租的主要负担者。

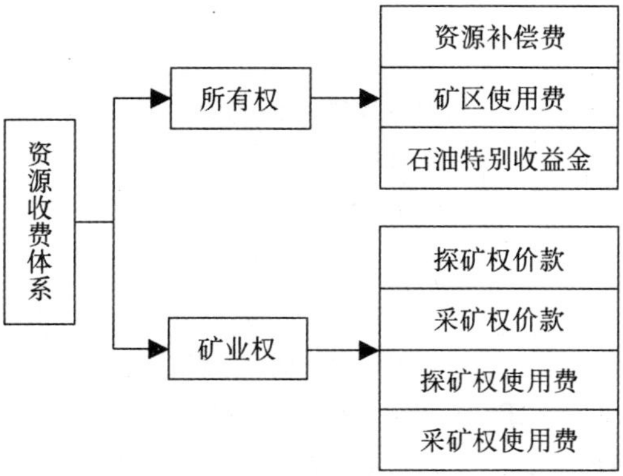

图 7-2 我国资源收费体系

通过图 7-2 可知，我国现行资源收费体系可从资源所有权、矿业使用权、行政管理权等角度进行归类划分。所有权的实现形式包括资源补偿费、矿区使用费，执照费包括探矿权使用费、采矿权使用费、探矿权价款和采矿权价款。此外，还有石油特别收益金、矿产资源补偿费。若按管理方式的不同（有的直接缴国库、有的缴专项专户）再细分，还可以分为油气勘查登记费、固体矿产勘查登记等。

由于勘查登记费和开采登记费是由于政府向特别服务对象提供特定服务而收取的行政事业性收费，收费的理由、依据充分，且行政事业性收费在矿产资源税费中比例太小，影响不大，因此不纳入研究范围之内；石油特别收益金仅适用于石油生产企业的“暴利”，不具有普遍性，只作简单分析。我们将研究的重点放在资源税、矿产资源补偿费、矿区使用费、探矿权、采矿权使用费和探矿权、采矿权价款。

资源税费政策是国家实施经济调节、筹集财政收入的重要手段。目前，政府在地方开征的资源税和费主要归纳为“一税、四费、一基金”，即资源税、矿产资源补偿费、采矿权价款、采矿权使用费收入、水资源补偿费和煤炭可持续发展基金。开采阶段涉及的主要资源税费种类详见表7－1。

表7－1　矿产资源主要税费一览

资源税费	征收机关	征收时间	纳税或缴费义务人	征收方式	收入归属方式
资源税	税务机关	1984年10月1日，1994年和2011年修改	我国境内开采应税矿产品和生产盐的单位和个人	从量定额征收	原则上由中央和地方分享，实际上全部留给地方
矿产资源补偿费①	财政和地质矿产部门	1994年4月1日	我国领域和其他管辖海域开采矿产资源的企业	销售收入的一定比例计征，一般费率为1%～4%	中央和省、直辖市政府分成比例为5:5；中央与自治区（广西、西藏、新疆、内蒙古、宁夏和青海）的分成比例为4:6
矿区使用费	税务机关	1990年1月，1995年修改	中外合作开采陆上原油、天然气资源的中国企业和外国企业	开采陆上石油、天然气的，根据原油、天然气产量进行分档，费率为1%～12.5%	中央

① 《矿产资源补偿费征收管理规定》（中华人民共和国国务院令第150号）。

续表

资源税费	征收机关	征收时间	纳税或缴费义务人	征收方式	收入归属方式
探矿权使用费	探矿权登记管理机关	1999年6月7日	我国领域及管辖海域勘查、开采矿产资源的企业	以勘查年度计算，按区块面积逐年缴纳；头三个勘查年度，每年缴纳100元/平方公里，第四勘查年开始每年增加100元/平方公里，最高不超过500元/平方公里	中央和省级财政分享
采矿权使用费	采矿权登记管理机关	1999年6月7日	我国领域及管辖海域勘查、开采矿产资源的企业	按矿区面积逐年缴纳，每年缴纳1000元/平方公里	中央和省级财政分享
探矿权、采矿权价款	财政部	1999年6月7日	我国领域及管辖海域勘查、开采矿产资源的企业	政府审批机关通过招标、挂牌等方式或以协议方式出让国家出资勘查形成的探矿权采矿权时所收取的全部收入，国有企在申请国家出让其无偿占有国家出资勘查形成的探矿权采矿权时按照规定补缴的探矿权采矿权价款	国家出资形成的探矿权采矿权价款收入按照2：8的固定比例在中央和地方之间分成
石油特别收益金①	财政部	2006年3月26日	我国陆地和所辖海域独立或合资合作开采并销售原油的企业	按石油开采企业销售原油的月加权平均价格实行5级超额累进从价定率计征，起征点为40美元/桶	中央

资料来源：通过国务院、财政部、国家税务总局及国土资源部各年对于资源税和费的相关政策文件整理。

---

① 《财政部关于印发〈石油特别收益金征收管理办法〉的通知》（财企［2006］72号）。

7.2
矿产资源补偿费制度改革

我国从1994年4月1日起对采矿权人征收矿产资源补偿费。矿产资源补偿费制度是我国矿产资源有偿制度的重要组成部分，矿产资源有偿开采制度的确立，不仅仅是矿政法制建设史上的里程碑，而更重要的是回归了矿产资源的财产属性和价值本质，结束了计划经济体制下无偿使用国家所有的矿产资源的状况。有偿开采法律制度的确立，从经济意义上保障了矿产资源国家所有权益，并使地方矿物行政主管部门维护矿产资源国家所有权的核心职能从抽象的法律意志，走向以履行征收矿产资源补偿费职能为主要目的的具体的经济法律行为。

7.2.1 矿产资源补偿费制度现状

开征矿产资源补偿费，目的是为了保障和促进矿产资源的勘察、保护和合理开发，维护国家对矿产资源的财产权益，体现国家对资源的所有权的同时保证国家资源性资产权益的实现，是我国市场经济体制改革的必然要求，同时也是维护矿产资源的国家所有权益，建立矿产资源勘查、开发良性循环机制和社会主义市场经济体制的必然要求，符合国际惯例的法律制度。

在我国开采矿产资源必须缴纳矿产资源补偿费，矿产资源补偿费按照矿产品销售收入的一定比例计征。矿产资源补偿费按照下列方式计算：

应征矿产资源补偿费 = 矿产品销售收入 × 补偿费费率 × 开采回采率系数

开采回采率系数 = 核定开采回采率/实际开采回采率

矿产资源品种不同，费率不同。主要矿产资源的费率范围在1% ~4%，盐矿的费率较低，仅为0.5%，平均费率为1.18%。具体而言，石油、天然气、煤炭、煤成气、石煤、油砂的费率为1%；黑色金属矿产、有色金属矿产、非金属矿产及天然沥青、油页岩的费率为2%；放射性矿产、稀有金属矿产、稀土金属矿产、稀散元素矿产、气体矿产的费率为3%；贵金属矿产、离子型稀土矿产、宝石、玉石、宝石级金刚石及矿泉水的费率为4%；矿盐的费率为0.5%。各种矿产资源补偿费率见附录7-1。开采回采率一般定为1，因此影响资源补偿费数额的主要是补偿费费率。[①]

市级国土资源主管部门负责征收的矿山企业，由纳费人按月填写《矿产资源补偿费纳费申报表》，经市国土资源主管部门审查确认后，按5:5的分成比例，分别解入中央和地方金库。矿产资源补偿费由地质矿产主管部门会同财政部门征收，矿区在县级行政区域内的，矿产资源补偿费由矿区所在地的县级人民政府中负责地质矿产管理工作的部门征收。矿区范围跨县级以上行政区域的，矿产资源补偿费由所涉及行政区域的共同上一级人民政府负责地质矿产管理工作的部门征收。矿区范围跨省级行政区域的和在中华人民共和国领海与其他管辖海域的，矿产资源补偿费由国务院地质矿产主管部门授权的省级人民政府的地质矿产主管部门负责征收。目前，矿产资源实际征收工作主要是由省及以下政府部门执行。

矿产资源补偿费还设置了一些优惠政策。例如，经省级人民政府地质矿产主管部门会同财政部门批准，可以免征采矿权人矿产资源补偿费的情形有：①从废石（矸石）中回收矿产品的；②按照国家有关规定经批准开采已关闭矿山的非保障残留矿体的；③国务院地质矿产主管部门会同国务院财政部门认定免缴的其他情形。经省级人民政府地质矿产主管部门会同财政部门批准，可以减征采矿权人矿产资源补偿费的情形有：①从尾矿中回收矿产品的；②开采未达到工业品位或者未计算储量的低品位矿产资源的；③依法开采水体下，建筑物下、交通要道下的矿产资源的；④由于执行国家定价而形成政策性亏损的。

此外，还包括国务院地质矿产主管部门会同国务院财政部门认定减缴的其他情形，这类主要是针对外国企业及其在中国设置的办事机构的相关条款。其一，外国企业及其在中国设立的办事机构、代表处投资开采回收非油气矿产资源主矿种之外的共、伴生矿的，享受减半缴纳共、伴生矿产品的矿产资源补偿费的政策；利用尾矿的，免缴矿产资源补偿费；采用先进技术使国内现有技术难以开发利用的矿产资源得到开发利用的，享受减半缴纳矿产资源补偿费3年的政策。其二，外国企业及其在中国设立的办事机构、代表处与中方探矿权人及采矿权人合作进行非油气矿产资源勘查与开采，通过技术投入使开采回采率、选矿回收率和综合利用率高于国内同类企业水平的，

---

① 矿产资源补偿费的收费标准引用自富矿网的信息，2013年11月20日。

享受减半缴纳矿产资源补偿费3年，对高于国内同类企业水平多开采出的矿产品部分，免缴矿产资源补偿费。其三，外国企业及其在中国设立的办事机构、代表处到西部地区投资开采《外商投资产业指导目录》中鼓励类非油气矿产资源的，享受免缴矿产资源补偿费5年的政策。①

7.2.2 矿产资源补偿费中存在的问题

1. 矿产资源补偿费费率过低

我国自1994年征收矿产资源补偿费以来，煤炭、石油的矿产资源补偿费费率一直为1%。世界上大多数矿业大国开征的与资源补偿费性质相同的费种——权利金的费率都普遍高于我国。以各国煤炭的权利金为例，俄罗斯对煤炭的权利金费率为3%～6%；美国的露天矿的权利金费率为12.5%，井工矿为8%；印度尼西亚的权利金费率7%；澳大利亚为2.5%～7.5%，或最多不超过纯利的18%，或每吨0.04～1.77澳元。再比如澳大利亚石油天然气为10%，美国为12.5%。

资源补偿费制度运行20载，我国的矿产品价格已经发生了很大变化。通过表7-2和表7-3分析可知，燃料、动力类资源的价格每年都以十个百分点的速度增加，且其价格指数高于同期工业资源类原材料价格指数，但补偿费率始终未作调整。现行的补偿费费率，无论是用先进的还是落后的方法开采，无论资源开发利用水平高低，补偿费费率都一样，如有色金属的铜、铅、锌、锡等费率为2%。补偿费费率偏低一定程度上导致资源廉价开发、使用，且无法起到鼓励企业技术进步、提高资源回采率的杠杆作用，企业“采富弃贫、采易弃难、采主弃副（伴生）”现象普遍，造成资源的浪费，加剧资源紧张局面。补偿费率低带来的负面影响具体表现为以下几点：①从国家的角度来看，国家对其所有资源性资产的合法收益未能得到有效地维护，部分资源资产的合法收益以利润的形式、通过企业净收益的分配流入投资者的腰包；②从矿山开发企业角度来看，因矿产品价格中没有包含矿山企业应承担的，其开采矿产资源造成的生态、环境破坏的治理与恢复成木，导

---

① 外国企业优惠条款的相关资料引用自百度文库中的矿产资源补偿费一文，2013年2月26日。

致矿山企业成本不完全，资源类商品的价格和市场利益扭曲，削弱了资源价格对资源市场的调节力度，同时，抬高了矿业投资的实际收益率，致使资源产业成为继房地产行业后新的投资热点，刺激各种投资主体纷纷涌入矿业领域，加剧了矿业市场的无序竞争，导致开发秩序的混乱、乱采滥挖现象严重和安全事故频发；③从整体宏观经济带来的影响来看，不利于企业转变粗放的资源利用方式和经营管理方式，没有达到促进矿山企业节约资源，提高资源利用水平的目的，同时，国家也无法从开采资源的收益中提取足够的资金用于再分配，建立相应的利益均衡机制。

表7-2　燃料、有色金属类资源购进价格指数　上年=100

年　份	燃料、动力类	黑色金属材料类	有色金属材料类	化工原料类
1989	110.7	103.9	97.2	95.6
1990	110.7	103.9	97.2	95.6
1991	112.9	112.5	101.2	99.8
1992	116.4	114.5	112.4	102.6
1993	136.7	174.1	115.8	114.3
1994	118.0	103.8	110.7	111.7
1995	108.7	98.2	128.3	127.2
1996	110.2	99.3	92.4	98.0
1997	109.3	97.4	96.2	97.1
1998	99.1	95.1	88.3	93.6
1999	100.9	94.7	98.9	97.6
2000	115.4	100.9	110.3	105.6
2001	100.2	100.5	95.6	98.4
2002	100.1	98.2	96.5	97.5
2003	107.4	107.9	105.3	102.9
2004	109.7	120.4	120.1	108.9
2005	115.0	107.5	114.0	108.3
2006	111.9	98.3	130.8	102.1
2007	104.3	105.4	111.6	103.6
2008	120.6	118.4	98.6	105.2
2009	89.2	86.3	81.1	91.3
2010	116.3	106.6	122.2	107
2011	110.8	109.4	112.1	110.4
2012	100.9	92.9	94.5	96.1
2013	96.6	95.7	95.4	97.3
各年平均值	109.28	105.832	105.068	102.708

资料来源：根据2014年《中国统计年鉴》中的数据整理。

表 7-3　若干重要资源类工业品出厂价格指数　上年 =100

时间	工业品出厂价格指数	煤炭开采和洗选业	石油和天然气开采业	黑色金属矿采选业	有色金属矿采选业	非金属矿采选业
2004	106.1	116.8	119.6	145.3	117.6	105.8
2005	104.9	123.2	129.9	112.3	119.6	109.4
2006	103	105	122	96.8	123.4	102.5
2007	103.1	103.8	102	110.3	112.6	103.1
2008	106.9	128.7	122.1	131.4	104.8	111
2009	94.6	101.9	66	74.3	88.9	97.8
2010	105.5	110	137.8	117.5	119	106.4
2011	106	110.2	124.5	112.7	115	109.1
2012	98.3	97	99.6	89	97.6	103.4
2013	98.1	88.7	96.5	97	95.7	100.6
年平均	102.65	108.53	112	108.66	109.42	104.91

资料来源：根据 2014 年《中国统计年鉴》中的数据整理。

此外，开采回采率也是影响矿产资源补偿费征收额度多寡的重要影响因素，目前我国的矿产资源补偿费的征收与开采回采率之间的关联性较弱，应加强矿产资源补偿费征收与开采回采率系数挂钩。矿山开采回采率高低直接反映矿产资源的开发利用水平，运用开采回采率系数的实际结果计算征收金额，实际开采回采率高于核定开采回采率，开采回采率系数小于 1，相应地少缴，反之多缴，充分发挥开采回采率系数的引导和调节作用。

2. 矿产资源补偿费制度适用对象较少

在现行法律、行政法规中，属于《矿产资源补偿费征收管理规定》适用范围例外规定的有经国务院批准、由财政部分别于 1989 年和 1990 年发布的涉及开采石油资源的两个行政法规，即《开采海洋石油资源缴纳矿区使用费的规定》和《中外合作开采陆上石油资源缴纳矿区使用费暂行规定》。凡属上述两个行政法规调整的范围的采矿权人，应按这两个行政法规的规定缴纳矿区使用费。凡不属于上述两个行政法规调整范围的其他开采石油资源的采矿权人，均应依照《矿产资源补偿费征收管理规定》，缴纳矿产资源补偿费。我国大概有 15 万个采矿企业，但是其中征收资源补偿费的大概只有 20000 个，补偿费的缴纳企业仅占全部采矿企业的 13% 左右，其余的 13 万个采矿企业是无偿开采矿产品。

3. 矿产资源补偿费征收管理不规范

（1）矿产资源补偿费“缴库率”低

由于矿产资源补偿费征收中存在减免和欠缴等问题，因此我国矿产资源补偿费的缴库率较低。2002 年财政部委托有关机构对 24 个省（区、市）1999 年至 2002 年上半年的矿产资源补偿费的征收、入库及使用管理情况进行了专项核查，经抽查发现 1601 户重点采矿企业累计欠缴矿产资源补偿费 31 亿元。2003 年我国矿产资源补偿费实际征收只占应收数的 48.3%。

（2）征缴办法不完善

现行征缴办法不够完善也是影响“缴库率”的一个方面。矿产资源补偿费地方留成比例过低，影响缴库的积极性。同时，下达征收入库指标的具体操作办法有一定的副作用。因此，今后应各级国土资源主管部门要严格执行“收支两条线”管理。规范使用“矿产资源补偿费自收汇缴专用收据”和“矿产资源补偿费专用缴款书”、“矿产资源补偿费收入退还书”等专用票据，及时将矿山企业缴纳的矿产资源补偿费足额入库，不得设立过渡性账户，不得截留、坐支和挪用。[①]

（3）资金用途不规范

由于有关部门规章规定不明确，使得市以下分成的矿产资源补偿费多用于征管经费补助，很少安排矿产资源勘查项目和保护项目。按照《矿产资源补偿费使用管理办法》的规定，矿产资源补偿费应用于矿产资源勘查支出、矿产资源保护支出及矿产资源补偿费征收管理部门经费补助，但没有明确划分三项支出的具体比例。大部分市及县（市、区）分成的矿产资源补偿费全部用于征管经费补助，很少安排地勘项目和保护项目。各市县矿产资源勘查项目和保护项目资金几乎全部靠中央和省财政安排。

此外，探矿权采矿权使用费等矿业权有偿使用中存在的问题也影响了矿产资源补偿费规范使用。现阶段的各项矿业权使用费措施在实际执行中欠缴和截留坐支资源补偿费的现象比较普遍，有的征收部门将补偿费过度用于补充机关经费和办公楼、职工宿舍等基本建设支出，有的交存当地财政预算外管理，有的交当地财政用于平衡预算。由于一些地方财政状况不佳，导致征

① 2013 年 7 月国土资源部发布的《关于进一步规范矿产资源补偿费征收管理的通知》（国土资发［2013］77 号）文件中的相关资料整理。

管部门经费拨入不足，不足部分就用矿产资源补偿费弥补。另外，人员超编也是造成经费不足进而坐支矿产资源补偿费的一个重要因素。

7.2.3 改矿产资源补偿费制度为权利金制度

我国的矿产资源补偿费与国外的权利金基本性质一致，但之所以将矿产资源补偿费改为权利金出于以下两点考虑。首先，矿产资源补偿费是国家实现资源性资产所有权的重要形式，但在矿产资源补偿费实际征收工作中，存在将其歧解为是对国家过去所投入的地质勘探费用的补偿。因此，为明确矿产资源补偿费是国家对资源所有者收益的一个重要组成部分，应将现行的矿产资源补偿费更名为权利金，并将其列入国家的财政预算管理范围之内。其次，世界大多数国家都普遍征收权利金，权利金和矿产资源补偿费在征收方式、交费环节存在差异，在资源开发及资源产品交易活动日趋走向国际化的趋势下，我国也应与国际惯例接轨，将矿产资源补偿费改为权利金。

1. 权利金制度的改革步骤

建立健全权利金制度，首先应分步实现矿产资源收益形式和体系结构的调整，最终建立符合我国实际并与国际惯例接轨的权利金制度。

第一步是将现行的矿产资源补偿费和矿区使用费合并，统一征收权利金，同时，对资源税进行调整，使其真正成为调节资源级差收益的杠杆。为确保权利金和资源税制度运行的合理性和可操作性，当务之急是制定两者的有效费率或税率，并为法律和制度层面上进行调整做好准备工作。考虑到更名要牵扯到法律条文的改变，在具体操作层面上，现行矿产资源补偿费征管工作中使用的一系列票、据、印章等都可继续使用，可暂不人为硬性更改其名，但在今后的书面及口头用语上矿产资源补偿费与权利金完全可以互用，互相代替，特别是对外宣传、交流的政策论文和学术文章均可一律使用 royalty 一词。可待下一轮修改《矿产资源法》时再作调整。

第二步是在试点运行较为成功，且条件成熟时，取消资源税，只征收权利金，而矿产资源勘探开发企业的级差收益则完全由企业所得税来调节。这符合世界主要矿业大国在资源税费运行体系中注重发挥企业所得税及其特殊优惠政策的做法，且有利于降低资源型企业税费负担，有利于完善资源税费征收管理。

2. 权利金的制度设计

（1）从价与从量适度结合的征收方式

在权利金征收方式的选择上，结合各国的权利金制度实施经验，采取不同矿种不同征收方式的办法，实施从量征收和从价征收两种方式。对于建筑材料及其他非金属矿产等体积大、价格低且价格波动较小的矿产资源一般采取从量计征的方式；对于金属矿产、石油、天然气、煤炭等价格较高的矿产资源一般采取从价计征的方式；对于一些大型、特大型或对国民经济发展有特殊意义的矿床，应规定特殊的征收方式。

（2）权利金费率的设计

权利金费率的制定在确保国家对资源所有权的价值补偿的同时，应体现国家对矿业的宏观调控和经济杠杆作用，以保证矿产资源的合理开采利用和国家经济的可持续发展。

在权利金费率的确定方面，世界各国的权利金费率有一定差异，各国根据本国经济社会发展水平、矿业发展情况、矿产资源丰度和矿种的不同，制定一套具有差异性的权利金费率标准。此外，权利金费率标准或水平也不是一成不变的，而是随着经济发展要求和世界矿业发展变化情况进行调整。

从几十个国家现行的矿产资源权利金费率标准分析可以得出：不仅各国权利金费率标准相差很大，就是同一国家不同矿产资源的权利金费率也存在很大差异。但多数在3%～8%之间，且一般确定在5%水平上。从体现国家对矿产资源的资产收益角度，应在充分调研、论证的基础上重新设计权利金的费率，使之达到一个科学合理的水平。国家实行矿产资源有偿开采，向矿山所征收的权利金，应该主要是绝对矿租和级差矿租Ⅰ。为了真正有效体现矿产资源所有权人的权益，应大幅度提高目前实施的矿产资源补偿费的费率，可参照国际惯例，提高目前平均费率仅占矿产品销售收入的1.18%的矿产资源补偿费费率，对于我国而言权利金率大致在3.5%左右为宜。

（3）权利金征收基数的设计

为确定权利金的征收基数，首先，对矿产资源进行科学的评估，正确评估各矿山绝对矿租和第Ⅰ形态级差矿租性质的超额利润，作为核定权利金的基础。其次，扣除留给勘查开发者的那一部分后作为征收的基数，再均摊至各个年份，从而得出应当征收的净现值。

以石油资源为例，其权利金征收基数的具体计算方法如下：

$$\text{绝对矿租} + \text{级差矿租} = \sum_{i=1}^{n}[\text{年权利金} \times (1+i)^{n}]$$

$$\text{各年应征收的权利金} = (\text{绝对矿利} + \text{级差矿利 I}) \times \frac{i(1+i)^{n}}{(1+i)^{n}-1}$$

式中，n 表示石油资源的生产年限；t 表示石油资源的生产年份；i 表示石油行业资金平均利润率（含风险利润率）。

利用从量法制定征收标准时，将逐年所得与年资源开采量相比较得出一个比例系数，即为应征收的比例。例如，单位开征石油收权利金的标准 = 年征收额/年石油产量。

（4）权利金的征收管理

权利金的征收管理是矿业权管理制度中的一项重要内容，它所涉及的是所有权人与矿业权人之间的权利与义务的关系，是依托于矿业权管理而产生的。权利金的征收管理具有相当的专业性，因而应由矿业行政管理部门中的专门机构具体负责，这样可以显著提高管理效率。

在矿产资源属于国家（联邦）时，世界各国权利金的征收均为一级管理，即中央（或联邦）政府征收管理，若有地方征收机构，亦为派出机构。我国的矿产资源管理机构——国土资源部中应设置相应的职能部门，具体负责权利金的征收管理，这些职能部门的工作内容主要应包括：第一，研究权利金的征收效应，分析权利金的征收管理情况，确定、调整各矿种的权利金费率。第二，权利金的征收与稽查。第三，对相关数据进行统计，建立并维护权利金征收管理数据库。同时，在各省（自治区、直辖市）、市设置相应的派出机构，具体负责本区域内的权利金征收管理，派出机构与国土资源部的职能部门实行垂直式管理。

权利金征收管理机构的经费支出应由国家通过专门预算拨款，不得从权利金中开支，以防止对权利金的坐支、挪用。权利金的征收应实行申报制，同时以稽查制度作为保障，应建立严厉的惩罚制度，以防止矿业权人在计算其应缴权利金金额过程中的弄虚作假行为。在征缴办法上，各地收缴的补偿费应在三日或七日内及时全额上缴国库，然后国家根据分成比例划拨各省、市、区；对于不及时上缴的单位处以滞纳金，按迟滞时间每日或每月缴纳惩罚性补偿金，比例可以高于补偿费率；对于超过一定时间（例如半年或一年）拒不交纳的单位和个人，其采矿权证或开采许可证自动失效。

（5）各级政府之间收入分配模式

在权利金的分配及使用上，在充分考虑国家利益的前提下，适当兼顾地方利益。在具体收入分配模式的选择上，为充分调动资源原产地地方政府、广大群众珍惜资源、保护资源的积极性，必须按照建立资源开发补偿机制、落实构建和谐社会以及建设社会新农村的总要求，协调各级政府之间权利金收入分配关系。建议将权利金全额上缴国库，然后按照各省份人口所占比例实行分配，地方拿大头，可考虑中央和地方政府的权利金分配比例定为3:7（矿产资源补偿费在中央和地方之间的分配比例为5:5或4:6），并且给予资源所在地一定额度的环境补偿金，确保地方分成所得权利金收入要重点向资源原产地县、乡倾斜，以促进基层资源开发地区的可持续发展。

7.3 矿区使用费制度改革

7.3.1 矿区使用费制度现状

我国的矿区使用费只对海洋石油、天然气资源的企业和在中国境内从事合作开采陆上石油、天然气资源的国内企业和外国企业征收。海上开采石油、天然气，从1989年1月1日起按每个油、气田日历年度原油或天然气总产量计征矿区使用费。原油按超过100万吨的部分开始计征，费率为4%～12.5%；天然气按超过2亿立方米的部分开始计征，费率为1%～3%。中外合作开采陆上石油资源，自1990年1月1日起，按每个油、气田日历年度的原油或天然气总产量分别计征矿区使用费。原油从超过5万吨的部分开始计征，费率为1%～12.5%；天然气从超过1亿立方米的部分开始计征，费率为1%～12.5%。财政部和国家税务总局在1995年和1999年又针对中外合作开采原油、天然气的矿区使用费的具体征收管理办法进行了重新部署和规划。①

① 1999年《财政部关于中外合作开采陆上石油资源缴纳矿区使用费有关预算管理问题的通知》和《国家税务总局关于中外合作开采陆上原油资源矿区使用费征管问题的通知》中的内容。

2011 年 9 月 30 日，国务院决定对《中华人民共和国对外合作开采陆上石油资源条例》作了重大修改：将原先的《中华人民共和国对外合作开采陆上石油资源条例》第十一条修改为："对外合作开采陆上石油资源，应当依法纳税。"此决定自 2011 年 11 月 1 日起施行。1990 年 1 月 15 日经国务院批准财政部发布，1995 年 7 月 28 日财政部、税务总局修订的《中外合作开采陆上石油资源缴纳矿区使用费暂行规定》同时废止。自此决定施行之日起，中外合作开采陆上石油资源的企业依法缴纳资源税，不再缴纳矿区使用费。但是，此决定施行前已依法订立的中外合作开采陆上石油资源的合同，在已约定的合同有效期内，继续依照当时国家有关规定缴纳矿区使用费，不缴纳资源税；合同期满后，依法缴纳资源税。①

从开征矿区使用费伊始到现今，政策改革路线如下：1993 年 10 月 7 日中华人民共和国国务院令第 131 号发布《中华人民共和国对外合作开采陆上石油资源条例》，此后根据 2001 年 9 月 23 日《国务院关于修改〈中华人民共和国对外合作开采陆上石油资源条例〉的决定》第一次修订，并根据 2007 年 9 月 18 日《国务院关于修改〈中华人民共和国对外合作开采陆上石油资源条例〉的决定》第二次修订，再者根据 2011 年 9 月 30 日《国务院关于修改〈中华人民共和国对外合作开采陆上石油资源条例〉的决定》第三次修订，最近一次是 2013 年 7 月 18 日依据《国务院关于废止和修改部分行政法规的决定》第四次修订。

7.3.2 矿区使用费制度完善方向

我国现阶段，2011 年 9 月国务院颁布新的对外合作开采陆上石油资源条例之前签订合同的中外合作开发企业仍然征收矿区使用费，部分矿区使用费区别内外资企业而制定不同的税收政策，给外资企业一定的财政、税收优惠，对扩大对外开放，引进外资促进我国国民经济和社会的发展发挥了重要作用。但随着国民经济持续快速发展，特别是中国加入 WTO 后，这种内外资企业不同税费制度的弊端日益显现，要求统一内外资税收制度的呼声日益高涨。《中共中央关于完善社会主义市场经济集体制若干问题的决定》明确要求"统一各类企业税收制度"，《中共中央关于制定国民经济和社会发展

① 2011 年 9 月 30 日《国务院关于修改〈中华人民共和国对外合作开采陆上石油资源条例〉》。

第十一个五年规划的建议》进一步明确“调整和完善资源税”。在2007年《政府工作报告》中，温家宝总理重申“深化重要资源性新产品价格和排污收费改革，完善资源税制度，健全矿产资源有偿使用制度，加快建立生态环境补偿机制”，并明确指出“现在统一内外资企业的所得税，使内外资企业处于平等竞争地位，时机和条件已经成熟”，基于此，2011年温家宝总理调整了矿区使用费管理条例，这与近几年政府工作路线一致。2014年政府工作报告中，李克强总理再一次强调“推动能源生产和消费方式变革，加大节能减排力度，控制能源消费总量”工作的重要性，为资源收费制度改革助力。

由此可见，统一各类资源开发企业资源税费制度，取消对开采海洋油气的中外企业和中外合作开采陆上油气的企业征收的矿区使用费，纳入资源税和权利金的制度设计框架之内来统一征收资源税和权利金，有其理论意义，并在实践中积累了宝贵的经验，为今后的深化改革奠定了基础。

7.4 石油特别收益金制度改革

石油特别收益金是指在国内原油销售价格超过一定水平时，国家按一定比例从石油开采企业销售国产原油所获得的超额收入中征收的特别收入。2004年以来，由于国际市场石油价格持续大幅度上涨，国内原油采掘业利润增加较多，其他行业和社会用油成本加大，造成各行业利益分配不平衡，影响经济平稳运行。为妥善处理各方面利益关系，推进石油价格形成机制改革，加强国家调控，促进国民经济持续健康协调发展，国务院决定对石油开采企业销售国产原油因油价上涨获得的超额收入征收石油特别收益金。因此，从2006年3月26日起，凡在中华人民共和国陆地领域和所辖海域独立开采并销售原油的企业，以及在上述领域以合资、合作等方式开采并销售原油的其他企业，均应按规定对因原油价格超过40美元/桶所获得的超额收入，适用5级超额累进从价定率，缴纳石油特别收益金。石油特别收益金属中央财政非税收入，纳入中央财政预算管理，具体征收管理办法由财政部制定并公布施行。[1] 自2011年11月1日起，国内石油特别收益金起征点将从40美元/桶上调至55美元/桶，实行5级超额累进从价定率计征，按月计算、按季缴纳。[2]

石油特别收益金具体征收比率及速算扣除数见表7-4。

政府为何运用财政手段对石油产业利润进行调控？价格机制为何难以发挥应有作用？为了掌握石油价格和费用的联动关系，我们首先来了解我国的石油市场结构及定价机制。

表7-4　石油特别收益金征收比率及速算扣除数　单位：美元/桶

原油价格（美元/桶）	征收比率	速算扣除数
55~60（含）	20%	0
60~65（含）	25%	0.25
65~70（含）	30%	0.75
70~75（含）	35%	1.5
75以上	40%	2.5

资料来源：财政部《关于提高石油特别收益金起征点的通知》，新的石油特别收益金征收办法从2011年11月1日起执行。

7.4.1　我国石油市场结构及定价机制

1998年我国对石油产业进行改革，将石油产业由分业变为混业，形成以中国石油天然气集团企业、中国石油化工集团企业、中国海洋石油企业几个上下游一体化的大型企业为垄断巨头的寡头垄断市场结构。同年6月1日，国内的石油价格正式与国际油价接轨，开始实行新的价格机制和流通体制，此后原油价格随着国际市场价格的变化而变化，由国家发展改革委员会根据上月国际市场相近品质原油的离岸价格加上关税确定原油的基准价。成品油则于2000年6月开始逐月与国际市场价格联动，由国家发展改革委员会制订成品油的零售中准价，成品油具体零售价由两大集团在零售中准价上下8%的幅度内制定，中准价是根据新加坡、纽约和鹿特丹三地成品油价格变化情况，每月按照6:3:1权重加权计算定价。这样的市场结构和定价机制一

① 2006年3月25日，财政部发布《关于印发〈石油特别收益金征收管理办法〉的通知》。
② 2011年12月29日，财政部发布《关于提高石油特别收益金起征点的通知》。

直保持到现在。

在现行定价机制下，国内实际原油价格定价滞后于国际市场价格一个月，而国内成品油价格也只有纽约、新加坡、鹿特丹三地加权平均价超过8%，国家发展改革委员会在三地加权平均价格的基础上加运费制定出国内成品油零售的中准价，导致成品油价亦滞后于国际市场。

价格滞后导致我国石油价格不能真实地反映国内市场供求关系和企业生产成本变化，2003年后国际原油价格迅速上涨，但国内成品油价格并没有相应提高，2005年国际油价涨幅达30%以上，而国内成品油价格涨幅只在15%左右，造成国内成品油价格与原油价格严重倒挂。上游行业获取由于价格上升带来的利润，而中下游行业则因为产品不能反应成本的大幅上涨而亏损、停产。

为应对国际市场油价大幅度上涨，在2006年3月，国务院已经批准实施成品油价格形成机制改革方案及配套措施，即原油价格继续坚持与国际市场接轨，成品油价格实行与国际市场有控制地间接接轨。同时建立了石油企业内部上下游利益调节、相关行业价格联动、对种粮农民等部分困难群体和公益性行业补贴以及石油涨价收入的财政调节等四个配套机制，以确保成品油价格调整的顺利实施，保持社会稳定。中石油和中石化两大公司因原油价格与国际市场接轨带来的高额利润，国家通过开征石油特别收益金进行石油价格调节，并将征收特别收益金的收入用于补贴受成品油价格调整影响较大的困难群体和公益性行业。①

7.4.2 石油特别收益金制度现状

在我国现阶段的石油产业寡头垄断的市场结构和当期的石油市场定价机制下，市场机制难以发挥资源配置作用，石油产业上游暴利、下游亏损的状况难以避免。在当前的市场现状下，为了限制石油上游行业暴利、补贴下游行业亏损及相关弱势群体，国家必须采取措施对石油产业利润分配进行调整，保护公共利益和维持石油产业的稳定发展。

石油特别收益金虽然在征收初期能够实现限制暴利的作用，但随着油价的回落其负面作用如抑制投资、减产等问题便显现出来。对于高投入、高风

① 2007年12月新华网关于《石油特别收益金今年可达600亿元》文章中的资料整理。

险的石油产业，此类问题的影响就显得尤为突出。如美国曾在1980～1988年征收石油“暴利税”，8年间征收了800亿美元，只有预期3200亿美元的1/4，而这期间国内产量下降了6%，国内对进口石油依存度上升了16%。

从政府收入情况而言，2006年国家已征收石油特别收益金450亿元；2007年前三季度征收410亿元，全年征收约600亿元以上。2006年对公益性行业和困难群体已给予补贴210亿元，2007年已补贴420亿元。我国依据《石油特别收益金征收管理办法》，政府征收的特别收益金属于中央财政非税收入，纳入中央财政预算管理。特别收益金的非税性质决定了它可以避开立法机关而灵活改变，可以根据石油市场的油价变动及时调整，减少油价变动给缴纳特别收益金的企业带来的影响。然而也正是由于其非税性质使特别收益金的支出难以得到法律保障，难以保障被用于下游行业的补贴，难以确保让弱势群体从中受益。从本质上讲我国实行的特别收益金也是一种税收，而“非税”形式的出现保证了其随油价变动而调整的灵活性。因此，我国的石油特别收益金政策在实施原因和方式上都有其合理意义，而政策目的的实现存在障碍，因而完善这一政策的关键在于加强对收益金使用的监管，保证其合理适当的支出。

7.4.3 石油特别收益金制度完善对策

首先，加强收益金支出监督必然要求预算公开化，做到支出预算的编制、执行到决算整个过程的公开透明，同时加强信息透明度，让公众了解和监督收益金的每项支出的确定和使用，并且建立“行政问责”制度，追究相关人员的行政、司法责任，实现特别收益金征收、使用的公平性。

其次，为了保证特别收益金的使用效率，应建立绩效评估基础上的绩效预算模式，以业绩项目确定预算支出，使政府预算拨款与绩效挂钩，从而避免无绩效和绩效与经费不匹配情况的出现。

最后，在当前我国石油市场定价机制缺失的情况下，政府干预调节石油产业资源分配是必要的。然而从长远看，建立石油市场定价机制是完善石油市场的必然要求，随着石油市场机制的不断完善，价格机制应是合理配置资源分配的主要手段。然而传统经济理论无法解释自然资源市场中价格扭曲现象，而产权理论对价格理论的完善则给建立石油市场定价机制奠定了理论基础。因此，健全石油行业价格机制、理顺各利益主体之间的分配关系，应进一步完善石油产权制度安排。

7.5 探采矿权使用费和价款制度改革

7.5.1 探采矿权使用费改革

探矿权、采矿权使用费是探矿权、采矿权人为获取国家所有的矿产资源勘查、开采权而支付的代价，由探矿权、采矿权人在领取勘查、开采许可证时，向矿权登记管理机关按勘查、开采区块面积逐年缴纳。《矿产资源勘查区块登记管理办法》第十二条第一款规定："国家实行探矿权有偿取得的制度。探矿权使用费以勘查年度计算，逐年缴纳"。"第一个勘查制度至第三个勘查年度，每平方公里每年缴 100 元；从第四个勘查制度起，每平方公里每年增加 100 元，但是最高每平方公里每年不超过 500 元"。《矿产资源开采登记管理办法》第九条规定："国家实行采矿权有偿取得制度。采矿权使用费，按照矿区范围的面积逐年缴纳，标准为每平方公里每年 1000 元"。

关于探矿权、采矿权使用费相关规定是 1999 年 11 月财政部、国土资源部发布《关于印发〈探矿权采矿权使用费和价款管理办法〉的通知》以及 2000 年 6 月 6 日印发的《探矿权采矿权使用费减免办法》中有详细说明。探矿权、采矿权使用费是国家取得资源所有权收益的重要组成，是探矿权人和采矿权人因占用排他性矿地的使用权而支付合理补偿，属于资产所有权的合法收益，相当于世界大多数矿业国家通行的"矿地租"、"入门费"和"矿地使用费"等。

7.5.2 探采矿权价款改革

1. 现状

探矿权、采矿权价款是探矿权、采矿权人取得由国家出资勘查探明矿产地的探矿权、采矿权时按规定支付的代价，由探矿权、采矿权人在领取勘查、开采许可证时向矿权登记管理机关缴纳。《矿产资源勘查区块登记管理办法》十二条第一款规定："申请国家出资勘查探明矿产地的探矿权、采矿权的，探矿权申请人除依照本办法第十二条的规定缴纳探矿权使用费外，还应当缴纳经评估确认的国家出资勘查形成的探矿权价款"。《矿产资源开采登记管理办法》第十条第一款规定："申请国家出资勘查并已探明矿产地的采矿权的，采矿权申请人除依照本办法第九条的规定缴纳采矿权使用费外，还应当缴纳经评估确认的国家出资勘查形成的采矿权价款"。

探矿权采矿权价款是国家出让由其勘查探明矿产地而应取得的平均投资收益，相当于世界一些矿业国家收取"红利"、"资源租金税"等，是国家资源有偿取得的重要组成。探矿权采矿权价款收取工作是一项既涉及国家权益又涉及到部分矿权人直接经济利益的重要矿权管理工作。做好这项工作，对促进矿产资源保护与合理开发利用具有重要意义。

探矿权、采矿权价款一般以现金方式缴纳。对一次性缴纳价款确有困难的，经探矿权采矿权审批登记管理机关批准，可在探矿权、采矿权有效期内分期缴纳，其中探矿权价款最多分 2 年缴纳，第一年度缴纳比例不低于 60%；采矿权最多可分 10 年缴纳，第一年缴纳比例不应低于 20%。分期缴纳价款的探矿权人、采矿权人应承担不低于同期银行贷款利率水平的资金占用费。因对探矿权、采矿权制度的政策较少，我们通过 2006 年的一些数据来说明取得探矿权、采矿权价款的一些情况。表 7 - 5 是 2006 年山西省煤炭资源的采矿权价款的收取标准。

表 7 - 5　　2006 年山西省不同煤炭资源的采矿权价款收取标准　　单位：元/吨

煤炭种类	焦煤、肥煤	炼焦配煤	无烟煤	贫煤	优质动力煤	其他
采矿权价款	3. 80	3. 10	3. 30	2. 70	1. 50	1. 30

注释：焦煤中包含 1/3 焦煤；炼焦配煤包括瘦煤、贫瘦煤、肥气煤；优质动力煤指弱粘煤，且包括气煤。

资料来源：根据山西省国土资源机构资料整理。

推进深化矿业权有偿取得制度改革，应重点解决四个问题：第一，国家权益实现的问题。现在，随着矿产品价格的不断攀升，矿山企业的收益也在大幅增加，但是这些因资源稀缺而产生的巨大利益，其分配机制没有调整好，最终大都流入矿业开发者手中，矿产资源所有者——国家的利益没有得到体现。这种状况急需改变。第二，国家出资探明矿产地矿业权的取得方式要改变。原先，国家出资探明矿产地的矿业权取得是双轨制，既有有偿取得的，也有无偿取得的，这不利于矿业权市场的建立和完善，今后将在分类管理的基础上完善矿业权的有偿取得。第三，矿山企业合理承担社会成本的问题。矿山企业在开采资源的过程中往往造成环境污染、耕地破坏等问题，而这些问题不能只让政府和老百姓来解决，企业必须承担相应的责任。已经出台的矿山环境治理和生态恢复责任机制就是要解决这一问题。第四，处理好矿产资源开发的利益关系，建立新的利益分配机制，更好地处理公平与效益的问题。这就需要处理好政府与矿业权人、企业与当地群众、中央与地方的关系。

2. 完善对策

为顺利推进探矿权采矿权价款征收管理工作，各地省级相关工作部门应统一部署，分步实施，进一步规范价款的评估工作。第一阶段，在较短时间内摸清本辖区内应缴纳探矿权采矿权价款的矿山企业和探矿权人的基本情况。第二阶段，按勘查、采矿许可证有效期截止时间，分先后安排进行储量核查、价款评估确认和收取工作。第三阶段，主要对采矿许可证有效期截止时间靠后的（如2年或3年后才截止的）矿山企业进行储量核查、价款评估确认和收取工作。

在调查摸底的基础上，市级国土资源管理部门应综合考虑矿区、矿山的分布及勘查许可证、采矿许可证的有效期等因素，合理安排本辖区的储量核查工作。对于未缴纳或处置国家出资的探矿权价款的探矿权人，应对原地质报告进行评审备案；凡是探矿权人勘查范围与原地质报告的范围不一致，要组织具有地质勘查资质的单位以探矿权人勘查范围为单元，编制核查报告后进行评审备案；各市要组织具有地质勘查资质的单位，以原地质勘查成果及矿山生产的实际资料为基础，认真做好采矿权人占用储量的核查检测工作，并以陕西省矿产储量表的矿区（井田）为单元，编制储量核查检测报告，报省级储量评审机构评审备案。探矿、采矿权人在储量核查、评审、备案后，同时应及时将报告送矿业权评估机构进行矿权价款的评估，经国土资源部门确认或备案后，作为缴纳矿权价款的依据。

巩固中央和地方二八分成的收入分配体制，体现国家探明矿产地的矿业权有偿取得的收入向地方、向基层、向农村、向社会事业倾斜，大头留地方，主要用于改善群众的生活条件，同时保证中央对于探矿权采矿权价款收入的部分所得。另外，确定分成比例彻底改变了以前探矿权采矿权“谁出让，价款收入就归谁”而造成的中央与地方事权划分不清的局面。这明确了不论探矿权采矿权由哪级政府出让，价款收入一律实行中央地方二八分成，有利矿业权出让的管理。而中央的收入同样遵循“取之于矿、用之于矿”的原则，全部投入中央地勘基金，这对于矿产资源勘查开发将是巨大的推动。

要加强地方政府对探矿权采矿权价款的管理，完善地方政府间的收入分配模式。收取的探矿权采矿权价款依省、市、县 5:2:3 比例就地缴入同级国库分配，并按有关规定安排使用，省级政府拿大头。但在山西省，在 2004 年山西省财政厅发布的晋财预［2004］105 号文件中却规定：对于收取的煤炭资源的采矿权价款，变现价款省、市、县按照 3:2:5 的比例收取，公开竞价则是 2:3:5，即县级政府拿大头。

第8章

资源税收与收费制度的协调完善

2009年，温家宝总理在政府工作报告中强调“加快建立健全矿产资源有偿使用制度和生态补偿机制”。直至今日，中国在资源节约和环境保护工作中取得了重大突破。2014年9月，在纽约召开的联合国气候峰会中，多国政要、媒体、科研以及企业界人士纷纷在峰会前后发表言论，对中国这些年在节能减排、改善环境方面的努力表示赞赏。今后的发展道路中，进一步深化资源环境相关领域政策改革是完善我国资源消费模式和环境质量的重要环节。基于此，推进资源性产品的价格改革，完善资源管理体系，实现“建设资源节约型、环境友好型社会”的经济发展战略目标，首先必须准确界定资源税费的功能和性质，在维持现行税费并存的资源税费制度体系的基础上，进一步进行合理科学的规划，为资源的高效开发、利用提供有利的制度保障。

8.1 资源税收与收费制度功能的协调

资源税和费两者在性质、形式、立法目的上存在诸多差异，使得两者改革方向不尽相同，这也说明资源税和费通过完善将在今后一定时期内，在各自领域内发挥各自独特的功能与作用。资源税费功能的协调应建立在各种税费征收项目形式上的搭配协调基础之上，因此在探讨资源税费功能协调问题之前，首先分析资源税费形式或体系的协调。

8.1.1 协调资源税收与收费制度的形式及体系

通过前面几个章节的研究，我们已经了解到：资源税和费，两者性质不同，作用于不同的领域，发挥不同的功能。税收与费等其他财政收入相比，更为规范、稳定、持续，可以确保政府提供资源和环境保护等公共产品所需的物质基础。此外，从我国目前的税制结构来看，资源税也有着独特的作用。众所周知，我国已经形成了偏重于生产流通环节的税收征管制度，但是从社会再分配的角度看，今后应逐步加强对要素收入的调节，只有这样，才可以形成一个比较完整的收入分配基础。而矿产资源则是生产要素中一个不可或缺的重要组成部分，由于国内的资源类产品价格与国际价格间的落差产生暴利空间，使得资源开发行业可持续发展受到威胁，这需要利用税收来进行调节。

费一般具有很强的受益性，且较为灵活，征收目的和用途都很明确，是一种取得资源财产所有权补偿收益的最佳手段。广义上，费与税相比较而言，两者的差异性体现在征收主体、是否具有无偿性、是否专款专用等方面。其中就征收主体而言，税通常由税务机关、海关和财政机关收取；费通常由其他税务机关和事业单位收取。在是否具有无偿性问题上，国家收费遵循有偿原则，而国家收税遵循无偿原则；有偿收取的是费，无偿课征的是税，这是两者在性质上的根本区别。从资金用途上而言，税款一般是由国家通过预算统一支出，用于社会公共需要，除极少数情况外，一般不实行专款专用；而收费多用于满足收费单位本身业务支出的需要，专款专用，因此，税与费不能混淆。

由此可见，在我国目前的经济社会环境下，一味追求税费合一不是最优的选择，应转变“清费立税”和“取消资源税”等极端的认识，明确国家凭借行政权力征税与凭借财产所有权收取补偿费这两者之间的界限。借鉴国际上的通行做法，在今后较长的时期内，税费并存应是我国资源税费制度改革的一个基本思路。因此，今后的改革要继续坚持资源税费两种形式并存的运行模式，同时合并功能相近的税费征收项目，简化资源开采环节税费体系。按照这一改革思路，我国的资源税费体系由现阶段的一税五费二款（一税是指资源税，五费是指矿产资源补偿费、矿区使用费、石油特别收益金、探矿权使用费、采矿权使用费；二款是指探矿权价款、采矿权价款），改为一税四费二款，保留资源税，取消矿区使用费和矿产资源补偿费，建立权利金制度，继续实施探矿权采矿权价款和使用费制度。这种改革可以明确收益划分，解决目前我国矿产收益“多费”的格局，同时，有助于避免对资源性资产重复收费的说法，也有利于减化税费结构，完善征收管理。改革后的资源税费体系见图 8－1。

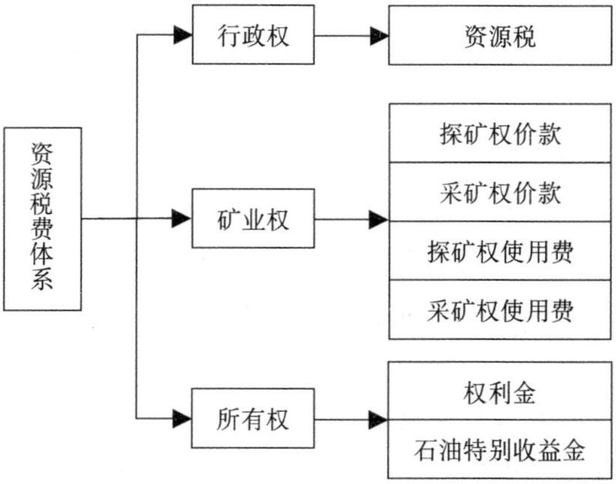

图 8－1　资源开采环节税费体系

8.1.2　协调资源税收与收费制度的功能

在税费并存的模式下，如何合理定位税与费的功能、协调两者的作用机制发挥效用的范围，从而避免产生歧义、减少理论和实践的混乱，是资源税费改革成功与否的关键所在。总体上来讲，资源税收与收费制度在确保收入按时、足额入库的同时，充分体现效率和公平原则，从而促进资源的高效合理利用。

在具体功能定位上，资源税作为普遍调节的手段，其主要作用仍然为：调节资源的级差收益，促进资源的合理开发，遏制资源的乱挖滥采，使资源产品的成本和价格能反映出其稀缺性。同时，通过征税，为政府筹集保护资源和治理环境的必要资金，维护代际公平。

权利金或特别收益金在实现国家对资源所有权的价值补偿的同时，应成为专门的和特殊的调节手段。专门的调节手段是指，其主要作用是保障和促进矿产资源的勘查、保护与合理开发，提高对矿产资源的有效利用，控制资源开采过程中的“采富弃贫”现象。特殊的调节手段是指，其作用主要是对资源行业暴利的调节，维护国家的权益和社会公共利益。2007 年我国开征的石油特别收益金收入远远高于当年征收的全部资源税收入。石油特别收益金对遏制暴利发挥了明显的作用。当然，权利金或特别收益金并非只应针对石油，对一些价格暴涨的矿产资源产品（如铜、钨等有色金属）也应适时征收特别收益金。

探矿权使用费、采矿权使用费属于行政性收费，其中探矿权使用费是国家将探矿权出让给探矿权人，按法律、法规规定向探矿权人收取的费用，是探矿权有偿取得的具体体现。探矿权使用费和采矿权使用费的征收能够发挥其维护国家对矿产资源的所有权益、避免占用矿地面积过大、时间过长的弊端、保证探矿权人的合法权利的作用，并促进矿业主管部门的管理和监督，加强对矿业企业勘查、开发的科学指导。①

探矿权、采矿权价款起到规范矿业权转让市场，使矿业权交易行为真正与国际接轨，避免地方政府通过探矿权、采矿权而产生的寻租行为，为建立有序健康的矿业权交易市场打下良好的制度基础。在具体操作流程中，按照矿产勘察主体进行差异化处理，即若是属于国家出资探明的，应由国务院国土资源主管部门认定的有资格的评估机构评估确定其矿业权价款；非国家出资的，由组织矿业权出让的出让机关根据拟出让有效期内矿山核实的保有可采储量、矿产品市场合理价格和资源开发条件等因素综合确定矿业权价款。

① 相关资料参考了财政部关于《探矿权采矿权使用费和价款管理办法》（财综字［1999］74 号）。

对无须进行风险勘查即可开采的露天开采矿产及用作普通建筑材料的砂、石、粘土矿产资源，可以直接设置采矿权，由出让机关根据拟批准可供开采资源量、矿产品市场合理价格和资源开发条件等因素综合确定矿业权价款，作为出让参考价，采取招标、拍卖或挂牌等方式有偿出让。①

对于资源消耗环节的税费体系协调问题，则实行“清费立税”的运行模式，将过去税费分离的状况逐步由加油收税方式进行税费并轨。推行燃油税改革，取消包括公路养路费、航道养护费、公路运输管理费、公路客货运输附加费、水路运输管理费、水运客货运附加费等六项收费，并适时取消政府还贷二级以下公路收费站点。燃油税主要起到因使用污染型资源而产生的负外部效应内部化的作用，增加燃油使用者的成本负担，抑制燃油的过渡消耗。

对于废弃物回收再利用环节的税费体系而言，用废弃物排放税来代替现行的废弃物处理相关收费制度，同时，建立健全鼓励废弃物回收利用的税收优惠政策，从而鼓励企业和个人提高资源回收再利用的积极性。

8.2 资源税收与收费负担的协调

8.2.1 协调资源税费两者之间的成本负担

协调资源税与费两者的成本负担比例。实现这一目标的首要任务就是简化矿业税费征收项目，解决税费项目多、税费重复征收的弊端。在此基础上，按照中央工作精神，完善资源有偿使用制度建设，注重所有者权益的价值补偿问题。与资源管理体制比较健全的发达资源大国相比，我国的资源补偿费收入占资源总体税费的比重远低于国外平均水平。由于我国的煤炭、石油、天然气等在内的资源税费标准偏低，导致资源的使用成本相应较低，难

① 相关资料来源于《广西壮族自治区探矿权采矿权使用费和价款管理暂行办法》的第七条和桂林市政府《自治区人民政府办公厅转发自治区国土资源厅关于培育和规范矿业权市场意见的通知》（桂政办发［2003］164号）。

以起到促进资源合理开发利用的作用，也不利于形成合理的资源要素价格形成机制。因此，在合理调整税与费的征收比例的同时，有效制定税与费的成本分摊比例和模式，并稳步提高矿产资源补偿费、探矿权使用费、采矿权使用费、探矿权价款、采矿权价款在资源税费结构中所占的比例，充分保证资源价值补偿的实现途径。同时确保资源税的现有规模，从而使资源税在调节资源级差收入、保护资源和治理环境污染方面起到不可替代的作用。

8.2.2 协调资源税费与企业的成本负担

资源税费与企业总体成本负担之间的关系与考察企业的有效税率的方式类似。在设计资源型企业整体有效税率时，既要考虑适当调节资源开采行业较高的投资回报率，又要考虑目前老牌的资源开采企业因历史遗留问题而造成的社会“包袱”过重的问题，同时也要看到除了资源税费以外的增值税、企业所得税等税收负担水平。在此基础上，合理制定资源税费的负担水平。结合我国目前的行业平均税费负担水平，资源开采行业的全部资源税费的有效负担率应控制在20% ~25%之间。与此同时，建立资源税费与价格以及销售收入的联动机制，使税费与资源价格和企业的销售收入变化同步协调。

对于燃油税的税负设置问题上，应借鉴与我国在资源禀赋、国情及节能降耗相关政策等方面差异较少的国家的经验来设置目标税率。对于我国来说，这一目标税率在30%左右为宜。但是考虑到我国目前能源供求状况、能源价格等方面的因素，我国首次推出的燃油税改革中的税率不应过高，应保持在15%左右比较公平合理，这将有利于燃油税制改革的运行和不断完善。

8.3 资源税费征管模式的协调

8.3.1 协调政府间征管关系

我国的矿产资源管理是由中央与地方共同协作进行的，国家是矿产资源所有者，中央政府即国务院是国家的代表者，地方政府依据法律和中央政府的授权或委托对本辖区的矿产资源进行管理。在这个过程中，围绕中央与地方的收益分配，中央与地方之间的财政转移支付等问题所产生的财政税收关系就是中央与地方之间的经济关系。中央与地方之间的财政税收关系的实质是社会收入的再分配。在我国当前市场经济的发展和矿业权市场建设时期，协调中央和地方政府之间的资源税费征管关系就显得尤为重要。

正确划分中央与地方的资源管理上的事权是合理解决两者之间财政关系的基础。1996年修改的《中华人民共和国矿产资源法》，是顺应我国市场经济发展转变国家管理职能的需要，为我国目前矿业权市场的建设打下了基础。今后要进一步明晰资源产权、明确各级政府权责，从而避免资源多部门重复管理、机关行政职能欠缺无法进行有效管理等问题。

正确划分中央与地方的财权是解决财政税收关系的关键。按照我国市场经济的要求，中央与地方财权划分的原则是：宏观经济稳定应尽可能集权于中央，资源配置功能应尽可能赋予地方，税种的划分应考虑的是设置某种税目的目的，从而采取相应的划分形式。中央与地方财权的划分是一个很复杂的问题。对于资源税费在各级政府之间的征收管理权利的划分来看，应进一步将资源税费的收入归属和管理权限下放到省级地方政府。因为，地方政府较之中央政府对于资源的开采时间的递延、储量、质量以及开采条件等方面变化的应对上更具有时效性和灵活性，从而更易于对这种变化做出调整，并且能够更好地对因地域差异而产生的级差进行调节。

当前在资源税费并存的局面下，税和费由不同的部门征收，尤其是在收费上，各地管理不相一致，缺乏规范性。其结果导致各地资源企业的税费负担高低不同，无法在资源企业之间形成一个平等竞争的市场环境。基于此，我们结合上述原则，中央政府主要负责制定矿产战略、确定竞争规则和维护资源的可持续开发，为我国矿产业提供经济、技术和制度上的框架。同时，负责全国所有矿产资源的勘查、开发。省级政府负责省所属土地内矿产资源的勘查和开发。企业通过参加政府公开招标租售程序获得矿产开发和生产权，政府不直接干预企业的生产和经营。

与此同时，更多地将资源税费征收权划归地方政府，能够为资源所在地的政府在履行资源管理、环境治理的职能方面提供一个固定的资金来源渠道，有利于提高资源税费在地方财政收入结构中的地位，协调各级政府之间不平衡的利益关系，形成中央及国有资源开发企业向地方“让利”的局面。

中央政府应通过适当的手段协调不同资源禀赋省份之间利益差异，避免资源大省利用资源优势聚敛财富。

此外，财政部门、税收部门、矿业管理部门及环境保护部门等相关机构应通力合作，由各部门代表组成专门工作小组，协调各职能部门之间的资源税费征收管理事务，这有利于消除我国现阶段矿业体制中省级以上条条管理、市和县级以下是块块管理，条块分割，互不通气，资源多头管理的弊端，有效防止各项资金的截流和挪用。同时，可以避免企业因多头申报缴纳资源税费、接受多方检查、协调难度较大而带来的额外行政遵从负担。

8.3.2 建立健全资源保证金制度

可持续发展的两个基本原则是实现代内公平（Intro Generational Equity）和代际公平（Inter Generational Equity）。如何使我国经济摆脱粗放式线性经济模式，走资源综合利用、循环利用的可持续发展道路，是我国实现现代化目标的一个关键问题。借鉴西方国家的经验，在中央政府的统一规划和监督下，各级地方政府建立资源开发保证金制度（或资源型企业可持续发展准备金制度），严格掌握和规范资金的使用方向，确保资金重点用于可替代资源、环保资源的培育、环境污染的治理的技术革新等方面，从而使“谁开发、谁保护，谁污染、谁治理，谁破坏、谁恢复”的原则落到实处。

制定保证金制度可以使采矿权人在其获得经济利益的同时，主动治理被其破坏的环境。保证金制度的实质是采矿权人为履行矿山环境恢复和土地复垦恢复义务，按政府规定的数量和时间提交保证金。如果采矿权人按规定履行了矿山环境恢复和土地复垦恢复义务，政府将退还该保证金；否则政府可动用保证金进行矿山环境恢复和土地复垦。当发生矿权转让时，也只有政府主管部门颁发证明，并且恢复义务已由提交相同保证金的受让方承担时，才能免除转让者的恢复义务。这体现了“谁污染谁治理，谁开发谁保护，谁破坏谁恢复”的公正原则，使“责、权、利”相统一，确保矿山环境治理资金来源能得到保障。与此同时，在某些资源大省试点实行保证金专户存储和使用，这可以加速矿山环境恢复和土地复垦的进程，使矿山环境恢复初步进入良性循环，为实施全国性的“矿山环境恢复和土地复垦保证金制度”提供示范，并有利于矿业市场的平等竞争。

2013年12月，国务院印发《全国资源型城市可持续发展规划（2013～

2020年)》。规划提出，要加快推进资源税改革，研究完善矿业权使用费征收和分配政策，健全资源性产品价格形成机制。[①] 研究建立资源型企业可持续发展准备金制度，健全资源开发补偿机制和利益分配共享机制。现阶段，我国矿业发展形势良好，进入了高增长期，矿产品价格普遍较高，这为实施全国性的资源环境保证金制度提供了良好的政策环境。

8.4 资源税费收入用途的协调

资源税费制度改革设计内容广泛，除了调整范围大小、征缴比例高低，征收方式从“从量计征”改由“从价计征”以外，最为核心的一点就是新一轮资源“税改”所增加的蛋糕归谁分食？本节将探讨如何协调和完善资源税与费的收入用途问题。

8.4.1 规范资源税收入的用途

资源税收入的归属和用途问题是国家自1984年开征资源税以来的30多年历程中始终未曾明确的部分，是否妥善处理这一问题是深化此项“税改”造福民生的正当性所倚。只有在明确了资源税收入的用途，并建立一套有效监督此项税收用于民生的制度保障，才能使得深化此项“税改”具有现实意义和长远价值。

矿山资源的开发活动对于环境造成众多影响，如开矿造成植被、山脉等一系列破坏，还造成粉尘、有害气体污染，堆积成山的尾矿沙及矿碴吞食掉大量农田。这些对环境带来的负面影响不可避免，但政策部门可以通过开征资源税来筹集生态修复的巨额补偿投资。发达国家开征资源税时最初的、最为主要的政策目的也正是基于此。

大多数情况下，矿山资源所在地是处于经济社会发展相对落后，甚至坐落于贫困地区。像我国这样，实行矿产资源国家所有的经济体制中，矿山资源的所有权归属方面虽然是国家所有，但矿产资源受到当地自然资源禀赋和

① 资料来自中国新闻网《加快推进资源税改革，健全开发补偿机制》，2013年12月3日。

地理、地貌特征的影响，且采矿活动带来的环境污染问题使得资源所在地的民众具有享有一定比例的开采“开矿红利”的权利。这既是构建“和谐矿区”的政策手段，也是解决矿区周边民众“守着金山银山讨饭”（不得不长期依赖中央财政充其量只具有雪中送炭价值、至多维持矿区周边贫困人口“低保”的转移支付）的根本性举措之一。

此外，国内矿山资源和油气资源，长期遭受矿（田）周边民众偷、盗、抢以及滥采滥挖，虽经公安部门反复打击而久治不愈，近几年则屡屡演变成“群体事件”，若追其病根还在于没有把“开矿红利”适当分给周边民众享有。所以，解决矿区周边民众“生计补偿资金”的来源，是国外开征资源税的又一政策初衷。

国际上通行的做法是资源税通常属于中央税范畴，或者中央拿大头地方拿小头。在我国，资源税开征之初就被界定为地方税，地方政府没有履行负责实施矿区生态恢复义务，中央政府也疏于监督，导致地方政府滥用资源税收入、资源枯竭期的矿区及城市呈现为满目疮痍凋弊败落状态。基于此，构建中央政府对于地方政府资源税收入的使用监督机制及问责机制，或适度增加中央政府对于资源税收入的财（税）权，推进中央政府在全国范围内实施统筹兼顾的“二次分配”。总体而言，中央政府或地方政府取得的资源税收入用于两种途径：一种是矿区所在地的生态补偿资金；另一种是资源可持续利用建设资金。

8.4.2 规范资源收费的用途

政府收费原则上一般具有明确的目的性和指定用途，“专款专用”性质较强，多具有很强的专业用途特征。以矿产资源补偿费而言，中央与地方分成比例通常为5:5或4:6（自治区），收上来的费用主要用于矿产资源勘查与保护，但是在各级政府之间收入的分配和使用过程中存在诸多问题，矿产资源补偿费的分成比例与用途未能更多地考虑基层和地方的利益，比如矿产资源补偿费的收入分配方面没有充分考虑地方政府或基层的经费问题。

目前较为突出的现象是，许多地方基本上是靠坐支矿产资源补偿费来维持工作，从而打消了征收业务人员的积极性，矿产资源补偿费违规挪用的情况屡屡发生。另外，征收管理人员与业务量之间不匹配的现象较多，人口大省和人口小省之间的人员配置差距非常明显。人口大省的县级国土资源局，工作人员数量超过国家财政规定的供养编制人数，2010年前后，河北省张家口市20个区县的国土资源系统共有干部职工3000多人，而财政供养人员不足10%，有近2700人需要自收自支；吉林省矿产资源补偿费征管部门的700多人均为自筹自支的编外人员，行政经费严重不足。在自筹经费供养本地区政府管理人员及地方财政支出拮据的双重压力下，一些地方政府为了本地利益，违反规定把收缴的矿产资源补偿费全部纳入地方财政，资金由地方财政统一管理，违规截留、挪用和坐支现象比较突出。①

与此相反，人口比较少的少数几个省份在管理人员和经费的合理分配方面存在诸多矛盾，如贵州、云南等，虽然矿产资源管理中的政府办公经费充足，但由于受到机构设置和人员编制等方面的限制，大部分市级国土资源部门及部分县级国土资源部门将地质、环境和矿管等职能合设在一个科室，只有1~2名人员，却担负着采矿权、探矿权、地质环境、矿产资源储量管理和矿产资源开发利用监督等方面的工作，不能适应矿山多、分布散的现状，影响了矿产资源补偿费的足额征收。因此在完善相关管理部门的机构设置基础上合理分配政府管理人员，做到业务与人员比配、经费与办公规模匹配的基本要求。

除了矿产资源补偿费以外，探矿权采矿权使用费或价款等都应当严格遵守“专项用于矿产资源勘查、保护和管理支出”的原则，由国务院地质矿产主管部门和省级地质矿产主管部门提出使用计划，报同级财政部门审批后，拨付使用。并按照矿产资源管理权限完善中央及省、市、县各级的财政专户，财政部门和地质矿产主管部门实施探矿权采矿权使用费和价款收入的财务管理与监督，切实加强事前、事中、事后的监管工作，定期检查探矿权采矿权使用费和价款收入的情况，保证矿产资源各类相关费用合法、有效、规范的使用。

8.5 总结及展望

资源税费制度改革是财政体制改革的重要内容，也是我国经济持续、有

① 王琼杰在中国矿业网中《矿产资源补偿费征收难在哪?》的部分资料整理，http://www.chinamining.com.cn，2010年1月6日。

效、高速增长的助推器。我国政府相关部门近日发布的信息表明在资源税费领域政府开展的改革内容以及政策意图和倾向，这些信息包括，**2014年10月9日和10日，财政部联合国家税务总局、国家发展改革委连续发布的《关于实施煤炭资源税改革的通知》（财税［2014］72号）、《关于调整原油、天然气资源税有关政策的通知》（财税［2014］73号）和《关于全面清理涉及煤炭原油天然气收费基金有关问题的通知》（财税［2014］74号）3项通知。上述改革表明，资源税费体制改革中首要任务是“清费”，即全面清理涉及煤炭、原油、天然气的行政性收费；其次是“立税”，重要改革举措为煤炭资源税由从量计征改为从价计征。**

今后的改革中立税清费来降低企业税费负担是重中之重。根据国土资源部数据显示，2013年全国矿产资源补偿费征收入库额为212.5亿元，比上年增加了7.6%，煤炭、石油、铁、金和天然气依次为收费规模占比最大的前五种资源产品。此前，煤炭企业还需缴纳包括价格调节基金在内的一些收费基金，其中部分收费基金与资源税在性质、征收环节及对象、方式等方面基本雷同，存在费重税轻、税费结构不合理、重复征收等问题。据中国煤炭工业协会的估算显示，煤炭企业各种税费的负担占销售收入的21.03%，各种行政性收费的负担占到14.01%，合计35.04%。此外，据2013年中央财经大学中国煤炭经济研究院发布的报告统计，目前中国涉煤的税费不少于109项，除21个税种外，还有不少于88项的各种规费。其中政府的收费已占到了煤炭企业净利润的43%。而此次煤炭资源税改革的一个主要目的，就是清除这些不符合法律的税费和基金。①

理顺煤炭、石油、天然气等领域繁杂且沉重的税费和基金，正费清税、提税减费一直是矿产资源税改革的一大重点及难点，为保证不增加煤炭企业整体税费负担，今后的资源税费改革应坚持矿产资源税费改革“清费”与“立税”并行的原则，并积极拓展新的政策改革模式，有效贯彻执行资源税费制度改革。

---

① 相关数据及资料来源于“清费立税下的资源税改革”的部分内容，《中国经济时报》2014年10月16日。

附　录

附录 1　采矿业及矿物加工业废水排放及处理情况

单位：万吨

行　业	汇总企业数（个）	排放总量	排放达标量	超标量
煤炭开采和洗选业	3610	73040	67680	5360
石油和天然气开采业	224	9988	9321	667
黑色金属矿采选业	1077	16032	14970	1062
有色金属矿采选业	1604	43374	38360	5013
非金属矿采选业	710	8663	8129	533
其他采矿业	103	1339	1121	218
石油加工、炼焦及核燃料加工业	1439	73126	71837	1289
化学原料及化学制品制造业	9326	324026	303982	20043
非金属矿物制品业	21402	40265	36705	3560
黑色金属冶炼及压延加工业	3678	156862	152605	4257
有色金属冶炼及压延加工业	2408	31807	29875	1931
金属制品业	5995	33335	31643	1691

注释：本表为 2007 年数据。

资料来源：根据 2008 年《中国统计年鉴》数据整理。

附录 2　工业按行业分废气排放及处理情况

单位：万吨

行　业	工业二氧化硫		工业烟尘		工业粉尘	
	排放量	去除量	排放量	去除量	排放量	去除量
煤炭开采和洗选业	17.53	10.22	9.20	184.94	13.91	17.59
石油和天然气开采业	3.04	9.67	1.03	3.21	0.30	0.56
黑色金属矿采选业	5.37	1.02	1.98	23.34	3.52	31.03
有色金属矿采选业	18.25	16.58	2.62	7.57	1.34	13.78
非金属矿采选业	6.58	3.09	3.76	25.77	7.29	12.84
其他采矿业	0.27	0.02	0.23	0.37	0.33	4.57
石油加工、炼焦及核燃料加工业	65.44	179.41	41.02	264.78	20.83	44.07
化学原料及化学制品制造业	111.62	84.53	47.85	692.32	13.73	126.29
非金属矿物制品业	182.62	43.90	109.31	462.90	445.02	4466.76
黑色金属冶炼及压延加工业	162.47	49.75	67.99	967.44	101.83	2287.55
有色金属冶炼及压延加工业	68.36	611.52	15.39	301.50	10.69	497.15
金属制品业	5.19	30.17	2.63	12.54	1.30	36.21

注释：本表为 2007 年数据。

资料来源：根据 2008 年《中国统计年鉴》数据整理。

附录 3　按行业分工业固体废物产生及处理利用情况

单位：万吨

行　业	综合利用量	贮存量	处置量	排放量	产生量
行业总计	142053	86304	20698	41190.3	1199.93
煤炭开采和洗选业	19352	12337	1886	5700.0	374.15
石油和天然气开采业	119	60	6	42.6	10.74
黑色金属矿采选业	13680	2313	4362	6888.9	115.82
有色金属矿采选业	18339	4829	4176	9284.5	227.69
非金属矿采选业	1170	653	274	234.1	23.30
其他采矿业	107	60	14	32.4	0.68
非金属矿物制品业	4224	4283	63	165.4	85.22
黑色金属冶炼及压延加工业	29149	20829	1524	6744.9	121.13
有色金属冶炼及压延加工业	5544	1975	1098	6643.7	34.79
金属制品业	227	312	2	17.7	1.24

注释：本表为 2007 年数据。

资料来源：根据 2008 年《中国统计年鉴》数据整理。

附录4 石油和天然气储量

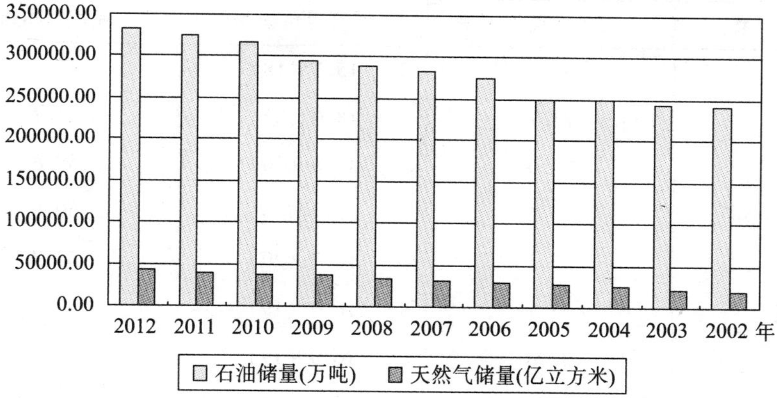

附录5 煤炭储量（亿吨）

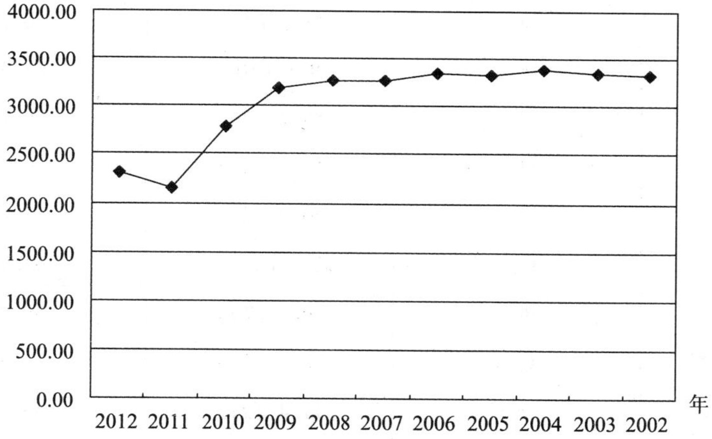

附录6 OECD国家每升汽油的间接税负担率

单位:%

国 家	个别间接税负担率	增值税负担率	税收负担率
墨西哥	—	13（15）	13
美国	12.7	—	12.7
加拿大	23.8	6.5（7）	30.3
澳大利亚	28.4	9.1（10）	37.5
新西兰	31.2	11.1（12.5）	42.3
日本	40.1	4.6（5）	44.8

续表

国 家	个别间接税负担率	增值税负担率	税收负担率
希腊	32.2	15.3（18）	47.5
波兰	33.7	18.0（22）	51.7
西班牙	37.0	13.8（16）	50.8
瑞士	43.6	7.1（7.6）	50.6
匈牙利	37.3	16.7（20）	53.9
斯洛伐克	37.7	16.0（19）	53.7
捷克	38.6	16.0（19）	54.6
卢森堡	38.8	13.1（15）	51.9
奥地利	37.6	16.6（20）	54.2
爱尔兰	39.4	17.3（21）	56.7
韩国	48.6	9.1（10）	57.6
意大利	42.4	16.7（20）	59.1
葡萄牙	42.1	17.4（21）	59.5
瑞典	41.4	20.0（25）	61.4
法国	45.6	16.4（19.6）	61.9
丹麦	39.9	20.0（25）	59.9
芬兰	43.8	18.0（22）	61.9
比利时	41.9	17.4（21）	59.3
德国	48.5	13.8（16）	62.3
英国	49.5	14.9（17.5）	64.4
荷兰	45.8	16.0（19）	61.8
挪威	41.4	20.0（25）	61.4
土耳其	48.1	15.2（18）	63.3

注：1. 美国无增值税，因此仅课征销售税；墨西哥则仅课征增值税。

2.（）中的数值是各国增值税标准税率。

3. 各国数据大部分为2008年前后的资料整理。

附录7 矿产资源补偿费费率表

矿 种	费率
石油、天然气、煤炭、煤层气、石煤、油砂	1%
天然沥青、油页岩、铁、锰、铬、钒、钛、铜、铅、锌、铝土矿、镍、钴、钨、锡、铋、钼、汞、锑、镁	2%
石墨、磷、自然硫、硫铁矿、钾盐、硼、水晶（压电水晶、熔炼水晶、光学水晶、工艺水晶）、刚玉、蓝晶石、硅线石、红柱石、硅灰石、钠硝石、滑石、石棉、蓝石棉、云母、长石、石榴子石、叶蜡石、透辉石、透闪石、蛭石、沸石、明矾石、芒硝（含钙芒硝）、金刚石、石膏、硬石膏、重晶石、毒重石、天然碱、方解石、冰洲石、菱镁矿、萤石（普通萤石、光学萤石）、黄玉、电气石、玛瑙、颜料矿物（赭石、颜料黄土）、石灰岩（电石用灰岩、制碱用灰岩、化肥用灰岩、熔剂用灰岩、玻璃用灰岩、水泥用灰岩、建筑石料用灰岩制灰用灰岩、饰面用灰岩）、泥灰岩、白垩、含钾岩石、白云岩（冶金用白云岩、化肥用白云岩、玻璃用白云岩、建筑用白云岩）、石英岩（冶金用石英岩、玻璃用石英岩、化肥用石英岩）、砂岩（冶金用砂岩、玻璃用砂岩、水泥配料用砂岩、砖瓦用砂岩、化肥用砂岩、铸型用砂岩、陶瓷用砂岩）、天然石英砂（玻璃用砂、铸型用砂、建筑用砂、水泥配料用砂、水泥标准砂、砖瓦用砂）、脉石英（冶金用脉石英、玻璃用脉石英）、粉石英、天然油石、含钾砂页岩、硅藻土、页岩（陶粒页岩、砖瓦用页岩、水泥配料用页岩）、高岭土、陶瓷土，耐火粘土、凹凸棒石粘土、海泡石粘土、伊利石粘土、累托石粘土、膨润土、铁矾土、其他粘土（铸型用粘土、砖瓦用粘土、陶粒用粘土、水泥配料用粘土、水泥配料用红土、水泥配料用黄土、水泥配料用泥岩、保温材料用粘土）、橄榄岩（化肥用橄榄岩、建筑用橄榄岩）、蛇纹岩（化肥用蛇纹岩、熔剂用蛇纹岩、饰面用蛇纹岩）、玄武岩（铸石用玄武岩、岩棉用玄武岩）、辉绿岩（水泥用辉绿岩、铸石用辉绿岩、饰面用辉绿岩、建筑用辉绿岩）、安山岩（饰面用安山岩、建筑用安山岩、水泥混喝彩用安山玢岩）、闪长岩（水泥混合材用闪长玢岩、建筑用闪长岩）、花岗岩（建筑用花岗岩、饰面用花岗岩）、麦饭石、珍珠岩、黑曜岩、松脂岩、浮石、粗面岩（水泥用粗面岩、铸石用粗面岩）、霞石正长岩、凝灰岩等	2%
地热、铀、钍、铌、钽、铍、锂、锆、锶、铷、铯、镧、铈、镨、钕、钐、铕、钇、钆、铽、镝、钬、铒、铥、镱、镥、钪、锗、镓、铟、铊、铼、镉、硒、碲	3%

续表

矿种	费率
二氧化碳气、硫化氢气、氦气、氡气	3%
金、银、铂、钯、钌、锇、铱、铑、离子型稀土、宝石、玉石、宝石级金刚石、矿泉水	4%
湖盐、岩盐、天然卤水	0.5%

注：地下水费率及征收管理办法由国务院另行规定。

附录8 矿区使用费征收标准

矿区使用费，按照每个油、气田日历年度原油或者天然气总产量分别计征。

矿区性质	征收级次	征收标准
(1) 开采陆上石油资源的矿区使用费	①陆上原油矿区使用费费率：	
	年度原油总产量不超过5万吨的部分	免征矿区使用费
	年度原油总产量超过5万吨至10万吨的部分	费率为1%
	年度原油总产量超过10万吨至15万吨的部分	费率为2%
	年度原油总产量超过15万吨至20万吨的部分	费率为3%
	年度原油总产量超过20万吨至30万吨的部分	费率为4%
	年度原油总产量超过30万吨至50万吨的部分	费率为6%
	年度原油总产量超过50万吨至75万吨的部分	费率为8%
	年度原油总产量超过75万吨至100万吨的部分	费率为10%
	年度原油总产量超过100万吨的部分	费率为12.5%
	②陆上天然气矿区使用费费率：	
	年度天然气总产量不超过1亿标立方米的部分	免征矿区使用费
	年度天然气总产量超过1亿标立方米至2亿标立方米的部分	费率为1%
	年度天然气总产量超过2亿标立方米至3亿标立方米的部分	费率为2%
	年度天然气总产量超过3亿标立方米至4亿标立方米的部分	费率为3%
	年度天然气总产量超过4亿标立方米至6亿标立方米的部分	费率为4%
	年度天然气总产量超过6亿标立方米至10亿标立方米的部分	费率为6%
	年度天然气总产量超过10亿标立方米至15亿标立方米的部分	费率为8%
	年度天然气总产量超过15亿标立方米至20亿标立方米的部分	费率为10%
	年度天然气总产量超过20亿标立方米的部分	费率为12.5%

续表

矿区性质	征收级次	征收标准
(2) 开采海洋石油资源矿区使用费	①海洋原油矿区使用费费率:	
	年度原油总产量不超过 100 万吨的部分	免征矿区使用费
	年度原油总产量超过 100 万吨至 150 万吨的部分	费率为 4%
	年度原油总产量超过 150 万吨至 200 万吨的部分	费率为 6%
	年度原油总产量超过 200 万吨至 300 万吨的部分	费率为 8%
	年度原油总产量超过 300 万吨至 400 万吨的部分	费率为 10%
	年度原油总产量超过 400 万吨的部分	费率为 12.5%
	②海洋天然气矿区使用费费率:	
	年度天然气总产量不超过 20 亿立方米的部分	免征矿区使用费
	年度天然气总产量超过 20 亿立方米至 35 亿立方米的部分	费率为 1%
	年度天然气总产量超过 35 亿立方米至 50 亿立方米的部分	费率为 2%
	年度天然气总产量超过 50 亿立方米	费率为 3%

附录 9 探矿权使用费征收标准

探矿权使用费以勘查年度计算，按区块面积逐年缴纳。

第一个勘查年度	第二个勘查年度	第三个勘查年度	第四个勘查年度	第五个勘查年度
每平方公里 100 元	每平方公里 100 元	每平方公里 100 元	每平方公里 200 元	每平方公里 300 元
第六个勘查年度	第七个勘查年度	第八个勘晒年度	第九个勘查年度	第十个勘查年度
每平方公里 400 元	每平方公里 500 元	每平方公里 500 元	每平方公里 500 元	每平方公里 500 元

注释：最高不超过每平方公里每年 500 元。

资料来源：财综字［1999］74 号关于印发《探矿权采矿权使用费和价款管理办法》的通知。

附录 10 采矿权使用费征收标准

采矿权使用费按矿区范围面积逐年缴纳，每平方公里每年 1000 元。

附录 11　探矿权采矿权价款征收标准

探矿权采矿权价款以国务院地质矿产主管部门确认的评估价格为依据，一次或分期缴纳，但探矿权价款缴纳期限最长不得超过 2 年，采矿权价款缴纳期限最长不得超过 6 年。

参考文献

[1] 安尼尔·特维：“中国的能源与环境——经济发展的两大制约因素”，《世界环境》2006 年第 4 期。

[2] Pigou. Welfare Economics. London, Mac Millan, 4th Edition, 1946.

[3] R. h. Coase. The Problem of Social Cost. The Journal of Law and Economics, October, 1960.

[4] 阿兰·兰德尔著：《资源经济学》，施以正译，商务印书馆 1989 年版。

[5] Dahmen. Z. Environmental Controland Economics Systems [A]. P. Bohm and A. V. Kneece (ed). The Economics of Environment [C]. London: Macmillan Press Ltd, 1974.

[6] 威廉·J·鲍莫尔、华莱士·E·奥茨著：《环境经济理论与政策设计（第二版）》，经济科学出版社 2003 年版。

[7] 汤姆·泰坦伯格著：《环境与自然资源经济学（第五版）》，经济科学出版社 2003 年版。

[8] 王国华、马衍伟著：“中国：发展循环经济的税收政策选择”，中国可持续发展研究会。《2005 中国可持续发展论坛学术年会论文集（上册）》，中国财政经济出版社 2005 年版。

[9] 王金南著：“打造中国绿色税收——中国环境税收政策框架设计与实施战略”，《环境经济杂志》2006 年第 9 期。

[10] 杨斌著：“论面向 21 世纪的中国税制（下）”，《涉外税务》1999 年第 2 期。

[11] 计金标著：“论生态税收的理论基础问题”，《税务研究》2000 年

第9期。

[12] 郑琳著:“坚持可持续发展战略与我国资源税制的完善”,《税务研究》1999年第4期。

[13] 龚辉文著:《促进可持续发展的税收政策研究》,中国税务出版社2005年版。

[14] 张新安著:《现代市场经济国家矿业税收制度研究》,地震出版社1997年版。

[15] 黄桦著:《税收学》,中国人民大学出版社2006年版。

[16] 李慧玲著:“我国资源税收体系的完善”,《广西公安管理干部学院学报》2002年第3期。

[17] 张秀莲著:“可持续发展与资源课税”,《云南财贸学院学报》2001年第2期。

[18] 龚辉文、沈东辉、王建民著:“资源课税问题研究”,《税务研究》2002年第7期。

[19] 张平竺著:“完善我国资源税的设想”,《福建税务》2000年第11期。

[20] 袁怀雨、李克庆著:“资源税与矿产资源补偿制度改革”,《资源·产业》2000年第3期。

[21] OECD. Environmental Policy: How to Apply Economic Instrument. Paris, 1993.

[22] 托马斯·思德纳著:《环境与自然资源管理的政策工具》,上海三联书店2005年版。

[23] 保罗·R. 伯特尼、罗伯特·N. 史蒂文斯著:《环境保护的公共政策》,上海三联书店2004年版。

[24] 美国科罗拉多矿业学院全球资源政策和管理研究院著:《全球矿业税收比较研究》,地质出版社2006年版。

[25] 姜文来、杨瑞珍著:《资源资产论》,科学出版社2003年版。

[26] 彭成洪著:《国有资产管理》,中国财政经济出版社2002年版。

[27] 斯蒂格利茨著:《公共部门经济学(第三版)》,中国人民大学出版社2005年版。

[28] 范里安著:《微观经济学:现代观点》,上海三联出版社1992年版。

[29] 洪银兴著："政府干预效率的经济学分析"，《江苏行政学院学报》2003 年第 1 期。

[30] 宋圭武著："对租的若干思考"，《东方》2000 年第 12 期。

[31]（英）伊特韦尔：《新帕尔格雷夫经济学大辞典》，经济科学出版社 1996 年版。

[32] 大卫·N·海曼著：《公共财政——现代理论在政策中的运用》，中国财政经济出版社 2001 年版。

[33] 毛程连著：《公共财政理论与国有资产管理》，中国财政经济出版社 2003 年版。

[34] 普拉伊特·K·杜塔著：《策略与博弈——理论及实践》，上海财经大学出版社 2005 年版。

[35] 鲍德威·威迪逊著：《公共部门经济学》，中国人民大学出版社 2000 年版。

[36] 罗伯茨·史蒂文斯著：《环境保护的公共政策》，上海三联出版社 2004 年版。

[37] 莱斯特·R·布朗著：《生态经济：有利于地球的经济构想》，东方出版社 2002 年版。

[38] 朱善利著：《微观经济学》，北京大学出版社 2007 年版。

[39] 汪应宏、汪云甲、王晓著：《资源经济导论》，中国矿业大学出版社 2005 年版。

[40] 朱永峰著：《矿产资源经济概论》，北京大学出版社 2007 年版。

[41] 王克强、赵凯、刘红梅著：《资源与环境经济学》，上海财经大学出版社 2007 年版。

[42] OECD 著：《环境管理中的经济手段》，中国环境科学出版社 1996 年版。

[43] 王金南著：《环境经济学：理论·方法·政策》，清华大学出版社 1994 年版。

[44] 沈满洪、何灵巧著："环境经济手段的比较分析"，《浙江学刊》2001 年第 6 期。

[45] 曲格平著："论社会主义市场经济下的环境管理"，《中国人口、资源与环境》1999 年第 3 期。

[46] 谢剑、王金南、葛察忠著："面向市场经济的环境与资源保护政

策”，《环境保护》1999 年第 11 期。

[47] Xavier Chen、Lilita－B、Bacareza 著：“亚洲正在工业化的国家中经济手段和法规手段在环境管理上的运用”，《产业与环境》1996 年第 18 卷第 4 期。

[48] 王伟黎、庄亚辉、Roger Ranfer 著：“我国环境经济方面的能力建设与国际援助”，《环境污染治理技术与设备》2000 年第 1 卷第 4 期。

[49] 谭彪著：“环境经济手段的局限：从各国实践的角度考虑”，《世界环境》2000 年第 2 期。

[50] 何贤杰、余浩科、刘斌著：《矿产资源管理通论》，中国大地出版社 2002 年版。

[51] 国土资源部地籍管理司著：《全国土地利用变更调查报告 2003》，中国大地出版社 2004 年版。

[52] 关凤峻著：“资源税和补偿费理论辨析”，《中国地质矿产经济》2001 年第 8 期。

[53] 袁怀雨、李克庆著：“资源税与矿产资源补偿费制度改革”，《资源·产业》2000 年第 3—4 期。

[54] 柳正著：“中国矿产资源税费改革进程、面临问题及相关建议”，见原：中国地质矿产经济学会资源管理专业委员会编，《2006 年学术交流论文汇编》，矿业出版社 2007 年版。

[55] 刘权衡、贺有著：“矿产资源税费改革的正确方向”，《西部资源》2006 年第 6 期。

[56] 肖兴志、李晶著：“我国资源税费改革的战略选择”，《社会科学特刊》2006 年第 3 期。

[57] 叶建宇著：“浅议资源税‘税费合一’”，《科技咨询导报》2007 年第 2 期。

[58] 王广成著：“中国资源税费理论与实践”，《中国煤炭经济学院学报》2002 年第 6 期。

[59] 孙钢著：“我国资源税费制度存在的问题及改革思路”，《税务研究》2007 年第 11 期。

[60] 殷众、苏迅著：“资源税改革势在必行”，《中国国土资源经济》2006 年第 1 期。

[61] 陈文东著：“论矿产资源税费改革”，《中央财经大学学报》2006

年第4期。

［62］陈甲斌著："论矿产资源税费政策调整研究"，《中国地质矿产经济学会资源管理专业委员会2006年学术交流论文汇编》。

［63］冯菱君、李自如著："矿山企业发展中的资源税税收制度研究"，见原：中国有色金属学会编，《第五届学术年会论文集》，矿业出版社2000年版。

［64］张晓东、王蒲成、杨志刚著："谈煤炭资源税适用税额的调整"，《山西财税》2004年第3期。

［65］山西省地方税务局课题组著："改革和完善煤炭资源税的研究"，《税务研究》2004年第12期。

［66］郭云涛著："我国煤炭税费改革的探讨"，《中国煤炭》2006年第6期。

［67］潘伟尔著："煤炭资源税改革之我见"，《中国能源》2006年第6期。

［68］樊明武、李志学、刘永爱著："基于价值分级的级差式石油资源税制研究"，《经济管理》2007年第4期。

［69］李红欣著："中国石油资源税费制度问题研究"，《中国国土资源经济》2006年第11期。

［70］马珺著："资源税与区域财政能力差距——联邦制国家的经验"，《税务研究》2004年第1期。

［71］张媛著："资源税的他国实践及对我国的启示"，《科技创新导报》2007年第33期。

［72］张所续著："国外矿业税费制度对我国的借鉴"，《中国地质矿产经济学会资源管理专业委员会2006年学术交流论文汇编》。

［73］杨人卫著："中外资源税制比较及我国资源税制的完善"，《四川环境》2005年第5期。

［74］鲍升国、李锐著："资源税的作用与完善"，《财政与发展》1997年第1期。

［75］张丽新著："我国现行资源税问题探析"，《市场周刊》2005年第11期。

［76］蒲志仲著："矿产资源税费制度存在问题与改革"，《税务研究》2007年第11期。

[77] 程素萍、王斌著："关于矿产资源税征收标准的探讨"，《中国矿业》2000年第11期。

[78] 许家林著："试论我国资源税税制的完善与改进"，《黑龙江财专学报》2000年第1期。

[79] 张海涛著："浅议资源税的不足与完善——以构建资源节约型社会为视角"，《经济论坛》2006年第3期。

[80] 计金标著："资源课税与可持续发展"，《税务研究》2001年第7期。

[81] 宋国明著："我国周边国家的矿业税费制度"，《国土资源情报》2002年第7期。

[82] 张新安著：《现代市场经济国家矿业税收制度研究》，地震出版社1997年版。

[83] 吕广丰、张新安著："国外与矿业活动有关的专门税费情况综述"，《中国地质矿产经济》1997年第4期。

[84] 黄盛初著：《2004年世界煤炭发展报告》，煤炭工业出版社2004年版。

[85] 谢焕瑛、王立杰著："略论我国煤炭资源税的改革"，《中国人口、资源与环境》1997年第5期。

[86] 陶树人著："对我国矿山企业经济和税收政策的研究"，《中国矿业》2001年第4期。

[87] 郝书辰、曲顺兰著：《新一轮税制改革对地方财政的影响研究》，经济科学出版社2007年版。

[88] 贾康、马衍伟著："推动我国主体功能区协调发展的财税政策研究"，《财会研究》2008年第1期。

[89] 张娟著：《资源税与陕北区域经济发展研究》，延安大学，2008年。

[90] 严良、李伟、骆亨瑞著："西部矿产资源不合理开发的博弈分析"，《煤炭经济研究》2008年第1期。

[91] 中国税务学会学术研究委员会著：《西部大开发战略与税收政策研究》，中国税务出版社2004年版。

[92] 杨人卫著："我国资源税费制度现状及其完善措施"，《环境经济》2005年第5期。

[93] 李昭、方宏伟著："借鉴矿区使用费经验，调整油气资源税税

率”,《资源产业》2004 年第 4 期。

[94] 郭小东著:“资源税制改革探析”,《当代经济研究》2007 年第 3 期。

[95] 吴文洁、胡健著:“我国石油税费制度及其国际比较分析”,《西安石油大学学报(社会科学版)》2007 年第 1 期。

[96] 布鲁斯·米切尔著:《资源与环境管理》,商务印书馆 2004 年版。

[97] 曹心元、陈丽萍、张丽君、徐曙光著:《中国国土资源可持续发展研究报告(2004)》,地质出版社 2005 年版。

[98] 朱迪·丽丝著:《自然资源分配、经济学与政策》,商务印书馆 2002 年版。

[99] 宋梅、王立杰、张严平著:“我国矿业税费制度的国际比较及建议”,《中国矿业》2006 年第 2 期。

[100] 覃兰静、詹小平著:“中国矿产资源产权改革的方向——市场化”,《资源·产业》2004 年第 4 卷第 2 期。

[101] 李万亨著:“矿业权价值的构成及其经弄实现”,《地球科学》2002 年第 1 期。

[102] James M. Otto. Mining Taxation in Developing Countries [R]. Report for UNCTATD, 2002.

[103] Gavin Hilson. Sustainable development policies in Canada'mining secter: an overview of government and industry efforts, Environmental Science & Policy 2000, (3).

[104] 姚金蕊著:“美国、加拿大矿业管理制度及启示”,《矿业快报》2006 年第 1 期。

[105] 张延凯著:“对我国矿业可持续发展问题的分析”,《矿业快报》2005 年第 2 期。

[106] 李燕花著:“美国矿业管理体制及税费政策研究”,《中国国土资源经济》2006 年第 6 期。

[107] 王甲山、王井中著:“我国矿产资源可持续发展税费问题研究”,《资源与产业》2007 年第 3 期。

[108] 吴文洁、胡健著:“我国石油税费制度及其国际比较分析”,《西安石油大学学报(社会科学版)》2007 年第 1 期。

[109] 杨人卫著:“中外资源税制比较及我国资源税制的完善”,《四川

环境》2005 年第 5 期。

[110] 邓中华著："国外矿业税费制度及其对我国的启示"，《湖南经济管理干部学院学报》2006 年第 4 期。

[111] Marvasit. Resource Characteristics, Extraction Costs, and Optimal Exploitation of Mineral Resources. Environmental and Resource Economics, 2000, (17)

[112] 陈甲斌著："矿产资源税费政策调整研究"，《化工矿物与加工》2007 年第 5 期。

[113] 段治平、周传爱、史向东著："中外矿业税收制度的比较与借鉴"，《矿业快报》2006 年第 1 期。

[114] 韩洪今著："论我国矿业税费制度的改革"，《当代法学》2007 年第 2 期。

[115] 潘继平著："我国油气资源税现状及改革方向探讨"，《国际石油经济》2006 年第 2 期。

[116] 杨鲁、李红欣、孙长远著："中国油气资源税费金改革探讨"，《当代经济管理》2006 年第 6 期。

[117] 唐夏韵著："刍议环境税法律制度的构建"，《改革与战略》2005 年第 6 期。

[118] 何小祥著："对水资源征税的探讨"，《湖北财税》2001 年第 18 期。

[119] 朱振芳著："对有关矿产资源补偿费征收问题的刍议"，《中国地质》1999 年第 12 期。

[120] Evaluation of Taxes and Revenues from the Energy Sector. IMF WORKING PAPER (WP/98/34) a.

[121] Constantinos Maglaras, Assaf Zeevi. Pricing and Capacity Sizing for Systems with Shared Resources: Approximate Solutions and Scaling Relations. Management science, 2003, vol. 49 (no. 8).

[122] Jun Lan, Hua - Xiang Cheng. The Grey System and prediction of geological and mineral resources. International workshop on statistical prediction of mineral resources, 1992, 24 (6).

[123] 冯菱君著：《矿山企业税费结构优化研究》，中南大学，2004 年。

[124] 王锋正著：《生态经济视角下西部资源型企业自主创新能力的培

育机理研究》，内蒙古大学，2007 年。

［125］李兴国著：《中国新型矿业税费金结构及计量模型的初步研究》，中国地质大学，2008 年。

［126］王春秀著：《矿业权市场及矿业权价值评估研究》，昆明理工大学，2003 年。

［127］晁坤著：《矿产资源有偿使用制度架构及评估方法研究》，中国矿业大学，2002 年。

［128］Petroleum Taxation/Legislation Report. World Review of 1998. New York，NY：Bar2rows.

［129］刘锡健著：《石油资源资产价值管理体系研究》，成都理工大学，2006 年。

［130］周生军著：《促进循环经济发展的财税政策研究》，东北财经大学，2007 年。

［131］王哲林著：《可持续发展条件下我国环境税有关问题研究》，厦门大学，2007 年。

［132］British Petroleum Statistical Review of World Energy. London，BP plc Food and Agriculture Organisation FAOSTAT Database. Rome：FAO，2002.

［133］Evaluation of Taxes and Revenues from the Energy Sector. IMF WORKING PAPER. WPJ98/34

［134］Conrad F. Robert and Hool R. Taxation of Mineral Resources. Bryce，1980.

［135］Charles E. Mclure. Taxation of Mineral Wealth and Interregional Conflicts. 1983.

［136］O'Faircheallaigh. Indigenous People and Mineral Taxation Regimes［J］. Resources Policy，1998，（4）.

［137］Parsons，Robert B. Mining Taxes and Social Policy［J］. CIM Bulletin，1997，（10）.

［138］Parsons，Robert B. Provincial Mining Taxes：Income Tax，or Expense of Doing Business？［J］. CIM Bulletin，1996，（10）.

［139］Boyarko，G. Yu. Value Added Tax in Production of Mineral Resources［J］. Gornyi Zhurnal，2001，（4）.

［140］Stefan Bach，Michael Kohlhaas，Barbara Praetorius. The Effects of the

Ecological Tax Reform in Germany [J]. Economic Bulletin, 2001, (5).

[141] Tetsuo Ono. Environmental Tax Policy in a Model of Growth Cycles [J]. Economic Theory, 2003, (8).

[142] 王小马著:《可耗竭资源最优消耗问题研究》, 中国地质大学, 2007 年。

[143] 张云著:《非再生资源开发中价值补偿的研究》, 中国发展出版社 2007 年版。

[144] 楼继伟著:"中国税收改革的长期取向: 对生产要素征税",《财经界》2006 年第 1 期。

[145] 星野泉、崔景华著: "美国能源税收政策及启示",《财经论丛》2008 年第 6 期。

[146] 崔景华著: "促进我国排污权交易的财税政策探讨",《财经问题研究》2007 年第 4 期。

[147] 崔景华著: "试析发达国家的产业废弃物税收制度",《辽东学院学报》2009 年第 2 期。

[148] 曲顺兰、路春城著: "循环经济与税收",《税务研究》2005 年第 9 期。

[149] 江峰著:《矿产资源税费制度改革研究》, 中国地质大学, 2007 年。

[150] 朱学义著:《矿产资源有偿开采研究》, 中国矿业大学出版社 1999 年版。

[151] 韩玥著:《我国资源税计征方式改革的研究》, 西南财经大学, 2013 年。

[152] 白瑞彪著:《资源税改革对地方经济的影响》, 西北农林科技大学, 2013 年。

[153] 郭菊娥、钱冬、吕振东、熊洁著: "煤炭资源税调整测算模型及其效应研究",《中国人口、资源与环境》2011 年第 1 期。

[154] 徐晓亮著: "资源税改革中的税率选择: 一个资源 CGE 模型的分析",《上海财经大学学报》2011 年第 1 期。

[155] 贾康著: "关于资源税价联动改革的几个重要问题",《经济纵横》2011 年第 2 期。

[156] 李国平、李恒炜、龚杰昌著: "矿产资源税计征公式改革研究",

《资源科学》2011 年第 5 期。

[157] 曹爱红、韩伯棠、齐安甜著："中国资源税改革的政策研究"，《中国人口、资源与环境》2011 年第 6 期。

[158] 周衍安、汪应宏、王辉、牟毅著："矿产资源税的现状分析与复合式计征方式的设计"，《中国矿业》2011 年第 10 期。

[159] 徐晓亮、许学芬著："资源税税率设置分析、比较和选择"，《自然资源学报》2012 年第 1 期。

[160] 林伯强、刘希颖、邹楚沅、刘霞著："资源税改革：以煤炭为例的资源经济学分析"，《中国社会科学》2012 年第 2 期。

[161] 杨兴著：《我国资源税改革研究》，西南财经大学，2012 年。

[162] 刘立佳著："基于可持续发展视角的资源税定位研究"，《资源科学》2013 年第 1 期。

[163] 李波著："煤炭资源税改革目标实现的困境与对策"，《中国人口、资源与环境》2013 年第 1 期。

[164] 刘晔著："资源税改革的效应分析与政策建议"，《税务研究》2010 年第 5 期。

[165] 刘慧、高新伟著："困境与理路：我国油气资源税改革的绿色方略"，《求索》2013 年第 11 期。

[166] 范宝学著："矿产资源税费制度的国际比较与启示"，《求索》2013 年第 11 期。

[167] 董文福、梁少锋、赵志刚、王志朴著："新疆煤炭资源开发生态补偿的对策建议"，《环境保护》2013 年第 24 期。

[168] 杨建、彭曦著："资源税改革对西部地区经济发展的影响研究"，《云南社会科学》2013 年第 5 期。

[169] 陈兴、刘京著："我国矿产资源生态补偿机制研究综述"，《生态经济》2013 年第 11 期。

[170] 张冬梅著："矿产资源税费政策辨析"，《云南民族大学学报（哲学社会科学版）》2013 年第 5 期。

[171] 王小萍、闫立宏著："我国矿产资源生态补偿法律制度研究——以现行矿产资源税费法律制度为分析视角"，《中国政法大学学报》2014 年第 1 期。

[172] 路春城著："资源税费制度改革的思路与政策建议"，《经济研究

参考》2013 年第 60 期。

[173] 叶莉、马超、尹志军著："转型期我国资源税制改革关键制度要素的调整方向——基于一个非竞争型 I—O 预测模型分析"，《经济研究参考》2013 年第 62 期。

[174] 陈龙著："进一步深化资源税费改革的建议"，《经济研究参考》2013 年第 66 期。

[175] 胡仙荣著："资源税改革对山西经济的影响"，《山西财税》2013 年第 11 期。

[176] 殷爱贞、杨帅、李林芳著："基于 CGE 模型模拟分析矿产资源税税率"，《财会月刊》2013 年第 22 期。

[177] 邹楠著："中国资源税改革的政策效应实证研究——基于 1984 ~ 2011 年数据分析"，《西安财经学院学报》2013 年第 6 期。

[178] 罗能生、张希、肖丽丽著："资源税改革对我国矿产资源产业发展的长期影响研究"，《经济地理》2013 年第 12 期。

[179] 刘植才著："我国资源税制度改革发展的回顾与展望"，《税务研究》2014 年第 2 期。

[180] 解洪涛、陈志勇著："试析煤炭资源税改革中的几个问题"，《税务研究》2014 年第 2 期。

[181] 高新伟、赵文娟著："基于资源耗减补偿的中国油气资源税率优化研究"，《中国人口、资源与环境》2014 年第 1 期。

[182] 孙家胜、王春婷著："我国矿产资源补偿财税政策探析——以油气资源为例"，《税务与经济》2014 年第 3 期。

[183] 殷爱贞、杨帅、刘薇、李林芳著："中国矿产资源税费体系及要素研究"，《中国石油大学学报（社会科学版）》2014 年第 1 期。

[184] 靳利飞、安翠娟著："关于绿色矿山建设的优惠政策探讨"，《中国人口、资源与环境》2014 年第 2 期。

[185] 林炳豪著："资源税对区域财政收入差距影响的实证分析"，《福建农林大学学报（哲学社会科学版）》2014 年第 2 期。

[186] 高琪、张萌旭著："煤炭资源税计征方式探讨——基于定量模拟的研究"，《财政研究》2014 年第 2 期。

[187] 冯曦明、蒋忆宁著："探析资源税改革对西部地区的影响——以甘肃省为例"，《财政研究》2014 年第 2 期。

[188] 裴潇、郑艳娇、蒲志仲著："基于灰色关联模型的资源税对产业结构影响分析"，《统计与决策》2014 年第 10 期。

[189] 张恒、李民著："石油特别收益金的现状及走向分析"，《现代经济信息》2014 年第 9 期。

[190] 吴迪著："基于 CGE 模型的资源税改革对能源行业的影响研究——以煤炭行业为例"，《当代经济管理》2014 年第 7 期。

[191] 王娟、刘志成著："煤炭资源税改革的经济影响和政策建议"，《北方经济》2014 年第 6 期。

[192] 于泉著："浅议我国矿产资源税费问题"，《财经界（学术版）》2014 年第 12 期。

[193] 刘海涛著："资源税计征方式的探讨"，《经济研究导刊》2014 年第 20 期。

[194] Lin, B. Q, Liu, J. H. Estimating Coal Production Peak and Trends of Coal Imports in China. Energy Policy. 2010.

[195] Hung N M, Quyen N V. Specific or Ad Valorem Tax Foran Exhaustible Resource. Economics Letters. 2009.

[196] Geir B Asheim. Hartwick's Rule in Open Economies. Canadian Journal of Economics. 1986.

[197] Diao Xinshen, Roe Terry, Yeldan Erinc. Strategic Policies and Growth: An Applied Model of R&D – driven Endogenous Growth. Journal of Development Economics. 1999.

[198] Johansen, L. A. Multisectoral Study of Economic Growth. 1960.

[199] United Nations. The System of Integrated Environmental and Economic Accounting. . 2000.

[200] Eric Neumayer. "Does the 'Resource Curse' Hold for Growth in Genuine Income as Well". World Development. 2004.

[201] M. Alexeev, R. Conrad. "The Elusive Curse of Oil". The Review of Economics and Statistics. 2009.

[202] J. Geoghegan, W. Gray. "Spatial Environmental Policy". International Year Book of Environmental and Natural Resource Economics2005/2006: A Survey of Current Issues. 2005.

[203] H. J. Alberts, A. Ando, J. F. Shogren. "Introduction to Spatial Natu-

ral Resource and Environmental Economics". Resources and Energy. 2010.

[204] B. Lin, Z. Jiang. "Estimates of Energy Subsidies in China and Impact of Energy Subsidy Reform". Energy Economics. 2011.

[205] J. Xie, S. Saltzman. "Environmental Policy Analysis: An Environmental Computable General Equilibrium Approach for Developing Countries". Journal of Policy Modeling. 2000.

[206] A. Grimaud, L. Rouge. "Non – Renewable Resources and Growth with Vertical Innovations: Optimum, Equilibrium and Economic Policies". Journal of Environmental Economics and Management. 2003.

[207] E. Papyrakis, R. Gerlagh. "The Resource Curse Hypothesis and Its Transmission Channels". Journal of Comparative Economics. 2004.

[208] X. X. Sala – i – Martin, A. Subramanian. "Addressing the Natural Resource Curse: An Illustration from Nigeria". NBER Working Paperno. 9804. 2003.

[209] H. Seibert. "Spatial Aspects of Environmental Economics". Handbook of Natural Resource and Energy Economics. 1985.

[210] BP Statistical Review of World Energy. http://www.bp.com/statisticalreview. 2011.

后　记

本书是在我的博士毕业论文基础上修改而成的，说到博士毕业已是5年多以前那个初夏的事情。对我国资源税费制度的关注源于我2007年参与的财政部经济建设司关于中外资源税制度比较的科研项目。通过承担课题部分内容的研究发现，由于在制度设计之初并没有充分考虑资源领域经济活动的特殊性，导致了我国目前没有形成一套行之有效的资源税费制度体系，而研究资源税费制度问题对于我国发展循环经济、转变经济增长方式、实现“资源节约型、环境友好型”的社会建设目标具有重大的理论意义和实践意义。因此，我与导师王国华教授共同探讨后，将博士毕业论文的研究领域定为资源税费制度问题。但是从着手撰写博士毕业论文到现在已经过去五六年的光景，国家的政策发生了重大变化，在资源以及环境相关的各类政策方面强化了改革的力度。基于此，本书从研究框架、内容甚至研究方法等各个方面都做了重大调整，在原有的架构基础上增加了第2章资源税费的实证分析部分的内容，扩展了研究的视角并强化了论证依据；第7章资源收费制度中也将目前国内的基本改革思路——清费立税的理念贯穿到书中，及时更新国家新的改革动向并响应国家的政策改革导向，体现了应用科学领域的时效性；第8章中也增加了税收收入分配、完善收入用途等相关的一些内容，丰富了本书的写作内容并完善了框架体系。

本书从最初的博士毕业论文选题酝酿、框架设计、材料收集，到如何深入和创新，处处都倾注着我的导师王国华教授极大的心血。踏入博士研究生学习阶段直至如今，王国华教授对科研工作的热爱，对学术研究精益求精的态度，都深深地感染着我。在论文写作过程中，王国华教授给予我莫大的帮助与支持，使我不断突破自身原有的理论水平极限，丰富和完善专业知识结构，学习和掌握新的研究方法并有意识地培养开拓创新的学术精神，为今后的教学和研究工作打下了坚实的基础。能有幸成为王老师的弟子是我今生最大的财富，衷心感谢王老师的谆谆教诲和无限关爱，祝愿我的恩师及家人一生安康、幸福！

在攻读博士学位期间，中央财经大学财政学院及税务学院的诸位教授也让我领略了财政学及税收学科的博大精深。感谢马海涛教授、李保仁教授、汤贡亮教授、李俊生教授、王雍君教授、刘桓教授、黄桦教授以及学院的其他老师。他们渊博的知识、独特的思维方法使我受益终身。

同时，我还要特别感谢李万甫司长及夫人韩庆玲女士，自本人考入北京高校以来，他们在学业和工作方面一直给予了很多关照，没有他们，我的人生轨迹将会完全不同，也无法造就今天的我。作为王老师第一届女博士，马衍伟、郭驰、商庆军、荣海楼、张美中、吴应运等诸多师兄在我读博期间给予了很大帮助。王春成、朱军、杜方、李琨、刘爽、杨晋丽、杜辉、张建华等诸位同学以及王秀芳、金明玉等师兄师姐师弟师妹们在我遇到困难时，及时伸出援助之手，感谢他们给予我无私的帮助。此外，对外经济贸易大学公共管理学院的领导及同事也在工作中给予了诸多支持。能够与他们相识，我感到无比欣慰，希望他们的人生今后更加精彩。

在本书即将付梓之际，我还要感谢我的家人。我的爱人陪伴我度过了艰难而又充满挑战的求学路程，他的支持和关爱是我继续奋力前行的动力之源；踏入工作岗位以后，他积极鼓励我申报国家和省部级课题，时时关注学术动态和学科前沿信息，对我的教学、科研工作提供了诸多帮助，他让我感到在求学和学术研究道路上自己并非一个人艰难行进，不再孤独、无助和艰辛。3岁半的女儿给予我以及家庭中所有成员无尽的欢乐和惊喜，看着她健康快乐地成长，不管处于何种境地，都让我感觉到：世界是温暖的，明天会更美好。在漫长的求学道路和工作中，父母和妹妹一直都是我坚强的后盾，默默地支持着我，感谢亲爱的父母及妹妹。在此，也特别感谢我的婆婆，在我爱人出国深造的一年多时间里，婆婆与我共同支撑起了这个家，分担了抚养孩子和操持家务的重担，虽然身体并不是特别硬朗，但依然和我们一起坚守着这个家，她身上有着诸多高尚的品质，值得我们年轻人去学习，祝愿老人身体健康！

同时，也特别感谢负责本书编辑和出版工作的中国财政经济出版社赵力老师，赵老师给予了诸多宝贵的修改建议，为本书的出版付出了大量心血。

最后，希望自己在今后的科研和教学道路上能够收获更多的人生财富，并勇于创新、不断进取！

崔景华

2014 年 10 月